金融人類学への誘い

宮崎広和

金融人類学への誘い

――トレーダーたちの日本と夢の終わり

木村周平・深田淳太郎・早川真悠・高野さやか訳

水声社

本書は
《人類学の転回》叢書の一冊として
刊行された。

日本語版への序文

本書の英文原書 *Arbitraging Japan: Dreams of Capitalism at the End of Finance* は二〇一三年にカリフォルニア大学出版局から出版された。一九九〇年代から二〇〇〇年代初頭、それまで科学や工学的知識の実践を研究してきた科学技術社会論が経済理論や金融工学にその分析の矛先を向けたのを契機として、文化人類学においても、金融市場や金融技術、そしてそれらに関与する人々について研究が始まり、金融人類学という分野が生まれた。二〇〇七年から二〇〇九年にかけて世界的に深刻な影響を与えた金融危機の後、金融人類学は更なる展開を見せ、現在では文化人類学の中で確立した一分野を形成している。当初、金融人類学は、金融という文化人類学にとって新しい研究対象に文化人類学の既存の理論や分析枠組みを当てはめるというよりも、金融市場という新しいフィールドを通じて、文化人類学の理論と方法に新しい地平を切り開くための実験場であった。現在では、金融は文化人類学研究の重要な研究テーマの一つとなっており、さまざまな地域で貨幣と金融に関するさまざまな事象についてフィールドワークに基づいた堅実な実証的な研究が蓄積されつつある。本書は金融人類学の実験的な試みの一つであると同時に、グローバル金融市場の中心地の一つとしての東京においてグローバルな金融の論理が辿った軌跡の一例を記録し分析したものである。

金融への文化人類学的関心が広まったのは、一九九〇年代末に起きたアジア通貨危機、そして二〇〇七年から二〇〇九年にかけて起きた世界的金融危機を通じて、金融市場がもたらす不均衡な富の集中と、金融市場の不安定性によってもたらされる経済への大きな影響が顕在化し、金融への批判的な関心が高まったからである。文化人類学者たちは、フィールドワークにもとづいて、多様な角度から金融市場とそれを取り巻く技術と知識の実践を検証してきた。こうした研究の根底には、貨幣の流れを大きく変え、その不安定性を国や地域を超えて一気に地球規模に連鎖させる金融市場を憂慮し、そうした金融の論理に抗するために社会的なもの、人間的なものを回復することが必要であるという問題意識がある。本書はこのような問題意識を、文化人類学において社会性や人間性に関する理論化のベースの一つである贈与論との関連で展開し、金融の論理とその実践の真っ只中に社会的なもの、人間的なものを見出すものである。

本書は、著者が、一九九八年から二〇一一年まで、主として東京において継続的に行った長期的なフィールド調査がもとになっている。言い換えれば、本書は、アジア通貨危機、リーマンショック、そして二〇一一年三月一一日の東日本大震災、とりわけ福島第一原子力発電所事故の賠償問題による東京電力の危機という一連の金融危機を背景に、金融市場の荒波の中に身を置いた金融プロフェッショナルたちの思考と実践の軌跡を描いたものである。一九九〇年代末に著者が東京で知り合った四〇人ほどの金融プロフェッショナルたちは、いずれも一九九〇年代初頭に金融界に入った人たちであるが、こうした状況の変化の中で、彼らの多くは、金融技術が輝かしく見えた一つの時代の「終わり」の感覚を共有するようになった。そこにはさまざまな「終わり」の感覚が交錯していたように見えた。世界的金融危機によって顕在化した金融市場の不公正性とその論理への不信ばかりでなく、高度成長期の日本企業に見られた欧米の技術や知識に「追いつき・追い越せ」といった志向性の限界、そしてその「終わり」。そして、東日本大震災がもたらしたさらに存在論的な「終わり」の予見。そして年を重ねたそれぞれが直面する個人的なキャリアの「終わり」。本書は、こうして錯綜する「終わり」の感覚を、何人かのトレーダーたちの人生、そして彼らとの対話を通して描き上げようとするものである。

こうした「終わり」についての本書の記述と分析の中心にあるのは、金融の論理に織り込まれている「終わり」への研ぎ澄まされ、かつ両義的な感覚である。本書ではこの感覚を「アービトラージ」という、一般には馴染みの薄い金融の論理と技法に関連づけている。アービトラージは、異なる市場で異なる価格で取引されている一つの商品や資産について、その価格の差異を収益源とする取引手法で、一般的には裁定取引と訳される。しかし、アービトラージは、取引手法という枠組みを超えて、金融市場、金融理論、金融工学の存立の根底にある基本的な概念であり、また、本書で論ずるように、金融プロフェッショナルたちの思考方法の基盤としても機能している。さらに言えば、こうした広い意味でのアービトラージの概念には、投機（スペキュレーション）とは異なるリスク観（時としてリスクのない取引と表現される）とともに、「終わり」の感覚（一つの商品や資産が異なる市場で異なる価格で取引されているのはさまざまな非効率性によるものであり、最終的にはそうした非効率性は淘汰され一つの価格へと収斂するという前提にもとづく感覚）が強く結びついている。一方で、そうした感覚や前提への懐疑も同居しており（リスクがない取引などあり得ないということなど）、これが独特の曖昧さを生じさせている。本書ではこの曖昧さをそのまま表現し、さらには体現するためにあえて「アービトラージ」という言葉を日本語に翻訳せずにそのまま用いいている。そのため文中にアービトラージという言葉が頻繁に登場し、議論の繰り返しと分かりづらさを増幅させているかもしれない。しかし、そうした繰り返しと分かりづらさこそ市場や世界との関わりの手法、思考の方法としてのアービトラージにまとわりづくものであり、そのあたりを辛抱強く味わっていただければ幸いである。

日本語版準備にあたって、翻訳を担当した木村周平さん、高野さやかさん、早川真悠さん、深田淳太郎さんには大変ご尽力いただいた。また最終版の完成も遅れご迷惑とご心配をおかけした。最終段階では広島大学大学院の大畠奈都子さんのタイムリーで正確なお手伝いに助けられた。また、水声社の村山修亮さんの辛抱強い激励にも感謝したい。

本書に関わる初期の本格的なフィールドワークは、国際交流基金日米センターの資金提供による国際交流基金日米センターと、米国社会科学研究評議会の共催事業である安部フェローシップによって助成された。また、プロジェクト初動期においてはアメリカ法律家財団による支援を受け、プロジェクト最終段階における調査は、コーネル大学が提供した研究資金によって遂行された。

本書の英語版執筆にあたっては多くの研究仲間からの助言に助けられたが、そのリストを載せるとなると長くなるので、まとめて深い感謝を捧げるにとどめたい。ただ、金融人類学の同僚であるビル・マウラー、ダグラス・ホームズ、とりわけアナリサ・ライルズから受けた知的刺激と建設的な批判がなければ本書は完成に至らなかったであろうことだけは記しておきたい。

また、一九九八年からの東京でのフィールドワークに関わってくれたすべての方々に感謝する。とりわけ、本書において青木、井深、石田、小山、佐々木、多田、田中と呼ぶトレーダーたちが示してくれた寛容さと友情はこの波瀾万丈の一〇数年間を生き抜く糧となった。また、東京証券取引所や大阪証券取引所の職員の方々、調査に参加してくれたその他の方々にも、私の研究に割いてくれた時間に感謝する。言うまでもないが、本書で示される見解や主張、そして見つかるかもしれない誤りの責任は、全て著者である私にある。日本語版準備にあたって改めて全体に目を通し明らかな誤りはできる限り修正したことを記しておく。また、対話者の言葉からの引用部分など日本語版のために選び直したところもある。

また以上に加えて、日本の大手証券会社を退職した証券アナリストであり、金融マーケットに科学的な観点からアプローチしようとした日本における初期の取り組みの成果『株式市場の科学』［山下一九八七］の著者でもある、遠縁の山下竹二にも感謝の意を表したい。彼はこのプロジェクトを開始する際に、私を何人もの証券業界の関係者に紹介してくれた。

私の母、宮崎敬子はこのプロジェクトの胎動期から強い関心を示してくれた。私を、のちにフィールド調査を行うことになる証券会社の幹部に紹介してくれたのは母の友人のひとりだった。この紹介なくしては、このプロジェクトは始動しえなかった。

なお、本書においては特段の断りがない限り、人名や企業名はすべて架空のものである。またプライバシーの保護のため、個人のある側面を修正したり、語りの独特の言い回しなどを変更した部分もある。

本書では、著作権所有者の許可のもと、以下の既発表の論文の一部ないし全体が、部分修正のうえで、あるいはそのままで、複製されていることを記しておく。

"The Materiality of Finance Theory." *Materiality*, ed. Daniel Miller, 165-181. Durham: Duke University Press, 2005.

"Economy of Dreams: Hope in Global Capitalism and Its Critiques." *Cultural Anthropology* 21, no.2 (2006): 147-172.

"Arbitraging Faith and Reason" (commentary on Jane Guyer, "Prophecy and the Near Future: Thoughts on Macroeconomic, Evangelical and Punctuated Time"). *American Ethnologist* 34, no.3 (2007): 430-432.

"Between Arbitrage and Speculation: An Economy of Belief and Doubt." *Economy and Society* 36, no.3 (2007): 397-416.

「金融人類学から見た金融の『終わり』（前編）――トレーダーたちの二〇年と日本的『学習』の限界」『中央公論』二〇一二年二月号、一六四―一七五頁。

「金融人類学から見た金融の『終わり』（後編）――不確定で不可知な世界を引き受ける技法」『中央公論』二〇一二年三月号、一六二―一七三頁。

目次

金融人類学への序章

二〇〇八年の世界的な金融危機（リーマンショック）は、金融が「インチキ」であったことを明らかにしてしまった。二〇〇九年七月、かつて日本の証券会社でデリバティブ・トレーダーをしていた多田は、六本木の小さなバーで私にそう言った。彼は続けて、インチキという言葉を、アービトラージ（裁定取引）――ふたつの異なる市場における同一の資産の価値の差異から利益を得ようとする取引――という言葉で説明してくれた。「金融は知識の差のアービトラージで市場間のアービトラージではない。それは実は何でもないというのがばれてしまった。」つまり金融業界にいる人たちと一般の人たちの知識の差が金融業界の収益の源泉であったというのだ。自分のように金融市場の関係者は最初から金融の詐欺的な本質を知っていた。しかし、それがいまや公開されてしまった、と多田は語った。だから、もはやこれ以上の金融技術のイノベーションは不可能だ、と彼は考えていた。つまり、知識の差という、金融イノベーションが利用し、また永続させようとしてきたものが解消されてしまったので、もはやこの種のアービトラージはできないだろう、ということである。多田にとって、「金融の時代」――金融プロフェッショナルが経済と社会を動かしているように見えた時代――が終わったのだ。

資本主義は創造と破壊を繰り返してきたし、危機は繰り返し起こる。もちろん金融は終わっていないし、金融イノベーションも終わっていない。しかし、多田の表現した一つの時代の「終わり」の感覚は多田という一人の人物の個人的な感覚とするだけでは済まされない何かその時の金融関係者の感覚を代弁する何かがあった。この「終わり」の感覚は、資本主義の未来にとって、いったい何を意味するのだろうか。金融技術と理論が喚起する、経済、社会、そして自己の変革についてのユートピア的な理想に、その職業キャリアと人生を突き動かされてきた金融プロフェッショナルにとってはどうだろうか。あるいは、金融市場とその背後にある欺瞞や破壊的な論理の破綻を、ずっと以前から予測してきた資本主義の理論家にとってはどうだろう。また、これらすべてを考えるうえで何かここに日本的なものがあるとすればそれは具体的にどのようなことだろうか。

これらの問いに答えるために、私は日本のある証券会社に一九八七年に組織されたデリバティブ取引の小さなチームのメンバーのキャリアと知的営為の軌跡のなかで現れた夢に目を向ける。デリバティブというカテゴリーには、あらゆる種類のリスクを分散させ、管理し、そしてそこから利益を得ることを意図した幅広い金融商品が含まれる。デリバティブはある資産のリスクを管理しようとするものであり、デリバティブの価値は、その資産（ふつう原資産と呼ばれる）や資産の集合から「派生《デライブ》」する。これらの金融商品のうち、株価指数を利用した先物やオプションなどは、標準化された形で取引されるものだが、それに対しスワップ取引やクレジット・デリバティブのようなものは、特定の顧客のためにアレンジされた契約である（「店頭デリバティブ」、あるいはOCTデリバティブ）。デリバティブ商品は、原資産に付随する既知のリスクを分解したり組み合わせたりして、そうしたリスクを取引可能な形に再パッケージ化する。こうした分解や結合のプロセスは概してその過程で新たなリスクを生み出す。そしてしばしばさらなる再パッケージ化を導く。こうした商品は一群の新たな二次的な市場を作りだしてきたが、そうした市場はそれまで結びつきのなかった市場間の新たなマネーの流れと連関を生み出してきた。

この本では多田や他のデリバティブ・トレーダーたちのキャリアや私生活について順を追って記述するが、そうしたトレーダーたちにとって、金融技術や理論――とりわけ、金融経済学とデリバティブ取引のかなめとなる、アービトラージの相対主義的な論理と感性――は、世界をよりよい方へ変えていくための彼ら自身の能力について高度に再帰的な考えを抱くための着想の源として役立っていた。彼らトレーダーたちの夢や知的冒険は、一九八〇年代以降の金融イノベーションのエネルギー、スピード、そしてユートピアに加えて、こうしたイノベーションの社会的・個人的な代償をも具現化していた。

私が多田と知り合ったのは一九九七年だった。冒頭の語りよりも前にやはり六本木の同じバーで、日本の株式市場にアービトラージの技術を持ち込むという彼自身の先駆的経験について（第2章、第3章を参照）、またその後の、日本において適正価格でないあらゆるもの（ゴルフ会員権から病院の診療報酬まで）をアービトラージするという彼の夢について（第4章参照）、彼は熱っぽく語ってくれた。日本のあらゆる種類の市場をアービトラージするという多田の夢のいくぶんかは、嵐のような二一世紀の最初の一〇年間——新自由主義とそれに関連するマネーすなわちカネの力への信仰が、経済と社会にさまざまな影響を与えた——のうちに潰えてしまった。しかし、アービトラージを行うトレーダーが彼らのものの見方からもアービトラージの機会を除去しようとする人々なのだとすれば、多田も、二〇〇九年の夏までに、金融自体が終わりを迎えたという可能性を引き受けてしまったようであった(第5章参照)。だが、多田や他のデリバティブ・トレーダーたちが仕事や私生活においてアービトラージというものを哲学的に精緻化していくのを詳しく見る前に、金融というものが世界規模で目を見張るほど広範な破壊的効果を生み出したことを知ってしまった今、日本のデリバティブ・トレーダーの夢や想像力、そして思考を真剣に受け止めることがどのような意義をもつのか考察する。

哲学としての金融——考えることの文化人類学

投機家であり慈善家でもあるジョージ・ソロスは、世界金融危機の直後に出版した本で、金融市場の規制に関する「新たなパラダイム」について概観している[Soros 2009, ソロス 二〇〇八]。この新たなパラダイムは、新古典派経済学とそれが下敷きにする均衡という前提に対するソロスの以前からの批判をもとにしたものである。ソロスの目論見は、彼の提唱する「再帰性の理論」、つまり概念と現実世界の間の再帰的な関係性についての一般理論にもとづいている。曰く、「再帰性の理論は思考と現実の間の関係に光を当てようと試みるものだ。……現実の誤った解釈をはじめとする誤解は、社会的出来事がどのように動くかを決めるうえで、通常理解されているよりも、はるかに重要な役割を果たしている」［ソロス 二〇〇八：五三―五五］。ソロスはこの観点から、「金融市場の動きは一定の法則に従うのではなしに、予測不能な『歴史的過程』として解釈される必要がある」と主張する［ソロス 二〇〇八：一〇六］。ソロスの再帰性の理論は「規制当局と市場参加者双方の『可謬性』がもたらす不確実性を認識しているからである。現在のパラダイムは、既知のリスクのみを認めており、自らの欠陥や誤解がとんでもない結果をもたらしうる可能性を受け入れようとしない。その傲慢さこそが現在の金融危機の根っこにあるのである」［ソロス 二〇〇八：一三八］。

ソロスのこうした議論は、経済学の理論的前提や市場における政府の役割、あるいは貨幣や資本主義の本質をグローバルな金融危機を通して再考しようとするさまざまな試みと共鳴しあうところがある［アカロフ・シラー 二〇〇九、Krugman 2008, Stiglitz 2010 などを参照］。例えば『アニマルスピリット――人間の心理がマクロ経済を動かす』においてジョージ・アカロフとロバート・シラーは、ジョン・メイナード・ケインズが『雇用、利子および貨幣の一般理論』において、市場の不安定さの主要因のひとつであり、人間のあらゆる種類の意思決定における不可避で必須の力として定義した「アニマルスピリット」という概念を捉え直そうとする。ケインズによれば「われわれの積極的な活動の大部分は、道徳的なものであれ快楽的なものであれ、あるいは経済的なものであれ、とにかく数学的期待値あるいは経済的なものであれ、とにかく数学的期待値の如きに依存するよりは、むしろおのずと湧き上がる楽観に左右されるという事実に起因する不安定性がある。何日も経たなければ結果が出ないことでも積極的になそうとする、その決意のおそらく大部分は、ひとえに血気（アニマル・スピリッツ）と呼ばれる、不活動よりは活動に駆り立てられる人間本来の衝動の結果として行われるのであって、数量化された利得に数量化された確率を掛けた加重平均の結果として行われるのではない」［ケインズ二〇〇八：二二三―二二四］。アカロフとシラーの見方によれば、「いまの金融危機も住宅危機もそうだが、経済危機は主に思考パターンの変化によって生じる。……それはまさに、安心（信頼）や誘惑、妬み、遺恨、錯覚（幻想）の変化によって生じた――そして何よりも、経済の性質に関する物語の変化によって生じたのだ」［アカロフ・シラー 二〇〇九：六］。アカロフとシラーの議論は、「人々が自分の経済的利益を合理的に追求す」［三］るという経済学の慣習的な前提から逸脱している。そして彼らは他の、彼らが「本物の人々の本物の動機」［二六四］と見る「経済以外の動機」［四］、あるいは「形のないもの」［六］に注意を引く。アカロフとシラーはこの「不穏で首尾一貫しない要素」［五］を経済分析の中心に据え、それに起因する人間特有の複雑さを受容することを主張する［二六二―二六七］。

ソロスの議論は、アカロフとシラーをはじめとする優れた経済学者による、経済についての、より現実的でそれゆえより人間的な新たなヴィジョンを提示しようとする試みと同様の試みといえる。しかし、私の考えでは、ソロスのそれはより興味深いものである。そう判断するうえで私が念頭に置いているのは、ソロスがこの本を書いた動機だ。ソロスは彼自身の「哲学的探究」［ソロス 二〇〇八：六四］と、彼のトレーディングと慈善的な実践に対するカール・ポパーの哲学の影響――とくに人間の「理解力は本質的に不完全である」［p. 63］という命題――について自伝的な説明を提示している。ソロス自身の説明によれば、彼の著作の主な目標は彼の哲学的な体系、彼の再帰性の理論の正しさを示すことにある。ソロスはこれまで、この再帰性の理論が彼の投機と慈善活動の双方を導いてきたこと、そしてこの理論がそれにとどまらない一般的な含意をもつことを繰り返し主張してきた［Soros 1998: ix を参照］。彼の見方によれば、この理論は、金融市場ばかりでなく人間世界に関して、「新しい哲学的パラダイム」を提供するものだと主張している［Soros 2009: 223］。この文脈において、彼の金融市場への関心は、単にこの理論を解説するためのものにすぎない［p. 230 を参照］。

ソロスの知的探求の背後にあるのは、哲学者になるという、そして哲学者として認められたいという、壮大な個人的な夢だ。ソロスは、投機家としてのキャリアの絶頂期であった一九八七年、『金融の錬金術』で彼の哲学を初めて提示しようとしたが、「真剣に哲学者として見なされたい」［六九］という強い思いにもかかわらず、「書評では肝心の哲学の部分はほとんど無視された」［六七］ことを嘆いていた。ソロスの最終的な目標は、経済と社会に関する大衆的な論議のなかに哲学を注入し直すことなのだ。「哲学は科学的な方法に取って代わられる前は、卓越した地位を占めていた。……哲学がそうした地位を取り戻すことは妥当なことだろう」［Soros 2009: 223］。

金融市場の規制にかかわる現在の論議は、合理的なものであれ非合理的なものであれ、人間の多様な利害や動機を経済分析に取り込もうとしている。アカロフとシラーの著作以外にも、様々な理論的立場から同様の試みが数多くなされつつある。例えば、経済学者の青木昌彦は、ゲーム理論と比較制度分析を統合しようとする著作のなかで、ウォール街の銀行員たちの、互いに知性を見せつけようという競争について指摘している。青木の考えでは、「彼らにとっては、追加的に数百万ドルのリターンを生み出すということ自体はもはや大した問題ではなかったかもしれないが、こうした社会関係的なラット・レースに上限はなかった」［青木 二〇一一：一八二］ということが決定的に重要である。

経済取引のゲームのルールによって、社会関係ゲームにおける彼らのラット・レース文化がもたらされた一方、社会関係ゲームをプレイすることによって、経済リスクを内生的に拡大するような経済行動を選択させる動因が生じたというように、経済取引ゲームと社会関係ゲームは連結されていたのである。最大のあやまちは、インセンティブ契約のデザインにあったといえるかもしれないが、いくつかの主要金融機関の目をみはるほどの大失敗が生じた理由は、そうした文化にとりこまれてしまった人々のマインドセットにあったともいえる。［青木 二〇一一：一八二］

ウォール街の投資銀行家たちの間の知性崇拝に対する青木の注目は、ウォール街一般について［Ho 2009, Lewis 1989 参照］、およびより具体的にはデリバティブ取引の世界について［Lewis 1999, Lowenstein 2000, Tett 2009a 参照］の多くの説明と共鳴している。

しかしながら、ポパーの哲学への傾倒がトレーディングと慈善活動双方の実践に影響したというソロスの主張は、市場参加者を多様な利害関心と動機を持った意思決定者として捉えるだけでは十分でないことを示唆している。もちろん、ソロスは並外れた人物である。彼はきわめて成功した、また同時に、一九九七年に東南アジアで通貨危機を引き起こし、またそこから利益を得たとして広く非難されてもいる、きわめて物議を醸すトレーダーである（例えばマレーシアのマハティール首相とソロスのやりとりを参照［Mahathir and Soros 1997］）。そして彼は慈善家としても影響力のある著名人である。

しかし、私の考えでは、トレーダーであり金融市場の専門家としてのソロスは、しばしばその知的な射程と野心の観点から言われるほど、特異な存在ではない。

本書で私は、ソロスの、再帰性の理論の哲学的な意義についての長年の主張に応答したいと思っている。しかし、それは彼の説や、哲学と科学の関係に対する彼のいくぶん時代遅れの見方［Latour 1987, 1993 参照］を是認することによってではなく、彼の苛立ちを真面目に受け止めることによってである。つまり本書では、多くのトレーダー（およびその他の金融プロフェッショナル）がソロスと同じく、単なる意思決定者であるのではなく、より広範な知的な議論やプロジェクトとの対話に積極的に関与する、**考える主体**であることを示したい。彼らの日常の仕事という文脈において、金融プロフェッショナルは習慣的に、彼らが解釈し、操作しようとする市場の複雑さについて、あるいは彼らが仕事で使うモデルや理論、戦略の不適切さや、市場における現象を理解するために他の方法を採用する可能性について、省察し、議論する。

こうした見方は職業トレーダーを、非合理的ないし合理的なアクター［Friedman 1953, Keynes [1936] 1997: 147-164 参照。岩井 二〇〇〇：一六一二五も参照］、あるいは「過剰に合理的な」［Abolafia 1996: 23］アクターとして捉える経済学及び経済社会学の長い慣行から逸脱している。ここで強調したいのは、多くの金融プロフェッショナルの市場と世界への関わり方は、そうした慣行が想定するよりもはるかに幅広く、複雑であるということである。この文脈においては、考えることは物事をより単純化する方に向かうのではなく、世界の曖昧さ、複雑さ、そして最終的な不可知性を引き受ける方に向かう［Sen 1977 参照］。

金融プロフェッショナルがその時々に何かしたこと（そして、しなかったこと）が破局的な経済的被害を生み出してきたことを否定するつもりはない。しかし、そうした事実に対し私たちはどのように批判的に応答すべきなのだろうか。意思決定の問題から考えることへと分析の焦点を移すことは、批判的な問いの射程を広げることであると同時に、彼らの多様な知的な取り組みを、金融プロフェッショナルの意思決定（そして、その帰結）を理解し評価する企てに含めようと意図してのことである。そうしてみることによって、二種類の考える主体――資本主義論の生産者と、そうした理論の消費者（私自身を含む）――は、お互いにゆるやかにつながり、共に資本主義についての理論や批判の創り手として、同一の地平に載る。私の最終的な目標は、社会理論家と金融プロフェッショナルの対話と協働が行われうる地点を探ることである。

本書において、私は自分自身の長期的フィールド調査にもとづく人類学的な知見をもちいて、金融プロフェッショナルの、知ること、推論すること、そして世界と関わることの独特の様式を浮かび上がらせる。人類学的な調査は一般に、具体的なアクターの認識カテゴリーと、そうしたカテゴリーが実践のなかでどう用いられるかに細心の注意を払う。クリフォード・ギアツは彼のよく知られた論文「われわれの思考はいま――現代における思考の民族誌」において、考えることに対する民族誌的な問いの三つの方法論的要素――「収斂的なデータの使用、言語的分類法の解明、ライフサイクルの検討」――について述べている［ギアツ 一九九一：二七二］。これに似た、データ、カテゴリー、時間的なフレームワークについての一揃いの方法論的な関心が、金融市場において、金融市場に関して、そして金融市場のために考えることを目指す本書を形作っている。本書の分析の焦点は、私が「世界証券」と呼ぶ東京の大手証券会社のなかに、もともと一九八〇年代後半に組織された、ほとんどが日本人男性からなるデリバティブ・トレーダーの、小規模だが重要なグループに当てられる。一九九八年から二〇一一年の間に実施した長期調査の中で、私は幅広い領域の情報を収集した。私が入手したデータは、このチームの取引戦略、商品開発、規制への懸念についての記録から、トレーダーたちの職業上の関係性やキャリア決定についての直接的な観察に及ぶ。酒を飲みながらの私的な会話において、トレーダーたちは私に彼らの不満や私的な夢、そして貨幣の本質から精神的・地球外的な事柄にいたる多様なトピックについて思うところを語ってくれた。私の目標は、トレーダー一人一人の思考を、職業としての取引活動の周辺にひろがる、仕事と私的な生活が重なっては離れるところで観察することにあった。また私はこの地点において、経済的あるいはそれ以外の多様なアイデアや信念が、彼らの決定や思考、想像力を形づくり、生気づけ、そして制約する仕方を観察しようとした。

すべての良質な文化人類学的報告は、民族誌的調査の対象となる人々の生き方において重要なカテゴリーを綿密に検討することから出発する。アービトラージ（裁定取引）というカテゴリーは金融経済学の中心的なカテゴリーの一つであり、広く使われているトレーディング戦略だが、調査を始めるとすぐに、世界証券のトレーダーたちにとって仕事の上でも日々の個人的な思索においても、際立って重要なカテゴリーであることが浮かび上がった。

「相対価値取引」とも呼ばれるアービトラージは、理念上はリスクがない、あるいはリスクの低い取引であり、トレーダーが等価ないし連動した資産とみなすものの市場における価値づけの経済的に有意な差異から利益を得ようとするものである。通常は、アービトラージは地理的に異なる場所にあるふたつの市場において、一つの資産（例えばニューヨークの銀と東京の銀）、あるいはふたつの経済的に関連した資産（現物市場における主要株式銘柄を集めた「バスケット」と、同じ株式銘柄の「バスケット」の先物契約）に有意な価格差があるとき、それらを同時に売り買いする。そうした相違の存在がアービトラージ（裁定）機会となる。だが大多数のアービトラージという取引では、それほど差異や関連のはっきりしない資産のセットがアービトラージ可能な関係とされることになる。事前の綿密な計算こそが、アービトラージという取引の出発点としてそのような関係を認識し、利用することを可能にする。このことはアービトラージをより両義的なものにする。実際、アービトラージは何層もの両義性によってつき動かされる。そうした両義性は、アービトラージを行うトレーダーがアービトラージという考え方を多様な対象や操作へと拡張することを可能にする。とはいえ、問題となっているのがいかなる資産であれ、戦略は変わらない。つまり、アービトラージを行うトレーダーは、相対的に安い資産を買うのと同時に高い資産を売ることによって利益を生み出そうとする。そして二つの価格が収斂するときに反対売買を行い、手を引くのだ。

本書では、より広いカテゴリーである「投機」に対してアービトラージというカテゴリーが引こうとする概念的な境界線の、両義的で、たえず移り変わるさまを、注意深く検討する。実際、この両者の区別のとらえどころのなさが、私が取り組む、中心的な分析上の問題である。私の研究の全体的な目標はアービトラージの感性のもたらす思考がいかに錯綜し、込み入っていて、繊細であるかを示すことにある。

長期調査を行うことで、世界証券のトレーダーの思考が時間的に変化することだけでなく、取引戦略としてのアービトラージ、職業としてのトレーディング、市場の特有の時間性と、それぞれのトレーダーのキャリアと人生の展開、さらには日本の新自由主義的な社会経済改革のようなより広い社会的トレンドとの相克を観察することが可能になった。つまりトレーダーの思考についての私の考察は、トレーダーの仕事と私的な生活の一〇年以上にわたる軌跡に示される、交わり合う異なる時間的な位置取りについての分析にもとづく(1)。

本書の記述は、人類学者と当事者それぞれが、分析し、批判し、解釈し、理解し、モデル化し、そして理論化するやり方に並行関係を見る人類学的伝統に従っている［例えば Bateson [1936] 1958, Geertz 1973, Holmes and Marcus 2005, Leach 1970, Marcus 1998, 2007, Maurer 2003a, 2005a, 2005b, 2005c, 2006b, Miyazaki 2004b, Riles 2000, 2011, Shore and Wright 1999, M. Strathern 1988, 2000 参照(2)］。これによって、ウォール街やその他の場所にいる金融プロフェッショナルとの知的に実のある対話や協働についての考察が可能となるだけでなく［Riles 2010, 2011 も参照］、経済と社会の分析・解釈・理論化を共に行っていく主体として金融プロフェッショナルと関わり合うことが可能になる。私は、民族誌というものはそうした対話や協働への入り口を示すべきだと考える。

金融についての人類学はすでに十分に確立した分野であり［初期の研究事例としては、Elyachar 2005, Fisher 2010, Fisher and Downey 2006, Hertz 1998, Holmes 2009, Holmes and Marcus 2005, Lee and LiPuma 2002, LiPuma and Lee 2004, Maurer 1995, 1999, 2002a, 2002b, 2005b, 2005c, 2006a, 2006b, Miyazaki 2003, 2006b, 2007, Miyazaki and Riles 2005, Riles 2004b, Roitman 2005, Zaloom 2006 などを参照。また注目すべき先駆的な研究として O'Barr and Conley 1992 も参照］、こうした研究は二〇〇七年から二〇〇

九年にかけての世界的な金融危機によってふたたび勢いづいた［Ho 2009, Riles 2010, 2011］。この未曽有の世界的な金融危機の後、金融市場の動きとその社会文化的なインパクトについての分析は、切迫した人類学上の課題となった。だが金融人類学がジャーナリズムによる報告やインサイダーによる暴露、あるいは資本主義についての教条的な批判とは同じでないという点を確認するために、金融人類学の知的背景についてここで簡単に論じておくことは有益だろう。

一九九〇年代後半以降、ミシェル・カロン、カリン・ノール＝セティナ、ドナルド・マッケンジーやその他の科学技術社会論の先導者たちは、彼らの分析の関心を金融に向けた。その結果として、金融社会論という分野横断的な領域が形づくられた［Callon 1998a, 1998b, Callon, Millo, and Muniesa 2007, Knorr-Cetna and Preda 2005, Lépinay 2007a, 2007b, 2011, MacKenize 2006, 2009, MacKenzie, Munieasa, and Siu 2007a, Preda 2009 を参照。関連書として Mitchell 2002, Thrift 2005 も参照］。この領域は、市場のふるまいを、金融の（つまり経済学の）理論・コンピュータと諸テクノロジー・計算装置・数学的諸公式・文書・制度的および組織的な機構、そして人間という多様なアクターからなるネットワーク化された編成体ないし配列として捉えることを提唱する［Callon 1998b］。この見方を支えているのは、具体的な形態をとる人間と非人間的な実体の配置が、経済的なふるまいの境界を規定する、という考え方である。例えばカリン・ノール＝セティナとウルス・ブリューガーはチューリヒにある国際通貨取引のトレーディング・ルームを研究し、グローバルな社会性と互酬的関係が、顔を突き合わせた相互関係ではなく、国際通貨トレーダーたちが分かちもつコンピュータ・スクリーン上の情報への関心の集中に基づいて形成される、と分析している［Knorr-Cetina and Bruegger 2000, 2002］。

経済学理論の「遂行性《パフォーマティヴィティ》」に関する議論［Butler 2010, Callon 1998b, 2005, 2010, MacKenizie 2006, 2009, D. Miller 2002 参照。Miyazaki 2005b も参照］はとりわけ本書との関連性が深い。ミシェル・カロンはフランス村落部のイチゴ市場の事例を用いるが、そこにおいては、経済理論の入門書に書かれた原理や計算装置のネットワークによって、そのネットワークなしでは社会的関係性に埋め込まれていたままであった人々が、自己利益を最大化する経済的アクターとしてふるまう空間が生み出された［Callon 1998a, 1998b］。ドナルド・マッケンジーはカロンによる知見を、オプション価格決定の標準的公式であるブラック・ショールズ式がどのようにシカゴのオプション・トレーダーに共有され、次にオプションの価格がこの価格決定モデルに適合させられていくようになったかについての分析に応用した(3)［MacKenzie 2006］。「シカゴのオプション・トレーダーのような経済的な行為主体《エージェント》はたんなる『裸の』人間でも、人間関係のネットワークに埋め込まれた人間でも決してない。彼らの『装備』が問題なのだ」［MacKenzie 2009: 4, Callon, Millo, and Muniesa 2007 も参照］。

市場と経済において理論や公式が果たす役割への関心は、ブラニスワフ・マリノフスキーやマルセル・モースに端を発する経済人類学・経済社会学の主流の見方から意図的に離れようとするものであった（が、本書第6章における私の議論も参照）。マッケンジー、ファビアン・ムニエサ、ルシア・シューが言うように、「経済社会学と経済人類学は、具体的な市場が経済学者による『抽象的な』市場からどのように異なるかを示すことのみに焦点を当てるより、いかに市場が構築され、維持されるか（そして、市場の構築と機能における経済学理論、物質的な装置、手続き、物理的なアーキテクチャ、言語学的コードなどの役割）に注目するべきだ」［MacKenize, Muniesa, and Siu 2007b: 8］というのだ。

一方、人類学者のダニエル・ミラーは一九九八年に、学問分野としての経済学がいかに世界を成形しだすほどに強力になったのかを、彼が「ヴァーチャリズム」（仮想主義）と呼ぶ一連の現象を通じて分析することを提唱した。彼はカロンの経済理論の役割への関心が経済理論を実体化させ、そのために批判的なエッジを失ってしまうと論じる。「カロンは経済学者の見方を基礎において対象を描こうとするのだが、その見方の中心には、資本主義の世界内でのほとんどの取引は実際のところ市場での商取引であり、経済学者の仕事は市場が機能するメカニズムを理解することだという想定がある。その結果カロンは、経済の表象をその実際のあり方と取り違える点で、経済学者に追随してしまう」[D. Miller 2002 : 219]。

この批判に応じて、カロンは批判というものの役割についての彼自身の考え方を明確にしようとする。「経済学の遂行性について語ることとは、行為主体が分散していることと、具体的な市場というものが可変的で調整可能な形態をもつ集合的な計算装置を構成していることを前提とする。そのことはまた、批判の役割が次のようなことに限定されることを意味してもいる。つまり、差異とローカルな非対称性を明らかにすることで、組織化の新しい形態を試行錯誤してみる、というオープンな問いを提示することである」[Callon 2005: 3]。カロンの見方によれば、ミラーは「人類学が社会における人間についての（ほとんど全体的な）真理を明らかにすることを目指しており、そうした真理を明らかにすることで、強力なものの力を覆い隠している幻想と戦うのだ……と考えている」[p. 18]。それと対照的に、カロンが浮かび上がらせようとするのは、理論、テクノロジー、人間の利害関心が構成する新たな関係に布置される、曖昧で脆弱な瞬間である。「他方で、私が考えるに、人類学にできるのは、アクターたち、いや、小さな変化を生み出すことができる立場にいるアクターたちとともに、異なる世界のあり方が可能だということを示し、そして社会において（市場において）人間というものは試行錯誤から生じる多様で不確かなかたちをとるのだということを示すという営為に参与することだけである。そうした人間が現われる、脆弱でまた謎めいた瞬間を認識できるかは社会科学者たちにかかっているのだ」[pp. 18-19]。

私はこの共同参加と協働の精神をもって、文化人類学的な調査の焦点であるアービトラージ、およびその理論的、技術的、そして美的な要素にアプローチする。私は一九八〇年代後半以降の日本の金融市場においてアービトラージ業務を専門とする日本人トレーダーのグループがこのカテゴリーをどう用いたのかを論じる。私が考察するのは、アービトラージの理論や技法に触発された思考や想像、夢——予想通りのものも予想外のものも、ありふれたものもめったにないものも、俗世的なものも非俗世的なものもふくめて——である。

誤解のないように言えば、本書で取り上げるトレーダーたちによる実践が、アービトラージを行うすべてのトレーダーたちに一般化可能だと主張するわけではない。そうでなく、私の目標は、具体的な状況における経済分析のカテゴリーの具体的な用法に関心を寄せることの重要性を明らかにすることである。日本の証券会社のトレーディング・ルームにおいて、アービトラージという考え方が幅広い思考実験や想像力を触発した具体的な仕方に注目することで、金融の理論や技術が資本主義批判の着想の源になりうることを示したい。

日本の実験とその比較意義

二〇〇七年から二〇〇九年にかけての世界規模の金融危機によって、ウォール街は世論の批判の主要な標的となり、また金融市場をいかに規制すべきかの議論の焦点となった。本書の前提は、こうした議論において民族誌的および歴史的なデータを基にした比較の観点が役立つだろうということである。しかし、アメリカの経済政策に関わる議論のなかで日本が次第に重要性を低下させている時点において、日本の証券会社の相対的にあまり知られていないデリバティブ取引に関する試行錯誤を取り上げることについては説明が必要だろう。日本の経済と企業が見習うべきモデルを提示していた時代はとうの昔に過ぎ去った。ポール・クルーグマンは日本政府が一九九〇年代前半にバブル経済の崩壊に対していかに対処を誤り、その結果「失われた二〇年」として広く知られる二〇年にわたる経済不況を招いたかについて詳述している。「日本の失敗はあらゆる点でその成功と同じように重要である。日本に起きたことは悲劇であると同時に前兆なのだ」[Krugman 2008: 56-57]。同様に、最近のニューヨーク・タイムズの記事によれば、多くの経済専門家が『日本化』――日本と同様の、消費者が消費しなくなり、企業が投資をためらい、銀行が貸し渋ることから起きる需要の崩壊、それによるデフレの落とし穴に陥ること――について警告している。この事態は悪循環になり、自己強化していく。相場が下がるほど雇用は失われ、消費者は今まで以上に財布のひもを締め、企業は支出計画を削減し、拡大計画を遅らせる」[Fackler 2010]。

これまで主流であった、日本をアメリカが見習うべきモデルとして位置づける比較分析の枠組みの不十分さは、アメリカの経済的著作における「ジャパン・アズ・ナンバーワン」［Vogel 1979］から「日本の失われた一〇年ないし二〇年」への、極端な言説の変化から明らかである。だが文化主義的な称賛と日本モデルの放棄との間に分析的な空間を切り開こうとする特筆すべき努力も、わずかながらなされてきた。そうしたものには、スタンフォード大学の経済学者青木昌彦による、日本と欧米企業の様々な特徴に注目して普遍的な比較制度分析の枠組みを打ち立てようとする、長年にわたる影響力の大きな取り組み［Aoki 1988, 1994］から、野中郁次郎と竹内弘高による、日本のものづくり企業の生産研究開発における試行錯誤にもとづく組織的学習の一般化の試み［Nonaka and Takeuchi 1995］までが含まれる。

私の現在の企ては、こうした野心的な取り組みの精神を、もうすこし控えめな目標をもって受け継ぐものである。私が目指すのは普遍的なモデルを構築することではなく、純粋に経済的な概念に見えるもの（金融の理論や技法）が、より広い範囲の行為、思考、そして想像力をどのように形作るのか、について理解するための比較の枠組みを提供することである。ここにおいて私は、経済学的想像力と文学的想像力の交わりに関する人文学と、人文系社会科学における長年の関心を引き継いでいる［Maurer 2005c, Poovey 1998, 2008, Shell [1982] 1993a などを参照］。こうしたアプローチをとる背景には、金融市場とその規制に関する現在の議論が、合理性対非合理性、あるいは自由市場の考え方対政府による市場介入の必要といった問いにとらわれ続けて、視野の狭いものになっていることへの私自身のいらだちである。本書では、金融プロフェッショナルを、合理的、非合理的、あるいは過剰に合理的な意思決定者として扱う代わりに、彼らを、時に応じて合理的でも非合理的でもありうる複雑なアクターとして描くことにしたい。ここで重要なことは、こうした金融プロフェッショナルが、自由で独立した意思決定者ではなく「個人主義」や「自由」、「国家」、「貨幣」、「資本主義」、そしてより一般的には「生」のような諸概念が時代特有の制度的・知的そして社会文化的な布置を織りなすなかに巻き込まれた思考者であるということである。本書では、多様な社会文化および歴史の編成が、経済的な概念についての多様な見方を開いたり閉じたりする仕方について考察する。

本書では、こうした視点を念頭に置きつつ、二つの相互に関わり合った視点からアプローチする。一つには、日本の金融の専門家自身が日常的に行う比較（彼らによる日本の証券会社の実践と欧米の投資銀行のそれについての比較にもとづく評価）と、こうした日常的な比較が彼らの職業的な活動のなかで生み出す、特徴的な知的空間とに注目したい［Choy 2011, Riles 2000, 2011 を参照］。デリバティブ取引を支える基本的な考え方やオペレーションは一八世紀以来日本のコメ市場において存在してきたが、本書で検討する類のデリバティブ契約やそれに関連する理論や技法は、アメリカ合衆国で生まれ、一九八〇年代半ば以降の日本の金融市場の規制緩和の流れのなかで導入されたものである。日本国債先物契約は一九八五年に東京証券取引所で扱われ始めた。一九八七年には日本政府は日本の機関投資家に負わせていた海外市場での金融先物取引の禁止を撤廃した。一九八八年九月には日本の主要株価指数に関する先物契約である日経２２５が大阪証券取引所で、ＴＯＰＩＸが東京証券取引所で、それぞれで始まった。両証券取引所は日経２２５とＴＯＰＩＸそれぞれに関するオプション契約を一九八九年に開始した。これらの新しく設置された株価指数先物市場は、表向きは日本の金融市場の投資家にとって投機の新たなツールとなるだけでなく、東京証券取引所で取引される株式の下降傾向のリスクをヘッジするツールも提供していた。

これらの理論や技法の導入は、アメリカの貿易赤字と、一九八四年の日本市場の規制緩和に関する日米円ドル委員会を通した日米政府間の交渉の一部であったが［Nakanishi 2002: 180 など参照］、同時に、バブル経済の絶頂期において日本の銀行が熱心に追随しようとしたウォール街の投資銀行によってひろまった世界的な傾向でもあった［Rosenbluth 1989 などを参照］。規制緩和プログラムは一九八〇年代の日本の株式市場バブルと、それに伴う日本の証券会社の、欧米の同業他社に自分たちが「追いつき、追い越す」ための能力への総体的な信念の形成に続いて行われた。日本の証券会社の、欧米の投資銀行に対する独特の時間的な位置取りは、日本の金融プロフェッショナルによる日常的な比較という営為を大きく規定している（第3章参照）。

私が世界証券と呼ぶ日本の証券会社は、一九八七年に会社の資金を運用する自己売買トレーディング・チームを設置した。そのチームでは製造会社や大学院から多数の理工系の研究者を雇用し、彼らをデリバティブ取引関連の部署に配属した。この後の章では世界証券のデリバティブ・チームによる、デリバティブ取引を学ぶ努力と、デリバティブ取引に関連する金融の理論と技術に関する試行錯誤とが引き起こした結果だけでなく、そうした努力と試行錯誤そのものを検討する。私が知り合った日本のトレーダーは、経済的道具主義と合理性のただなかで、かなりの程度の相対性と内省性を行使し、金融デリバティブ取引の理論や概念、技術に哲学的かつ戦略的に取り組んでいた。

私はまた、日本の金融理論や技術、金融市場の規制緩和、そしてより一般的には新自由主義的な改革プログラムへの取り組みの歴史的に特有の意義も検討したいと考えている(4)［Borovoy 2010, Miyazaki 2010b 参照。Fourcade-Gourinchas and Babb 2002 も参照］。一九九〇年代後半から二〇〇〇年代前半にかけて日本政府が行った新自由主義的な改革プログラムがよりどころとしているカネの力と市場の力を、私の調査に関わった世界証券のトレーダーたちの多くを含む一部の日本人たちが熱狂的に受け入れたことは、古くもあり同時に新たなものでもある。「新しい」資本主義というアイデアは確かに、新しいエートスと倫理を目立たせた。日本の郵便と郵便貯金サービスの民営化のような新自由主義的な改革プログラムは大きな政治的効果をもったし、より重要なことに、リスクと自己責任という考え方によって表現される、ある種の個人主義を助長した（第4章参照）。しかし「個人」の姿は、集団主義的・グループ指向の大企業と対峙するようにメディアに現われたし、それが生み出した議論は、日本社会における個人主義や自己、主体性、あるいはその欠如という昔からの問題系の見直しにつながった［Koschmann 1996 参照］。新自由主義のこのような時代背景と結び付いた文化的特質は、世界証券のトレーダーのキャリアの軌跡において重要な要素をなした［Greenhouse 2010, Ong 2006 参照。Harvey 2005 も参照］。この時期、世界証券のトレーダーたちの仕事に対する態度は、個人と企業、個人と社会、あるいは個人と国家の関係が「改革」と「市場」の名のもとに明示的に作り替えられるなかで、根本的に変化したように見える。

この新たな個人主義という見方とともに、アメリカとの金融戦争における日本の「敗戦」という語り口が浸透した（第3章参照）。日本の金融「ビッグバン」は公的には一九九六年に開始されたが、一九九〇年代後半に、店頭デリバティブ取引の規制撤廃のような、思い切った規制緩和対策によって効果を上げた。一九九〇年代半ばまでには世界証券のエネルギーは、いかなる対価を払っても社内のトレーダーとデリバティブのスペシャリストを訓練し日本の会社のなかにウォール街の投資銀行の日本版をつくりだすことにではなく、欧米の会社から経験を積んだトレーダーやデリバティブのスペシャリストを引き抜くことに費やされるようになっていた。具体的にいえば、世界証券のデリバティブ・チームは、フランスのデリバティブのスペシャリストのチームを雇用することで、その活動をグローバル化しようとした。しかし一九九〇年代前半におきた一連のスキャンダル（少数の重要な顧客に対する株式市場での損失補填に関連するものなど）によって世界証券やその他の主要な証券会社は財政上著しく力を弱め、この目標を最終的に成功できなかった。世界証券は一九九八年にデリバティブ・チームを閉鎖し、世界証券のデリバティブ・トレーダーたちの多くは会社を去った。

概して、日本の先駆的なデリバティブのスペシャリストたちが一九八〇年代と一九九〇年代にグローバルな金融市場においてデリバティブやその他の理論的および技術的な開発に出会ったそのあり方は、上記のような比較（アメリカ対日本）とその時代固有の諸要因によって、影響を受けている。デリバティブは彼らに、日本の金融市場と日本経済全般を変化させるツールを提供しただけでなく、日本の資本主義と、より一般的に言って日本社会の本質について批判的に見る視座をもつことを可能にした。日本のデリバティブ・トレーダーたちの小さなグループが、金融理論と技法に、実務的および知的にどう取り組んだのかという問題についての本書の分析は、それゆえ、次のようなより一般的な問いに答えることを目指す――金融の理論と技法はどの程度まで金融や資本主義に対する批判のための着想の源になりうるのか、そして金融の理論と技法はどの程度まで、さまざまな社会文化的および歴史的な特異性を乗り越えるのか？[5]

本書においては、アービトラージの拡張可能な論理が、ほかの説明モードの明示的な代替物として使われうるかどうか、さらに、アービトラージがいかなる種類の思考、想像力、そして夢を、アービトラージを行うトレーダーに喚起するのか、金融の理論と技法が、社会理論やスピリチュアリティ研究、さらに「UFO学」のようなもっとマイナーな知的探求といったものとどのように共鳴するか、といったことについても考察する。この意味において本書は、特定のアクターのグループの分析的な作業を限界まで再現しようとする試みである。それを通じて、人類学的分析の対象としての金融というもの境界が、そう簡単に金融取引の実践に限定されえないと主張する。

デリバティブ、ドキュメント、そして夢

私は、トレーダーの知的努力と知的な軌跡を真剣に捉えようとする試みをするうえで、五つの章のそれぞれの冒頭で、世界証券のトレーダーたちのキャリアのある段階においてとりわけ重要性を持った文書あるいは本、そして関連するジャンルの文章を取り上げる。これらには、新任者研修のためのハンドアウト、取引所に依頼された報告書、トレーディング戦略についての一般書、エクセルのスプレッドシート計算、ある事業計画、が含まれる。私の分析はこうした文書や本の内容や形式だけでなく、こうしたジャンルが、アービトラージのもつ果てしなく拡張可能な潜在力と、その曖昧さ、限界、そして終点とを同時に指し示す仕方に焦点を当てる。これをもう少し理論的な観点から言い直せ

ば、永続的な運動としての資本主義という考え方と、終点にしだいに近付きつつある運動としての資本主義という考え方とを同時に指し示すことである。(6) これらの文書は、アービトラージを行うトレーダーのアービトラージという実践への職業的な傾倒と、アービトラージという考え方によっていくぶんか影響を受けた個人的な夢の双方を内包している。言い換えるなら、これらの文書を、アービトラージのもつ、その使用者の広範な潜在力を除去しかつ拡張する能力が結晶化したものとして捉えることができる。アービトラージの拡張は、アービトラージの無限に開かれた未来（そこではアービトラージは現に作動中の中心的な原理としての役割を果たす）とどんどん近付きつつある終点（そこにおいてアービトラージは見いだせない）とを同時に視野に入れる見方を生みだす。ここで私は、すべてがアービトラージでありまた何もアービトラージでないという、相互に両立しえない複数の可能性を保持しようとする。この意味において、アービトラージについての本書の記述は、アービトラージャー（アービトラージを行うトレーダー）がアービトラージのカテゴリーを延伸しようとする作業をなぞるように進む。そして、一方では消失と結びついたものとしてのアービトラージの本質を、他方では私的な人生と結びついたものとしての金融の論理を捉えることを目指す。

本書における金融デリバティブ取引に関する文書や多様なジャンルの書き物への私の注目は、ヴァンサン＝アントナン・ルピネ、ビル・マウラー、アナリサ・ライルズらによる、書類記入や記録管理、法的文書作成、調査、そしてトレーダーの「フロントオフィス」と対置される「バックオフィス」ないし「事務管理部門」として知られるその他の日常的活動に鋭く焦点を当てる重要な取り組み［Lépinay 2007b, Maurer 2005a, 2005c, 2006b, Riles 2010, 2011 などを参照。文書へのより一般的な人類学的関心についてはRiles 2000, 2006も参照〕によって部分的に影響を受けている。しかしながら、世界証券のトレーダーたちによる書くこと、読むこと、そして調査実践についての私の関心は、彼らの職場のもつ特異性を反映している。職場としての世界証券はいくつもの点できわだっているが、なかでも次の三点が私の分析にとって関連性が深い。一つ目は、第3章で検討するように、世界証券のトレーダーが金融の理論や技術に取り組む主たる様式が「学習」だったということである。二つ目は、このチームが実験的で、十分に専門化されていない形式を取っていたことの結果として、世界証券のトレーダーたちは欧米の同業者よりも広い範囲の活動に取り組んでいたということである。三つ目に、世界証券のトレーダーたちの読書習慣は、読書に関する日本の文化に、そして人類学者マリリン・アイヴィーらがいう、メディアが広める社会文化的な理論化が日常の会話や仕事の習慣に与える強い影響と深く関わりがあったということである〔Ivy 1993, 1995などを参照〕。第1章で記述する、経済学者の岩井克人による一般向け書籍が世界証券のデリバティブ・チームに与えた影響は、こうした広く見られる現象の一例である。

文書や本に対する私の関心は、私が世界証券のデリバティブ・チームのなかでフィールドワークを行った仕方とも関わりがある。ここで私のチーム内での位置について簡単に説明しておかなければならない。アナリサ・ライルズと私が一九九七年夏に共同で行ったパイロット調査に続いて、私は一九九八年秋に世界証券のトレーディング・ルーム内でのフィールドワークを開始した(7)。世界証券のデリバティブ取引チームの当時のヘッドだった多田は、一九九七年の夏の出会い以来、私の研究プロジェクトに対し大きな関心と好奇心を示しており、彼は即座にチームのメンバーへのインタビューを手配しはじめた。一九九八年秋に私が東京に戻ると、多田は彼や彼のチームを日常的に訪問することを許可してくれた。多田は、三分の一を多田のチームが占める大きな部屋の突き当りにある彼のデスクの隣に私のデスク・スペースをくれた。多田のデスクは部屋の入り口を向いていた。多田の前の両脇のデスクには女性の秘書が座っていた。何人かのトレーダーが多田の前のデスクに座っていたが、多田のチームの大多数のトレーダーは、会社の別の部署のトレーダーたちと、別のフロアにある離れたトレーディング・ルームで働いていた。結果として、多田のフロアは比較的に静かだった。多田のデスクの右側にはふたつ、会議用の小さく仕切られた空間があった。時折、チーム内の様々なグループがそこでトレーディング戦略について議論していたが、ふだんは私がそのうちの一つを使うことを許されていた。

理由は明白だろうが、私の機密情報へのアクセスは限られており、会社内での私の動きも制約されていた。私はチームの取引記録や取引提案書を見ることは許されていなかったが、部屋の入り口近くにあるデリバティブ取引や金融経済学についての本を集めた充実した書棚にふれることは認められていた。多田ははじめ私がチームの創成期に調査の焦点を当てるよう提案し、私はその時期についてチームの現在のメンバーや過去のメンバーと話し合うことができた。私はまたチームの、一九八〇年代後半から一九九〇年代前半における、業績の良かった日経２２５株価指数先物を使ったアービトラージ業務の取り組みや、当時の証券取引所と政府当局との交渉の詳細についても話を聞くことができた。

フィールドワークの時点において、多田のチームは世界証券のリサーチ部門、およびもう一つの部署と大きな部屋を共有していた。リサーチ部門のトップであった、多田の長年の同僚であり友人である沼田は、世界証券のデリバティブ・チームに創成期のメンバーとして参加していた人物である。沼田も彼の下で働く若手の社員とのインタビューを手配してくれた。私が本書で青木と呼ぶ、彼らの共通の先輩でありチームの創設者である人物は当時五〇代前半であり世界証券の重役の一人だった。青木は別のフロアに自分のオフィスをもっていた。多田は一九九八年に、私が青木と彼のオフィスで長時間インタビューをする機会を二度用意してくれた。しかし、私の滞在が終わりに近づくころ、青木、多田、そして多田のチームは、このチームの将来についての対立で紛糾した。結局、会社の経営陣はこのチームの解散を決定し、その結果として、青木、そして多田ら彼の部下であるトレーダーたちのほとんどは、一九九九年の初めに会社を去ることになった。

私は別の部屋にデスクのあるトレーダーたちと、トレーディングの最中に一緒にいることはほとんどできなかった。多田の下にいるすべてのトレーダー、および世界証券でデリバティブ取引とリサーチに関わっていたその他の様々な人々は、昼食中や仕事後に、彼らの仕事について私と話すことには積極的だった。およそ四〇人の元世界証券の社員が私のプロジェクトに関わってくれた。それに続く一九九九年から二〇〇〇年、二〇〇一年、二〇〇三年、二〇〇五年、二〇〇七年、二〇〇八年、二〇〇九年、二〇一〇年、そして二〇一一年の私の調査の多くは、中心的な人々との長時間の個別インタビューと会話によって構成されている。こうした会話の場所は喫茶店やレストラン、バー、あるいはナイトクラブであり、二時間から四時間ほど続いた。

こうした文書や本と同様に、すぐに重要な対象として浮かび上がってきたのは、佐々木や他の世界証券のトレーダーたちがふだんから「夢」として言及していたものである。日本のビジネスの世界において、物語あるいは「話し」というのは特定の時間的な方向性と参加者の役割配置を伴う、重要な語りのジャンルである。こうした語りは典型的には深夜の飲み会において先輩から後輩に一方的に語られるものだが、この語りは先輩の自身のキャリアについての反省についての回顧的な説明によって構成される［Allison 1994, Kondo 1990 などを参照］。この説明にはいつもすこしだけ教訓的なニュアンスが含まれる。そしてだいたいいつも語り手の将来の夢を打ち明けるところでクライマックスを迎える。そこでの夢は秘密であるかのように、そしてその人の本当の姿を示すものであるかのように提示される。相対的に若い人類学者である私は、いつも先輩である話し相手の夢を聞くという役回りを割り振られることになった。そして夢は時に、トレーダーの職業的および個人的な知的軌跡の説明のなかで、彼らが読んだ文献に書かれていることと混じり合った。

物語というものは組織での日常において不可欠な一部をなし［Frost et al. 1985, Frost, Nord, and Krefting 2004, Wilkins 1989 などを参照］、物語のもつ両義性は組織の生産的および非生産的な目的の双方に役立つ［March 2010, March and Olsen 1976］。しかし本書では、彼らそれぞれの知的な軌跡における金融の技法や感性の痕跡ほどには、トレーダーたちの組織における経験に分析の焦点を当てない。この点において、私の目標はマーサ・バンタによる科学的管理法テーラー・システムの物語の分析に近い。テーラー・システム自体のもつ「全面化」傾向を再生産することなくテーラー・システムについて書くという困難を振り返ってバンタは、テーラー・システムの歴史分析は「著述の構成を全面的にコントロールしたいという我々自身の欲望のなかで自己を再生産しつづける歴史学であり、その方法によって、我々がそこで話し、カネを稼ぎ、権力を獲得し、愛し、そして死んでいくシステム化された世界への……コントロールを得られるかもしれないもの」［Banta 1993: xi］だとする。バンタの戦略は、彼女の分析のなかでその「全面化」の傾向を再生産せずに捉えるため、テーラー・システムをとりまく物語を分析することに焦点を当てる。ここでバンタは、物語というもののもつ複雑さ、乱雑さ、そして過剰さに向かう本質的な傾向に依拠している［Stewart 1996も参照］。しかし、金融理論の場合、より具体的にはアービトラージの場合は、そのおそらく「全面化」する傾向は、そのあからさまな虚構性と、それ自身を無効にする付随的な傾向によって、土台を崩されている。アービトラージ、およびアービトラージ（裁定）機会は、どこにでも見いだせるし、どこにも見いだせない。アービトラージの物語を分析するうえで、アービトラージにおいて、その総体化と自らを除去していく消失が同時に起きること、さらにトレーダーたちの仕事や生活に発現するアービトラージのそうした感性を捉え直すことが重要となる［Miyazaki 2003］。

それゆえ本書では、文書や夢を、分析のカテゴリーとして使用するわけではない。それらは東京におけるフィールドワークから浮かび上がったテーマであり、それらはアービトラージ業務に携わる日本のトレーダーへの傾倒がどのように作用し展開したのかを描き出すために用いられるにすぎない。各章において、私はそれぞれの文書が果たす複数の具体的な役割——しばしば、仕事に関連する文書が公式的な職業的目的だけでなく作成者の個人的な夢を反映していたりすることなど——に注目する。

第1章「シェイクスピアのアービトラージ」では、数学者からトレーダーに転じた佐々木が、彼のデリバティブ開発チームの新任研修用に作成したハンドアウトに表れた、金融の技法と、トレーダーの夢と知的軌跡との関係性について具体的なイメージを提示する。この文書は金融についての重要な洞察——デリバティブ取引におけるアービトラージが占める中心的位置——と、金融数学のアカデミックな知識に貢献するという佐々木の個人的な夢の双方を含んでいる。「自伝的文献表」と私が呼ぶものを、アービトラージの自己抹消的な傾向という観点（アービトラージを行うトレーダーがアービトラージ機会を、そして究極的には自分たち自身を、利用しつつ削減していくという仕方に現われる）から分析する。経済学者の岩井克人によるシェイクスピアの『ヴェニスの商人』の分析の佐々木の読み方はこの傾向を浮き彫りにする。この意味で、佐々木の文章はソロスの本と類似している。両者ともある部分は金融の理論と技法に、別の部分は彼ら自身の知的な軌跡に立脚している。そして両者の夢はともに、金融市場の内にあると同時にその外にはみ出している。

第2章「アービトラージと投機のあいだ」は、世界証券のトレーダーの職業的および個人的な軌跡においてアービトラージが占める中心性にもとづき、佐々木と青木が彼らの株価指数裁定取引業務を擁護するために一九九〇年に執筆した株価指数裁定取引の経済的役割についての論文が、青木にとっていかに別の目的——佐々木自身の論理的思考のトレーニング——に役立っていたのかを明らかにする。合理性（論理性という意味での）は青木がアービトラージという概念を彼のチームに導入する取り組みのなかで重要な要素であった。デリバティブ取引の価格決定の基礎としてのアービトラージという概念の中心には、市場の参加者は合理的にふるまう（アービトラージの機会をみつけたらそれを捉えるという意味で）という考え方がある。この想定なしでは、アービトラージは成り立たない。同時にこの想定は、アービトラージを行うトレーダーの行為遂行能力《エージェンシー》について特定の考え方を生む。私がよく知るトレーダーたちにとって、アービトラージは彼らの個別のアクションであると同時に市場自体のメカニズムでもあった。ここでは、アービトラージに本質的に内在するこの循環的な論理が、彼らの合理性への傾倒に対してもつ含意について議論する。

第3章「学習の限界における取引」では、世界証券のトレーダーたちが、ウォール街の証券アナリストであるジャック・シュワッガーの一九八九年の著書『マーケットの魔術師――米トップトレーダーが語る成功の秘訣』［シュワッガー 二〇〇一］をどう読んだかについて議論する。これは世界証券のトレーダーと私との会話において最も頻繁に言及された本であった。一般的に「ディシプリン」はトレーディングの世界でポピュラーな言葉だが、世界証券のトレーディング・ルームではこの言葉は明示的にシュワッガーの本と結びつけられていた。実際、ディシプリンは、きわめて成功したアメリカで活躍するトレーダーたちとのインタビューからシュワッガーが引き出した重要な教訓の一つである。しかし私が強調したいのは、世界証券のトレーダーたちがシュワッガーの本でディシプリンという考えに関心を引かれたということが、学ばなければならないと同時に差異化しなければならない対象であるアメリカの同業者に感じるパラドキシカルな魅惑を示している、ということだ。この章は世界証券のトレーダーたちが学習――賞賛をうける美徳であり、日本の企業世界において当時主要だった職務の様式――を、アービトラージ業務とそれが必要とするディシプリンにとっての障害物として経験したことにとりわけ注目する。市場への関与の様式として「学習の限界」に立ち向かうなかで、私の調査に関わった世界証券のトレーダーたちは、アメリカを彼らの主体性の新しいあり方を示すものとして理解するようになっていったのである。

第4章「夢の経済」では、青木の後を継いだ多田について、そして多田が、カネによって彼と彼自身の関係にもたらされると考えた、ある種の透明性に魅了されたことについて扱う。私の議論の出発点は、多田が一九九九年一月に彼のトレーディング・チームが解散した後に作成した、彼自身の市場価値を計算するためのスプレッドシートである。この計算の結果、多田はそれまでのキャリアで取っていた以上のリスクを取り、世界証券を辞めてある独立系の投資ファンドに加入した。ここでは、多田が「自己実現」と呼ぶものとカネの間の関係についての多田の見方が変化していくさまを追いかける。さらに、日本における効率性の低いマーケットをアービトラージしようという彼の英雄的な努力と彼自身の私的な夢——早期退職に十分な金を稼いで自転車で日本一周する夢など——との関係について考察する。

第5章「最後の夢」では、青木が、日本の若者の精神的問題に専門的に取り組む催眠療法クリニック創設に必要な資金を調達するために作成したビジネス・プラン（事業計画）について議論する。ビジネス・プランは、二〇〇〇年代前半、日本でベンチャー・キャピタリズムという文化が勃興するなかで目立つようになった書き物のジャンルである。学生運動家からデリバティブ・トレーダーに転じた青木は、日本を変えるという若いころの夢を見直し、日本が一途に経済成長を目指すことのマイナスの影響だと彼が考えるものに取り組もうとした。ここでは、青木と、このビジネス・プラン作成を手伝った多田との間の、このプロジェクトについての議論に分析の焦点が当てられる。この議論は結局のところ、この二人の金融プロフェッショナルの市場と人生における信じることの役割と、金融と資本主義からの脱出の可能性についての彼らの複雑な見方を例示している。この議論、およびそこでの両者の、仕事の出口（エクジット）についての、一見すると異なった夢の対比をつうじて、アービトラージとそれに従事するトレーダーの人生の交点において現われるある種の取り組み、つまり仕事の終点と仕事の永続性の双方を視野に入れることへの固執に光を当てる。

最後に第6章「アービトラージから贈与へ」では、世界証券のトレーダーたちの資本主義観を、同時代の日本のグローバル資本主義へのアカデミックな批判と並置し、両者の差異を指摘する。経済学者である岩井克人がアジア通貨危機とヘッジファンドLTCM(ロングターム・キャピタル・マネジメント)の破綻に反応して書いた二〇〇〇年の論文と、文芸批評家であり哲学者の柄谷行人の二〇〇三年の著作『トランスクリティーク――カントとマルクス』(もとは日本語で一九九八年から二〇〇〇年の間に執筆された)、および二〇〇七年から二〇〇九年にかけて起きた世界規模の金融危機へのこの二人のコメントに焦点を当てる。ここで彼らのような資本主義論者が、投機と、投機に付随する「信仰の飛躍」を批判の方法かつその対象として延伸していることを示す。対比的に、もし資本主義論が投機ではなくアービトラージにもとづいて打ち立てられたらどのようなものになるかを考察する。特に、彼らの資本主義批判における投機的な信仰の飛躍と、アービトラージに見られる曖昧な信仰と懐疑の関係とを対比させる。アービトラジャーを自認する人びとにとって、アービトラージはその技術に対する、信仰にも似た取り組み姿勢とそれへの深い懐疑の双方に基礎づけられている。本書のより大きな企図は、このアービトラージに内在する二重の見方を延伸して、アカデミック・アービトラージとでも名付けられるものを試行することである。

日本で経済学者から有名な人文系知識人となった少数の人のひとりである岩井と、きわめて影響力のある文芸評論家である柄谷のユニークな点は、日本の大衆文化において彼らが占める、特殊な文化社会的・知的な位置取りである。(8) ここにおいて私は自伝的文献表の方法を延伸し、世界証券のアービトラージを行うトレーダーたちの読書リストと私自身の読書リストを接合させようとしている。この二人の知識人は、私が本書で議論するトレーダーの知的生活、および彼らの知的な軌跡と私のそれとの交点に位置しているのである。本書は人類学と金融の間の関係性と、そこに潜在する「アービトラージ機会」についての考察によって締めくくられる。

まとめるなら、本書は日本におけるデリバティブ取引のパイオニアであるトレーディング・チームを突き動かしたある種の知的興奮を題材とするものである。(9) 別の言い方をすれば、これは金融市場において現在作動している、ある種のユートピア的思考についての研究である。そうしたユートピアは夢想家たち自身にとっても他の人びとにとっても破滅的だと目されてきたし [Polanyi [1944] 1957 参照]、二〇〇七年から二〇〇九年の世界規模の金融危機の後、金融のロジックの不当性を否定することは困難だ。しかし本書は金融のユートピアを真剣に捉えることの重要性を主張する。金融プロフェッショナルを実証的な方法で理解する積極的な努力を通じてのみ、真の市場改革は可能になるのだ。そしてこのことは、金融プロフェッショナルを、経済と社会における自分たちの専門性の位置を内省し再定位することのできる「考える主体」として真剣に受け止めるとき、はじめて起きうるのだ。そうでなければ、金融のもつ一見普遍的な訴求力は無傷のままであろう。未来における多様性は、過去における多様性が視野から逃れない限りにおいて保証される。本書は、世界証券のトレーダーたちだけでなく私自身にとって、アービトラージが関与の一般的な様式としてどれほど広く適用可能かを見るための実験である。

第1章　シェイクスピアのアービトラージ

二〇〇五年のある日、東京の金融街丸の内のアイリッシュパブで、佐々木はある文書を私に見せてくれた。この文書は、彼がリーダーを務めるある銀行のデリバティブ・リサーチ部門の若手メンバーのトレーニングのために作った文書だった。この文書は「資本主義における利益の源泉は差異」にあるという主張からはじまっていた。これは経済学者岩井克人が一九八五年に著した『ヴェニスの商人の資本論』［岩井［一九八五］一九九二］から引かれたものである。東大教授であり、強い影響力を持つ経済学者で、文学にも深い造詣のある岩井は、同書においてシェイクスピアの戯曲『ヴェニスの商人』の主人公アントーニオの「憂鬱」を、彼が貨幣の力に最終的に敗北する兆候――岩井の言葉で言えば資本主義における利潤の源泉としての差異の追求とその解消――と解釈している。この文書の中で佐々木は、商業資本主義から産業資本主義そしてポスト産業資本主義に至るまで、資本主義はそのすべての形態において、常に利潤の源泉を価格の差異に求めているという岩井の主張を繰り返している。岩井によれば、商業資本主義における利益が常に同一商品の二つの異なる場所における価格差に基づくものであるなら、産業資本主義においては「労働力の価値と労働の生産物の価値」の差異を、またポスト産業資本主義においては現在と未来という二つの時間的に異なった地点における情報の価値の差異が利益の源泉となる［岩井［一九八五］一九九二：五八］。

デリバティブもこれと同じことだと佐々木は言う。あるデリバティブの価値は、先物契約（ある資産を、特定の期日に特定の価格で受け取るあるいは手放すという契約）であろうと、オプション契約（特定の期日もしくはその期日より前に、特定の価格である資産を受け取るもしくは手放す権利を売買する契約）であろうと、その原資産（企業の株式や株価指数、商品、あるいはそういった資産を組み合わせた商品）の価値との関係で決まり、そこから派生するものである。市場においてデリバティブとその原資産の間の価格の差異が利益の源泉なのである。それゆえにデリバティブ・ビジネスはすべて、デリバティブとその原資産の間の「差異の創造」に関わっている。これこそ「アービトラージ」、すなわち「裁定」機会の創造なのだ、と佐々木はすかさず解説する。彼に言わせれば、アービトラージこそ資本主義の根本的な「原理」なのである。

一九八〇年代末、佐々木はある証券会社（ここでは「世界証券」と呼ぶことにする）に集められた若手トレーダーの一人であった。佐々木は大学院博士課程での数学の研究をやめて、このチームに加わった。このチームは、そもそも日本の機関投資家に海外の金融先物市場への参加を認めるという政府の決定を受け、一九八七年に創設されたものだった。チームの創設者である青木は、若いトレーダーたちを知識面において引っ張るリーダーであった。彼はチーム創設以前の一九八一—一九八五年の間、世界証券のニューヨーク支店に在籍し、デリバティブ取引について学んだ。アメリカの大手投資銀行に勤めるあるトレーダーと知り合って、「有望」と見込まれ（と一九九八年に誇らしげに話してくれた）、米国債の先物取引について指導を受けたという。このトレーダーは、青木がオプション取引を練習するために、彼の会社のコンピューター・システムを使う許可さえ与えた。

青木がニューヨークに滞在していた当時はちょうどウォール街の投資銀行が自己資金を運用する自己売買取引で高い収益を得ていた時期である。ニューヨークで青木はトレーダー仲間からジョン・メリウェザーを紹介された。当時ソロモン・ブラザーズの伝説的な自己売買取引チームのリーダーであり、後にヘッジファンド、ロングターム・キャピタル・マネジメント（ＬＴＣＭ）を創設した人物である。(1) 青木はメリウェザーから「相対価値取引」がウォール街の投資銀行の自己売買取引チームにおける基本戦略であると教えられ、近い将来日本の金融市場においてもアービトラージが重要になってくると考えていた。

こういったことから、世界証券の経営陣からデリバティブ・チームの立ち上げを任せられたとき、青木の関心は明確に自己売買取引とアービトラージに向けられていた。一九八八年の秋、チームには四名のトレーダーが在籍していた。佐々木を含む二名は東京に、残りの二名はちょうど日経２２５指数先物とオプションの市場が立ち上げられた大阪に拠点を置いた。チームには後にリーダーとなる多田を含む三名のシステム・エンジニアと、二名の事務処理担当者も参加した。青木はいち早くこれらの若い数学者やエンジニアたちに金融の基本理論と技術、さらにウォール街流の自己売買取引の手法を教え、アービトラージの機会を探す方法を叩き込んだ。青木が自らの自己売買取引チームに、経済学者である岩井による『ヴェニスの商人』の解釈を紹介したのは、このような文脈においてであった。結果的に同書は、このチームにとっての総体的な哲学的基盤を与えたと言える。こういった意味で、佐々木が用意した文書からは、彼のトレーダーとしてのキャリアに関係する読書やその他の知的営為がいかなるものだったのかを見て取ることができる。

文学と金融のアービトラージ

佐々木の文書の内容とその背景の検討に戻る前に、岩井克人による『ヴェニスの商人』の解釈がいかなるもので、それに対して世界証券のトレーダーたちがどのように反応したのかを見ておこう。(2) 同書において岩井は、かの有名なアントーニオの憂鬱——「まったくどうしてこんなに憂鬱なのかなあ」(3) という芝居の幕開けの一言である——に対して一つの解決を与えようとしている。「アントーニオが演じなければならない『悲しき役廻り』とは一体どのような役廻りなのであろうか」[岩井［一九八五］一九九二：一一]。重要なのは、この物語のプロットに動的な過程としての資本主義という観点からアプローチすることだと岩井は言う。この観点からすれば、アントーニオの憂鬱は、彼の内的な心理状態によるものではなく［一〇］、むしろ外的な要因——それは資本主義によって企てられた「不可逆的な」変化である——によるものであることが分かる［一三］。岩井によれば、その「不可逆的な」変化とは、アントーニオが代表しているローマ人の共同体的な価値観が、ポーシャによって代表される貨幣の力に、最終的に敗北を喫することに他ならない。

『ヴェニスの商人』は、貨幣や金融に関する様々な著作に重要なインスピレーションを与えてきた。金融市場についての経済分析［Markowitz 1999 など］から資本主義論［Maurer 2005c: 135, Marx [1867] 1990: 399, 400, 618n30 など］に至るまで、この演劇を金融や経済の観点から解釈しようという試みは何度ともなく繰り返されてきた。これらの分析は、それぞれの登場人物に、文化的、宗教的あるいは経済的な価値観、あるいは経済取引における利息［Draper 1935: 39, Pettet [1945] 1969 など］、交換［Engle 1986, Newman 1987, Sharp 1986 など］、法［Benston 1991, Scott 2004, Sokol 1992, Spinosa 1994 など］の役割など理論的観点を代表させ、それらの役回りが戯曲の中でどのように配置されているか分析するものである。(4)

文芸批評のマーク・シェルはよく知られたエッセイにおいて、貨幣と言語の経済の並列的な関係を表すために、また彼にとってのより大きなテーマ「文学や哲学、さらには真実についての言説への経済的な形態の参加」の考察のためにシェイクスピアの演劇を用いている(5)［Shell [1982] 1993a: 4, Osteen and Woodmansee 1999: 15-16 も参照］。その中でもシェルはとりわけ、彼が呼ぶところのシャイロックの「言葉の高利貸し」に注目している。「ユダヤ人が貨幣を用いて、元本に利子を付け加えていくように、彼は言葉の基本の意味を超えるためにだじゃれを用いるのである。」シェルは、シャイロックがそうするように、アントーニオがだじゃれをいかに使って、彼自身が「高利貸し」になるのかを示している［p. 72］。

シェルが金融と文学、あるいは貨幣と言語のあいだの境界の曖昧さを示したとするなら、岩井はこれらのあらゆる種類の差異を、いかにして貨幣が消し去っていくのかを描いている。岩井の議論の焦点は差異の概念にある。彼は資本主義を、差異を「媒介」し消去する、たった一つの形態の交換の繰り返しと見ている［岩井［一九八五］一九九二］。アントーニオの遠隔地交易は、この繰り返しの形態の原型である。彼はアントーニオが「古代ローマの名誉心の精神」［『ヴェニスの商人』三・二］を体現する男であり、同時に遠隔地交易に関わっているという二重の役割を指摘する(6)［岩井［一九八五］一九九二：一七］。共同体的な兄弟の絆によるローマ的世界に属しつつ、同時に商業資本主義の世界にも属しているというアントーニオの二重性は、商業資本主義が交易に関わる共同体間の空間的な距離に依存しているという事実によって可能になっていると岩井は論じる［一八―二〇］。長距離交易は二つの離れた地点における商品の価格の差異を媒介することに存在の基盤を置いている［一七―一八］。続けて岩井は、そのような価格差異を利益の源泉として利用することが、最終的に、価格を均衡化させ、差異を消し去ること、そして新たな差異を見つけ出す必要を生じさせることを指摘する［六七―六八］。

岩井はこれと同種の交換関係をヴェニスの金貸しの実践の中に見て取っている。アントーニオとシャイロックの遭遇は、キリスト教徒とユダヤ教徒というヴェニスにおける二つの隔離されたコミュニティの間の敵対的な、しかし「相互に依存した関係性」を表している［二九。Auden 1991: 61 も参照］。利子を付けて金を貸すことを禁じられているキリスト教徒にとって、ユダヤ教徒の金貸しは不可欠な存在である(7)［岩井［一九八五］一九九二：二三―二九］。岩井からすれば、ヴェニスにおける金貸しの実践は、二つの共同体のあいだの距離のもとで資本主義化された長距離交易と似たようなものなのである。岩井はまた、この金貸しの実践がそれ自体として「貨幣の現在の価値と未来の価値のあいだの差異」という差異の一種に基づいて存在しているという点にも注目する［二五］。

このように長距離交易と金貸しを並べることで、岩井はしばしば指摘される商人と金貸し業の間の並行的な関係［Cohen1982, Shell［1982］1993 などを参照］だけではなく、資本主義にとって、そしてこの戯曲のダイナミズムにとって中心的になってくる差異の複製（あるいは再創造）の過程にも光を当てる。岩井によれば、このダイナミックな資本主義の変容は、ポーシャの役回りにもっともよく現れているという。バッサーニオがポーシャに求婚するためにベルモントへと旅立つが——これこそアントーニオがシャイロックに借金をする要因である——、これはそれ自体が長距離交易を複製しているといえる(8)［岩井［一九八五］一九九二：四七—四九］。しかしながら、バッサーニオによるポーシャへの求婚は、最終的には貨幣の力をすべて「解き放つ」ことにつながってしまう［五四］。

シャイロックの最初の融資は、岩井に言わせれば、アントーニオから利子を取らずに「友人」（「さし迫ってのご入用を用立てよう、しかもこの金には利子は鐚《びた》一文も取るまい」［『ヴェニスの商人』一・三］）として金を貸したものである。これはヴェニスの二つの共同体のあいだの境界の雪解けを予期させるものであった［二九—三〇］。有名な裁判の場面で、ヴェニス公が許しを求めるが、シャイロックはこの盟約に誇りを求める。法学者のふりをしてこの裁判を裁いたポーシャは、法と赦しのあいだの交換を完結させる「トリックスター」の役割を果たした(9)［三四—三九］。岩井が言う「等価交換と法の論理の原則」は（シャイロックが盟約に繰り返し言及して言ったように）、ユダヤ教徒からキリスト教徒に与えられ、一方で「赦し」はキリスト教徒からユダヤ教徒に渡される。しかしながら、この交換の結果として、二つのそれぞれのコミュニティは媒介され、それぞれの独自の特徴とコミュニティとしての統一性を失うのである[10]［三九］。

岩井の見立てでは、ポーシャは貨幣そのものである。[11]「自由に流通する形態となった貨幣＝ポーシャの最初の『一仕事』とは、秘かにベルモントからヴェニスへと旅出して、トリックスターとして人肉裁判に介入することであった。そこで貨幣＝ポーシャが、キリスト教社会とユダヤ人社会というふたつの共同体のあいだの差異を媒介して、両者のあいだに一種の交換を成立させてしまう」［五九］。岩井が指摘するのは、ポーシャの手法は長距離交易だということである［五九］。裁判において、ジェシカ――彼女はもう一人の貨幣のシンボルであるが――はシャイロックの資産の受け取りを終わらせる［六〇］。バッサーニオやグラシアーノ、ロレンツォがそれぞれ貨幣と一体になるのに対して、アントーニオは時代遅れの「古代ローマ」を体現するものとしてあらわれる。岩井はそれゆえにアントーニオの憂鬱は資本主義への敗北に原因があると見るのである［六九］。

岩井によれば、『ヴェニスの商人』は貨幣が「自己増殖」［五八］するメカニズムについての物語である。「利潤とは、価値体系と価値体系とのあいだにある差異から生み出される」［五八］。この利潤生成の基本的なメカニズムは、すべての資本主義――商業資本主義、産業資本主義、ポスト産業資本主義――に適応される［五八］。ここで岩井は、異なった種類の資本主義の間の差異それ自体を消去する。彼はまた、資本主義においては利潤の源泉は次々と抽象的な領域を追求していく必要があるという。なぜなら利潤の生成は分かりやすい差異を消去していくからである。[12]

この戯曲について長年交わされてきた論争と照らし合わせてみれば、岩井の解釈が逐一反論を受けることは間違いない。例えば岩井は、アントーニオとシャイロックが古代ローマと資本主義の価値観の対立を代表していると言うが、これはあまりにも一面的すぎる解釈である。同様に、ヴェニスにおけるユダヤ教徒とキリスト教徒の対抗関係も強調され過ぎていると言われるであろう。さらに岩井はポーシャと貨幣を構造主義的に等置するが、これもポーシャの行為主体性を消去してしまう危険性がある。最終的に、岩井はプロットを一つのテーマに還元してしまい、また何回も同じテーマを繰り返すが、これでは複雑な物語を適切に読み取れないし、最終的にはこの戯曲の特質を解き明かしていないと批判されるかもしれない[13]［特にCohen1982参照］。

だが岩井の解釈は、世界証券の自己売買取引チームの創設者である青木と、佐々木を含む他のメンバーに、ある特定の形でインスピレーションを与えた。すでに見たとおり、岩井の議論の核心は、資本主義におけるあらゆる利潤の追求は、飽くなき差異の探求にあるというところにある。佐々木はこのこととアービトラージの機会を探し続けるということを結びつけている。青木は、資本主義における利潤の源泉は差異であるという岩井の洞察に「目から鱗が落ちた」と、二〇〇五年六月に述懐してくれた。シェイクスピアの戯曲の中でアービトラージの原則が機能しているということは、アービトラージの原理と戦略は、その原型が商業資本主義の時代にまで遡ることが出来る、永い時の試練を経たものだということを岩井が喝破していることに衝撃を受けたのだという。この観点からは、資本主義における利潤生成の原理はアービトラージであり、すべての取引の形態はアービトラージのバリエーションだということになる。佐々木は、彼のハンドアウトはこの青木から「継承」した資本主義理解を反映したものであるということを私に話してくれた。

岩井による戯曲の解釈についての佐々木の話を聞いたときに私が驚いたのは、岩井の解釈の還元主義的な傾向について佐々木がまったく注意を払っていないということだった。シェイクスピアの戯曲は日本でも広く知られており、青木や佐々木のように受験戦争を勝ち抜き著名な高校や大学で教育を受けたエリートたちは、シェイクスピアの戯曲の細部にまで親しんでいるはずである。しかしながら、青木も佐々木もこの演劇の細部や岩井によるそうした細部の取捨選択にまったく関心を持たないのである。彼らの関心は、資本主義における利潤生成の源泉は差異にある──彼らの言葉で言えばアービトラージの機会である──という岩井の一般的な観察にのみ集中している。岩井によるシェイクスピアの戯曲への関わりは、いかにしてこのような効果を生み出したのだろうか。

青木と佐々木にとって岩井の見立てのオリジナリティは、演劇のそれぞれの場面についての解釈の中にあるのではなく、むしろ岩井の議論が生み出しているように見える効果全体の中にこそある。それは『ヴェニスの商人』を単一の経済原理に還元する。あらゆる差異を特定し、それを利用して、差異を消し去る。青木と佐々木が注目しているのは、岩井によるヴェニスの商人の解釈の複数のレベルを跨いで、アービトラージの論理が複製されていく様である。資本主義の核となる原理としてのアービトラージは、一貫して搾取するべき新たな差異を探し求める。アービトラージは差異を消去するのと同じように、そこに関わる行為主体をもまた消去していく。例えば、アントーニオとシャイロックは、二つの異なったアービトラージ（遠隔地交易と金貸し業）の実践者として、ポーシャが両者の間の交換を媒介する中で、物語の背景に退いていく。岩井の解釈によれば、この並外れたアービトラージャーであるポーシャは、多様なアービトラージの動きをこなし、単に貨幣となることで、最終的に自分自身のアイデンティティを失ってしまう。

この読みを受ければ、岩井は自らの解釈の戦略として暗黙のうちにアービトラージを複製していると、付け加えることができるかもしれない。岩井の解釈はそれ自体、文学と金融の間の差異をアービトラージしている。それは戯曲内におけるアービトラージの動きを、それが戯曲そのものをアービトラージするものとして分析していく。この戯曲とその特性（あるいは差異）は、岩井による資本主義の理論の中に溶けて消えていってしまう。岩井による解釈におけるアービトラージは戯曲から、アービトラージの原理以外のあらゆるものを剥ぎ取ってしまう。解釈の中からは抜け落ちてしまっている細部に青木と佐々木が無関心であるということは、岩井自身の解釈アービトラージの効果であると言えよう。

アービトラージされるアービトラージャーたち

岩井による『ヴェニスの商人』の解釈において、登場人物が次々とそのアイデンティティを失っていったのと同じように、世界証券のトレーダーたちの金融プロフェッショナルとしてのキャリアも見ていくことで、資本主義が持続的に差異を搾取し、消し去っていく軌跡を明らかにすることができるだろう。これこそが青木と佐々木が言うところの「アービトラージ」である。第6章までの議論を先取りして言えば、アービトラージの原理はデリバティブ取引の局面からトレーダー個人の人生に至るまで、複数の生活の領域を跨いで自己を複製していく。それは次から次へと差異と遭遇しては、それを消去していくだろう。世界証券のトレーダーたちがアービトラージを、資本主義のみならず自らの人生の核となる原理として取り扱っている限り、彼らもまた自らをアービトラージの対象として発見するのである。

青木と彼の部下たちにとって、アービトラージは実践と理論の両面において最も重要なトレーディングの戦略になっていた。一九八八年、青木の指揮の下で、佐々木を含む彼の部下たちは、日本で新たに立ち上げられた株価指数先物取引市場におけるアービトラージ（裁定取引）業務に打って出た。日本における代表的な株価指数である日経225は、東京証券取引所において取引されている中から選ばれた二二五銘柄の価格をもとに算出されるものである。この取引業務では、大阪証券取引所で取引される日経225の株価指数先物と、東京で取引されているこの指数を構成する二二五銘柄の株式の売買を同時に行なう。このアービトラージの形態は、比較的単純で利益を出しやすいものであった。株価指数先物は一貫して理論的に「公正な」価格よりも高値が付きやすく、世界証券のトレーダーたちは現物市場においてロングポジション（買いポジション）を取りつつ、先物市場でショートポジション（売りポジション）を同時に取ることで利益を容易に確定することが出来た。この作戦における最初の成功を受けて、一九八九年の春にチームは新たに六名のトレーダー、三名のシステムエンジニア、三名のアシスタントを加え、拡大した。さらに同年のうちに、一〇名のトレーダー、三名のシステムエンジニア、三名のアシスタントからなる独立部門として認められるようになった。現物市場において許容される最大限に基づいて計算された、チームの株価指数裁定取引ポジションの規模は、一九八九年には三〇〇億円にまで達した。一九八九年五月に独立部門として再編成された後には、一〇〇〇億円を超え、一九九一年の終わりには二〇〇〇億円にまで達した。

しかしながら一九九二年から、日経225の株価指数先物市場から、アービトラージの機会は消えたように見えた（第三章、および Miyazaki 2003 を参照）。世界証券のトレーダーたちはアービトラージ業務の場を、日本のもう一つの大きな株価指数であり、東京証券取引所で取引されているすべての株の平均に基づいて設定されるTOPIXに移した。TOPIX先物市場におけるアービトラージは、常に日経225先物市場のそれに比べて非常に複雑であった。なぜなら東京証券取引所で取り扱われているすべての銘柄を売買することは実質的に不可能だったからである。TOPIX先物市場におけるアービトラージ業務では、指数の動向をいくつかの株式のバスケットによって複製するという複雑なプロセスが必要であった。世界証券のトレーダーたちはTOPIX先物市場におけるアービトラージのための複製技術を洗練していくことに多くの時間を割いた（そして佐々木の同僚である井深によれば、世界証券の株価指数裁定取引チームは、もっとも精緻な複製の方法論を作り出したという）。それでもなお、日経225先物市場におけるアービトラージに比較すれば収益率は低いものであった。

世界証券のトレーダーからすれば、必ずしも明らかでないアービトラージの機会に向けて自らの技術を微調整していくのか、さもなくば新たなマーケットにアービトラージ業務の場を移す必要があった。この意味で、アービトラージはそれ自体の中に、常に次から次へと新たな場所を求めていくという傾向が含まれている。一九九〇年代の半ばから、世界証券のトレーダーたちはアービトラージ業務を、転換社債市場などにも広げていった。このことは、マルクスからケインズ、シュンペーターから岩井まで、すべての理論家たちが、資本主義を自己破壊と拡張によって特徴づけられる永続的な運動と見ていることを、裏付けていると言えよう［岩井［一九八五］一九九二：六八、一〇九、Keynes

[1936] 1997, Marx [1867] 1990, Schumpeter [1934] 1983, [1942] 1975なども参照]。

世界証券のトレーダーたちにとって、アービトラージは、より一般的な解釈装置にもなりうるものだった。彼らは継続的に新たな市場におけるアービトラージを探し続けていたが、なかなか利益を上げることができずに悪戦苦闘していた。ウォール街の自己売買取引チームのようになるという彼らの当初の野望は、いくつかの要因によって妨げられていた。その中の大きな要因のひとつは、日本政府が日本の金融市場の規制緩和を遅々として進めないことにあった。トレーダーたちが世界証券に在籍している間、彼らの主な活動は株価指数先物や現物市場における株式やオプションの取引といった市場で取引されている商品や金融資産に多かれ少なかれ限定されていた。彼らはまた転換社債――特定の状況においてその会社の株式に転換することができる社債――も定期的に取引していた。「店頭売買（非上場の）」デリバティブ、スワップ取引（固定金利と変動金利あるいは通貨交換レートを、あらかじめ決めた期間を置いて交換する契約）や、ストラクチャード・ファイナンス（例えば資産証券化）は、いまだに彼らの手には届かないところにあった。それでも、世界証券のデリバティブ・チームは試みにエクイティ・スワップ（固定金利または変動金利の収入と、株式または株価指数の売買損益を交換するスワップ取引）にも一時手を出してはいた。しかし、大蔵省（現財務省及び金融庁）はこの取引を、刑法の賭博条項に抵触する可能性があるとして一九九四年に廃止した。世界証券の躍進をとどめた二つ目の要因は、世界証券と他の大手の日本の証券会社が置かれていた一九九〇年代の財務状況にあった。一九九〇年代前半の一連の不正取引（例えば重要な顧客の損を優先的に穴埋めするなど）によって会社は体力を奪われ、そのためにデリバティブ取引における真のグローバル展開を確立することが不可能になったのである。

私が青木と彼が鍛えた部下のトレーダーたちにはじめて出会った一九九八年から、彼らは欧米の同業他社と競い合うための能力の限界に直面していた。そして世界証券のデリバティブ業務はあえなく終焉を迎えた。当時のリーダーだった多田は「日本社会……がアービトラージされた」と私に言った。この言葉で彼が言わんとしたのは、世界証券と他の日本の金融組織は、欧米の競争相手と競争するにはあまりにも非効率的すぎたということだった。その後、多田は世界証券から去り、投資ファンドを立ち上げて、そこで新たな様々な投資スキームを手掛けた。彼はこれらのスキームを、日本の非効率的な市場をアービトラージするためのものだと語った［Miyazaki 2003, 2005b, 2006b も参照］。このような形でアービトラージを解釈装置として延伸・拡張することで、世界証券のトレーダーたちはあるときはアービトラージの主体に、またあるときには客体になったのである。

実際のところ、世界証券のトレーダーたちによるこのようなアービトラージの延伸・拡張についての見立て（を私が彼に話したこと）がきっかけで、二〇〇五年の夏に佐々木は『ヴェニスの商人』についての岩井の解釈が、彼自身および世界証券のトレーダーたちの知的な遍歴の中で重要な意味を持っていたということを、私に語ったのだった。佐々木によれば、シェイクスピアについての岩井の解釈によって、彼らはアービトラージに強固に思い入れを持つようになったのだ。

しかしながら、このことは言っておかなければならないだろう。実は、岩井は『ヴェニスの商人』の解釈の中で一度たりとも「アービトラージ」という語を用いていないのである。岩井自身の言葉では、資本主義の原動力は、新たな市場における持続的で終わることがない「差異」の追求だということである。しかしながら、青木と佐々木にとっては、岩井のシェイクスピア解釈は資本主義におけるアービトラージの中心性を確信させるものだった。彼らは自らアービトラージを岩井の資本主義解釈へと拡張したのである。これはある意味で経済学者である岩井の文学解釈についての彼らの読み自体が、ある種のアービトラージであると見ることが出来る。本書は、世界証券のトレーダーたちとそして私自身が行なうアービトラージの拡張において、岩井の解釈をこのようなやり方で読むことが持つ重要性を示すものになる。

主題、そして方法としてのアービトラージ

アービトラージは、先物やオプションその他の種類のデリバティブなど金融商品を価格付けし、取引するための、しっかりと確立された手法である。アービトラージは現代の金融経済の核をなすカテゴリーであり、投資銀行やヘッジファンドにおける標準的な取引戦略である。これは、株式バスケット（多数の銘柄の株式をまとめたもの）とその株式についての先物契約のような経済的に相互に関連している資産の間に価格差があるときに、安い方を買うと同時に高い方を売り、その価格が収束する際にポジションを解き、取引を逆転することによって、利益を上げるという表面的には「無リスク」の投資戦略である。アービトラージの機会がないという「無裁定」という概念は、デリバティブビジネスにおいて用いられている多くの価格設定の方法論において中心的な概念である。資産の適正な価値は、市場の効率性が確立された、アービトラージできない無裁定という仮説的な状態との関係にお

いて計算されるべきものなのである。

アービトラージは新しい考え方ではない。それは長い間、特定の商品の将来の価格変動に賭ける「投機」（スペキュレーション）とは異なる取引のスタイルとして認識されてきた。社会学者のマックス・ウェーバーはアービトラージを「数字計算の純粋な例」［Weber［1924］2000: 344］として、「その成功が特定の財の価格が期待したとおりに変化することにかかっている」［p. 345］投機と区別した。同様に、「特定の時間と場所という状況についての知識」が果たす役割についての議論において、自由主義的経済哲学を標榜したフリードリヒ・ハイエクはアービトラージを「他者には知り得ない一瞬の状況についての特別な知識に基づいて、目覚ましい効果を発揮する」経済的行動のいくつかの形態の中の一つとして言及している［Hayek［1948］1980: 80］。

日本では、アービトラージは取引戦略として長く知られてきた。そのテクニカルな用法において、通常、アービトラージは「裁定」、あるいは「裁定取引」として翻訳されるが、ときにインフォーマルな形で「鞘取り」（「差異から利益を得る」）としても知られる。もっとも権威がある日本語の辞書である『日本国語大辞典』では、「鞘」（明らかに「差異」から派生した語である）という語のもともとの用法を江戸時代のコメの取引に帰している。鞘は、帳合米あるいは「帳簿上の米」についての契約（物理的なコメの移動を伴わない契約）と正米あるいは実際の米のあいだの価格の差異から商人たちが利益を得るという、大阪の堂島米市場において行われていた取引から来ている。ウリケ・シューデが、堂島の米取引についての研究で明らかにしているように、帳合米取引は、米切手先物の取引であり、正米取引は米先渡し取引である。この文脈において、鞘取りは先物取引と先渡し取引のあいだ

のアービトラージということができる。(14)

アービトラージは近代金融経済学において核となる概念として登場して以来、一貫して重要で力強いカテゴリーとして存在してきた［例えば、Bernstein [1992] 1993, P. Harrison 1997, MacKenzie 2006］。アービトラージの考え方は、現代の金融理論の展開の中で主要な役割を演じてきた。資産の価格付けについての理論の多くでは、トレーダーが価格付けのエラーを発見してそこから利益を取り、それによって市場を効率的に保つことを前提としている。それゆえに金融経済学においては、オプションのようなデリバティブ商品の価値は、通常はトレーダーがすでにすべてのアービトラージ機会を解消しているということを前提に、経済的に相互に関係する証券の間のアービトラージ（裁定機会）は存在しないという仮説の上で、計算されている［Hull 1997: 12-13, Neftci 2000: 13, Ross 2005］。翻って、この計算はトレーダーがアービトラージ機会を探すための助けになる。なぜならば、複数のマーケットの間の資産価格の不安定さは、その資産の価格差がまだアービトラージされていないことを示唆するからである。ある標準的な教科書では「アービトラージャーが存在しているということ自体が、実際には、多くの金融市場において付けられている価格において、アービトラージ機会はほとんど存在しないということを意味している」［Hull 1997: 12］と論じている。アービトラージは皮肉にも、それが不在であることに意味があるのである。フィリップ・ディヴィグとスティーブン・ロスによれば「現代の金融のほとんどは、アービトラージが推定上あるいは実際に不在であるということに基盤を置いている。実際のところ、アービトラージが不在であるということこそ、すべての金融を一つに統合する概念として見ることができる」［Dybvig and Ross 1987: 104］という。「無裁定」の状態が、アービトラージそれ自体の出発点であり同時に到着点なのである。

アービトラージはまたプロのトレーダーによって、全世界規模で展開されているものでもある。多くの投資銀行の自己売買取引チーム、ヘッジファンド、その他の重要な市場のトレーダーたちが、アービトラージやそれに類似した相対価値取引を、主要な取引戦略としている。無裁定の概念がほぼすべての資産価格設定のモデルの背後にある限り、投資銀行が関わるさまざまな取引はアービトラージの論理に則ったものになる。

アービトラージはまた金融史においていくつかの金融危機やスキャンダルとも関係してきた。そこには一九九八年のコネティカット州のヘッジファンドＬＴＣＭの失敗も含まれる［例えば Lewis 1999, Lowenstein 2000, Soros 1998 参照。ＬＴＣＭのケースの詳細は MacKenzie 2006 を参照。その他のアービトラージがらみのスキャンダルについては Boesky 1985, Endlich [1999] 2000: 109-119, Kestenbaum 1999, United States Congress 1987 などを参照］。さらに、二〇〇七―二〇〇九年のサブプライム債権から引き起こされた金融危機も、格付けアービトラージとして知られている取引にその原因が帰せられている［Hull and White 2010 や Nadauld and Sherlund 2009 はこの概念の理論的な確立について書いている］。二〇〇九年に『ニューヨーク・タイムズ』の署名入り記事で、ジョー・ノチェラは次のように書いている。

マイホームバブルの渦中でＡＩＧがどうやって利益を上げていたのかについての質問をはじめると、同じ二つの言葉ばかりを繰り返し聴くことになる。規制アービトラージと格付けアービトラージである。アービトラージという言葉は通常二つの証券のあいだの価格差の利益を取るという意味である。例えば同じ会社の株式と社債の間のように、関係し合っている二つの間である。ところがＡＩＧの行動を説明するとき、このアービトラージという語は完全に異なることを指すことになる。それは規則の抜け穴から利益を上げるということである。上品さは欠くかもしれないが、より厳密な言葉を使えば、おそらくそれは「詐欺」である。

［Nocera 2009］

このようなアービトラージという実践とカテゴリーの延伸・拡張、あるいは度がすぎた延伸・拡張、そしてこのカテゴリーにつきまとう曖昧さは、本書が取り組もうとしている中心的な理論的、方法論的、そして倫理的な問題である。アービトラージは多様な市場へ、そして価格付けのエラーが顕著な資産、財、そしてサービスへ、そして多様なアカデミックな理論的イノベーションに、さらに多様な種類の取引へと拡張されうる。

このようなアービトラージの拡張可能性は、またアービトラージの分析についての自らの挑戦をもあらわしている。アービトラージは金融経済の理論的な構築物あるいは実践的な取引戦略であるだけではなく、経済的のみならず他の様々な現象に広く適応可能な解釈の枠組みでもある。例えば、アービトラージは金融の理論と実践の展開についての記述の中において分析用語として用いられる。ポール・ハリソンが「知識アービトラトラージ」［P. Harrison 1997］のプロセスとして金融経済学の歴史を描いたものがそれである。ハリソンによれば、新古典派の経済学者は金融経済学の分野をアービトラージしている。「（金融における新古典派経済学の）成功は知的なアービトラージの成功を意味している。そして、その成功自体が、その成功の理由を消し去り、機会を消去していくので継続的ではありえない」[p. 173]。ハリソンは「金融における経済理論の応用の成功は、アービトラージの概念に帰せられるべきである。それは投機市場の価格についての何がしかの『科学的』な側面についてのみならず、経済理論が現実を説明することができているように見えることによる。このことは経済学者にとって金融をとりわけ好ましいものにしている。アービトラージは金融における主要な経済的イノベーションの背後にある理論的な力であった」[p. 180]。ハリソンはアービトラージを「根本的な真実」であり「イノベーションの原動力」と見なしている[15][p. 185]。

アービトラージは人類学にとってもまったく無縁の話というわけではない。ギアツはモロッコのバザール(スーク)とその情報の経済についての優れた研究において、「取引は早いペースで、一定の効率性を持って進んでいく。ほとんどそれを阻もうとしているようにも見える雰囲気の中で」[Geertz 1979: 212]と観察している。彼は、バザールで活動するある特定のカテゴリーの商人に注目し、この商人を「アービトラージャー」と呼び、彼らの活動を以下のように説明している。

[こうした商人]が活動するマーケットおよび彼がそこで売買する商品は、彼の個人的なつながりやローカルな状況、商品への慣れに依存しているが、それは彼の独自の背景や経験に由来している。彼が多様な、あるいはむしろ特定の限定的なバザールの状況についてもっている直接的で詳細にわたる知識、そしてそれらのバザールの間を効率よく動き回る能力が、価格の矛盾の間から利潤をつかむためのものであり、これが彼の生計の基盤となっている。

他の種類の売り手や買い手とは異なり、「この手の商人たち」は一つ二つの限られた商品だけではなく、多様な商品を取り扱う。彼らは（数日分以上の商品を持つことは決してない）、スークとスークの間の取引の中で生活し、コスモポリタンな商業状況から利益を上げるのである。
[pp. 188-189]

ギアツはこうしたスークの「アービトラージャー」が「スークを横へとつなげ」ることによって、バザールを効率的に機能させているとしている(16)。

本書では、アービトラージの延伸・拡張可能性について、それをもはやそれ以上に延伸・拡張できないところまで延伸・拡張することによって検討したい。ここからは、特定の歴史的な地域と時間における世界との関わり方の様式として、アービトラージを分析していきたい。具体的には、先物やオプション、その他のデリバティブなど様々な種類のアービトラージ業務に携わった日本のトレーダー集団に注目する。本書がまず注意を向けるのは、アービトラージとそれに関わる活動についての彼らの実践である。これらには取引計画の構築、取引注文の遂行、リスク管理や規制の変化に関わる様々な文書の執筆、取引とリスク管理システムの開発やアメリカの金融経済学者との共同作業、経済と取引戦略に関する英語テキストの翻訳、取引所や規制当局との調整も含む。

本書でそのキャリア遍歴を追っていく日本のデリバティブトレーダーのパイオニアたちは、アービトラージと出会い、その概念を多様な対象に延伸・拡張していった（そして、しばしばそれは過拡張であった）。本書の冒頭で見た多田によるアービトラージの延伸は、数え切れないほどのそういった拡張の中の一つである。多田や他のトレーダーたちにとって、アービトラージは常に、市場における投資の決断のための枠組みだけではなく、彼らの個人としての人生における決断の枠組みをも提供していた。アービトラージは最終的に、単なる取引戦略以上のものとしてあらわれたのである。私が東京で出会った多くのトレーダーにとってアービトラージは、資本主義の、人生の、さらにはマインドの原理原則になったのである。市場におけるポジションとしてのアービトラージは、彼らが世界にアプローチするための、独特の包括的な枠組みを提供した。この延伸・拡張可能性は、アービトラージの曖昧さ、そして並列的で相対主義的な視点、そしてそれ自身の終点に向かう実践的な志向の中にこそある。市場における行動と社会生活の他の側面における行動の並行的な関係を見ること自体が、トレーダーたちがアービトラージの拡張的なロジックに関与することの要因であり、結果なのである。

本書では、アービトラージの技術的、美的、倫理的な特徴によって喚起される多様な思考と想像力について検討していきたい。外的な対象から内面の問題へと拡張する中で、アービトラージは、それ自身のカテゴリーに統合性を揺り動かすような認識論的・存在論的な問題を提起する。アービトラージが拡張される中で、そのカテゴリー自体の両義性や不安定性、不確定性が明らかになってくる。これは、その延伸・拡張に参与しているトレーダーにだけではなく、私の研究そのものに関わるものである。この後者の論点は重要である。なぜならばそれは、アービトラージが備える、概念、戦略そして様式としての顕著な滑りやすさという特性を思い起こさせるものだからである。(17)

自伝としての参考文献表

佐々木のハンドアウトは、今後読むべき文献表で終わっている。そこにはオプション契約の価格設定についてもっとも広範に用いられている公式である「ブラック・ショールズ式」を導入したフィッシャー・ブラックとマイロン・ショールズの一九七三年のとりわけ重要な論文、そのブラック・ショールズ式を、マーチンゲールという確率手法を用いて複製したミシェル・ハリソンとデビッド・M・クレプスの一九七九年の論文、そして金融経済学でもっともよく知られている教科書や確率論の入門書なども何冊かが推薦されている［Black and Scholes 1973, Harrison and Kreps 1979, Harrison and Pliska 1981, Karatzas and Shreve 1988 など］。いずれも金融経済学の理論的展開を理解するために必読文献である。

佐々木のハンドアウトは本質的に自伝的といえる。佐々木は一九八八年、数理物理学の大学院生であった時に世界証券に入社した。二〇〇〇年六月に佐々木が私に語ったところでは、彼は研究の道を強く志していたわけではなく、製造業のいくつかの会社などを訪問したものの、そうした会社で行われている研究開発には心惹かれるものを感じなかった。しかし証券会社を訪ねた時、そこでは彼が数理物理学の院生として取り組んでいた偏微分方程式の知識が求められていると知って、オプション取引に興味をもった。佐々木は、世界証券の入社面接でオプション取引に関心があると話したこともあって、新たにできたデリバティブ・チームに配属された。そして入社してまもなく、株価指数裁定取引業務チームの立ち上げに関わることになった。

佐々木のハンドアウトに含まれている参考文献表には、この若き数学者がトレーダーに転向する上で重要な役割を果たしたアカデミックな著作がリストアップされている。例えば、佐々木は彼の職業上のキャリアの中においてハリソンとクレプスの一九七九年の論文が持つ重要性について話してくれたことがある。佐々木の中では、ハリソンとクレプスの仕事は、ブラックとショールズの論文を、より強固な数学的な方法において練り直したものである。彼は自分が一九九三年までハリソンとクレップの論文の存在を知らず、ブラックとショールズの理論の表層的な部分しか理解していなかったことを後悔していると言っていた。また、世界証券のリサーチ部門の同僚から、金融経済を理解するには確率論を分からなければならないと言われ、一九九三年に一念発起して確率論についての自分の知識を深めるために一定の時間を割くことに決めた。佐々木はハリソンとクレプスの論文を読み、つづけてカラザスとシュレーヴの教科書を読んだ。四カ月間、彼は毎週末この教科書を読んでいたという。

佐々木自身の知的な遍歴を反映したこのハンドアウトは、参考文献表のかたちをとった自伝として見ることができよう。すべての自伝と同じく、佐々木の参考文献表もまた未来についてのある特定の視点を持っている［Ochs and Capps 1996 参照］。ハンドアウトには、学術論文の出版というもう一つの夢が託されていた。二〇〇一年、佐々木は私に以下のように語っていた。


外人のように四〇過ぎで引退とはなれない。四〇半ばで今の状態に自分はいる。自分が五〇から五五歳までどう切り抜けるか。何か発信しないときついかなと感じている。論文は書く気には……書けないし……［でも］ワーキングペーパーは出せる？ 今は雑務があるのでできないが、それなりに考えている。六〇歳くらいまでには［何か書けると思う］。その後は数学の論文でも読みながら［過ごす］。

（二〇〇一年八月）

その後三年間、佐々木は金融経済学の知識に貢献する機会を精力的に探した。金融経済学の教授が開催するインフォーマルな研究会に参加し、自身を教授に売り込んだ。その教授は、金融経済学のキーワード辞典を編んでおり、佐々木に幾つかの用語の執筆を依頼した。佐々木はまた金融のための数学の初歩の教科書の翻訳にも参加していた。ここには青木のチームの初期のメンバー二人とともに参加した。この二人はともに世界証券を去った後に経済学の博士号を取得していた。佐々木の次なる目標は学術誌に論文を掲載することである。さらに佐々木は数学科の大学院から若い院生を集め、学術論文を書くように勧めていた。これらの学究的志向の活動のすべてにおいて、佐々木は社会に自分の足跡を残したいのだと語っていた。

佐々木の参考文献表的な自伝、そして歴史に足跡を残したいという野望は、アービトラージを行うトレーダーが自己のアイデンティティを消し去るという矛盾に対する彼自身の対応として見ることができるだろう。佐々木のハンドアウトと野望の中で、アービトラージは彼の学術的な探求におけるテーマであるが、同時に彼はまた、彼と彼の同僚が様々な業務において用いてきたアービトラージを、純粋な思考のひとつのテーマに変えてしまいたいのである。言い換えれば、佐々木の参考文献表は、アービトラージが持つ差異を消し去るという傾向を打ち消すしくみになっており、一方で彼が方法としてではなく、テーマとしてアービトラージに注目し続けることを可能にしている［Miyazaki 2004b, 2005a］。

アービトラージは、新たな市場へ、新たな経済的領域への拡張を要求し続けるのと同じように、それはまたアービトラージを行うトレーダーのキャリア戦略や個人的な生活、そして一般的な知的努力についての解釈枠組みとしてさらなる拡張を招く。この点を示すために、私はこの章をアービトラージのアイディアが用いられるありがちな例の一つではじめた。佐々木のハンドアウトは、アービトラージの概念を用いて金融デリバティブを価格付けする際に伴う基本的な数学的過程を説明するものであった。本章では、岩井による『ヴェニスの商人』の解釈に、佐々木が資本主義の本質としての差異の特定、創造、そしてその収奪というアイディアの観点から言及したことにとりわけ注意を払ったが、それは彼のハンドアウトの参考文献表が翻ってトレーダー自身の知的な経歴と個人的な夢に光を当てるものであるということを示したかったからである。佐々木が、それ自体としてはアービトラージという概念に言及していない岩井の著作について、アービトラージを拡張して解釈しているという事実に着目したのである。

佐々木によるアービトラージの拡張は、翻って、一つの取引の戦略であり、理論的な構築物であり、生の様式としてアービトラージを用いる世界証券のトレーダーたちの人生の軌跡について書くという私自身の作業についても、ある意味で示唆的である。本書において最も挑戦的な点は、いつ、どのようにしてこうした延伸・拡張が所見されうるのかという点にある。彼が岩井の解釈的アービトラージとして捉えたところのものについて、参考文献において言及したことは、彼自身の知的な遍歴と将来的な夢を照らし出しており、ガイド役として機能しているのである。佐々木の自伝的参考文献表と同じく、世界証券のトレーダーによるアービトラージ業務についての私の記述は、参考文献表的な伝記の形をとる(18)。

私が用いる記述の型としての参考文献表的な伝記には三つの目的がある。一つ目は、トレーダーが読み、書き、引用している多様な本や学術論文、様々なドキュメントを検討する中で、彼らの市場への、そして資本主義への実践的かつ理論的な関与のあり方に通じる窓として、彼ら自身の思考法に真剣に向き合っていきたい。二つ目に、知的なインスピレーションの多様な源泉を特定する中で、プロフェッショナルの仕事と実践の近傍において思考が生成してくる緩く構造化された方法について見ていきたい。三つ目に、概念が動いていく過程に注目することで、世界証券のトレーダーたちのプロフェッショナルとしての夢と、そして個人としての夢が交差するポイントを見極めたい。ここでも佐々木のハンドアウトはモデルとなる。もし岩井の分析が、資本主義の永続的な運動を前景化するものであれば、佐々木のハンドアウトはアービトラージの終わりの無さとその終点の両方を指し示すものであり、そこがもう一つの夢がはじまる地点である。

これらの夢は金融技術と理論への強固な思い入れなしには存在しえない。しかしながら彼らはまた市場の構成要素でもある。これらの夢なしにはソロスはソロスではなく、佐々木は佐々木ではない。こういった夢がなければ、トレーダーは単に利益と動機（彼らはすぐにそれを失ってしまうが）に還元されてしまうだろう。これらの夢は、金融技術と理論との接合においてあらわれる。しかし夢は金融技術や理論とは異なる軌跡を辿っていく。アービトラージのような金融技術や理論の仮構性は、個人的な夢の仮構性という二次的な虚構性によって支えられる。最終的に、この両方の仮構性の階層の示差的な特性は、彼らの未来についての曖昧な向き合い方にある。市場を、利益と動機の集合体として理解するというよりもむしろ、私は、これらの複数の仮構性の秩序を、並行的で、共同構築的で、アービトラージの対象となる差異と見る可能性として捉え直すことを追求したい。この意味で、市場は「夢の経済」なのである。

第2章　アービトラージと投機のあいだ

一九九〇年、青木と佐々木は、株価指数先物を使ったアービトラージ（裁定取引）が持つ経済的な機能についての論文を発表した。この論文の目的は、日経225の株価指数先物を用いたアービトラージ（つまりは日経225株価指数についての先物と、その指数の価値を算定する二二五銘柄の現物株式を集めた「バスケット」の間のアービトラージのこと）を擁護することにあった。このような形のアービトラージは欧米の投資銀行や日本の大手証券会社の自己売買取引チームが、一九八〇年代末にはじめたものであった。これらのトレーダーの目からは、日本の株価指数先物は、その理論的な価値よりも常に「高く価値付け」されており、アービトラージ機会に溢れていたのである。より具体的な言い方をすれば、指数と指数先物の間の価格差が、アービトラージの実行に伴う税金や取引コスト、そしてその指数の現在値を基盤に計算される理論値より大きかったのである［例えばAdachi and Kurasawa 1993, Brenner, Subrahmanyam, and Uno 1991a, 1991bを参照］。

日経225先物を使った株価指数裁定取引の実践は、単純で素直なものだった。日経225株価指数は、東京株式取引所において取引されている中から選ばれた二二五銘柄の株価をもとに計算された、比較的シンプルな株価指数であった。先物契約は、あらかじめ定められた未来の特定の期日における資産の価格に結び付けられている。しかし、例えば銀などの商品先物取引とは異なり、日経225株価指数の先物契約は、その原資産の物理的な移動は伴わない。そして株価指数先物契約は常に現金で決済される。五つの異なった決済日の先物契約（例えば、三月、六月、九月、一二月、翌三月）が、いつでも取引される。決済の期日（典型的には三月、六月、九月、一二月の第二金曜日）には、その指数の特別価格（特別清算指数と呼ばれる）が、その日の取引開始時の日経225の価格をもとに計算される。このスペシャル・クォーテーションと呼ばれる価格は、決済のためだけに計算され、そこから先物契約の契約価格と、その指数の決済価格の間の差額が計算される。(1)これは、先物契約の決済日において、先物契約の価格と指数の価格が収束するということを意味する。

真ん中

一九八〇年代末から九〇年代初頭、日経225株価指数先物を用いた典型的な株価指数裁定取引は、いわゆる「買い裁定」取引の形をとっていた。この取引は、日経225株価指数先物契約の売りと、その二二五銘柄の株式のバスケットの買いを、先物契約の価格がその「公正な」理論価格よりも高い特定のタイミングで、同時に行なう取引である。トレーダー自身の観点からは、少なくとも理論

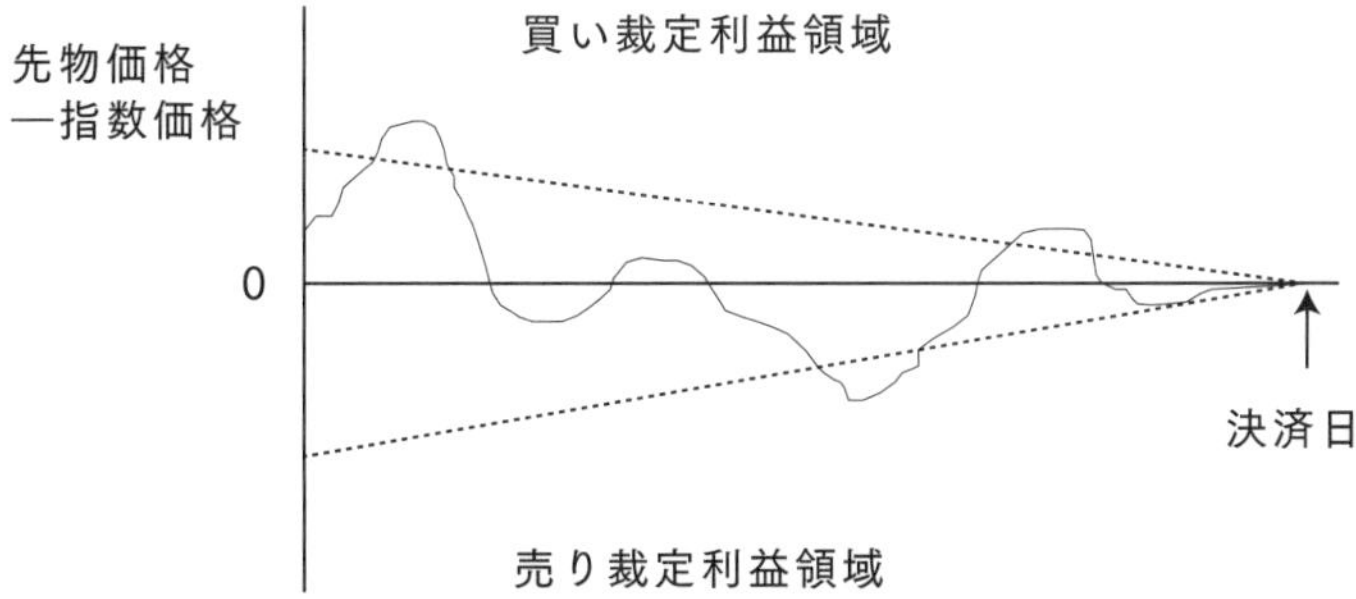

多田によって作成された日経225株価指数裁定取引の図表イメージ(2011年12月)。このイメージは,日経225先物契約の価格と日経225指数の価格の差異と,決済日に両価格が収斂するまでの仮説的な動きを示している。水平線の上部のエリアは,先物の価格がその公正な価格を超えている場合で,先物を売り現物を買う「キャッシュ・アンド・キャリー」取引をすべきであると指示する。水平線の下は先物契約の価格が公正な価格を下回る場合で現物を売り先物を買う「リバース・キャッシュ・アンド・キャリー」取引を指示する領域である。

的には、決済日における現物株式のバスケットを売り、同時にその先物を買い戻すことで、一切のリスクがない利益を得ているということになる。

このような株価指数裁定取引は、そのような注文をこなす技術と資本の両方を持った市場参加者にとっては実入りの良い投資の形態であった［Dattel 1994: 192-193, M.Miller 1997: 29-34］。例えば、一九八六—一九九〇年にインドスエズ銀行東京支店の通貨オプション部門のトップを務めたフィリップ・アヴリルは、二〇〇〇年に彼の東京時代を振り返った日本語の本で以下のように述懐する。

「日経平均先物は大阪証券取引所に上場された後、しばしば起こるミスプライシングのために急速に人気が上がった。外国人のトレーダーたちは、先物と現物との差であるベーシスが、理論価格とはかなりかけ離れた値で頻繁に取引されている事実をいち早く見破った。こうした事実によって、キャッシュアンドキャリーといわれるアービトラージ取引を専門に行う部署を各社は設けた」［アヴリル 二〇〇〇：二八］。

一九九〇年の春以降、株価指数裁定取引はより厳しい規制の対象になった。株価指数裁定取引が規制当局に報告されるにつれ、これらのポジションについてのより多くの情報が公開されるようになった。そして一九九〇年早々に一連の株式市場の崩壊が起こると、この形態のアービトラージは批判のやり玉に挙げられた。一九八九年一二月二九日、東京株式取引所の終業時、日経225指数は三八九一五・八七円の史上最高価格に達していた［小林 一九九三：二二七、内田 一九九五：一九五］。そして一九九〇年早々、日本の株式市場バブルが劇的な崩壊を迎えたところで、日経株価指数も一気に下降した。二月二一日には一一六一・一九円、同月二六日には一五六〇・一〇円下降した。さらに一九九〇年四月二日、指数は二八〇〇二・〇七円にまで、すなわち一日にして一九七八・三八円あるいは六・六パーセントもその値を落とした。日本の主要メディアは間髪を入れずに、市場の突然の下落の責任を海外の投資銀行および日本の証券会社による株価指数裁定取引に求めるようになった(2)。

メディアの報道によれば、一九九〇年の株式市場の崩壊において起こったのは次のようなことだったという。投資家は、先物契約の決済日が近づく中で、裁定取引業社たちが現物市場におけるロングポジションの解消に走ることを恐れて、株式ポートフォリオの売りに殺到したのだという。つまりは、株価指数裁定取引が、市場を崩壊へと導いた大量の売り注文を招いたというのだ。これらのメディアの報道では、株価指数の先物取引こそが株式市場崩壊の背後にある「悪玉」と認識され、しばしば「犬のしっぽ」、すなわち実物株式市場の方向性を先物市場が指揮しているというようなことも言われた。加熱する論争は、株価指数裁定取引の規制へとつながっていった(3)［国村 一九九〇、宮崎 一九九九二：一七九—二一一、Miller 1997: 29-34, 東京証券取引所 二〇〇二：六六五—六六六などを参照]。

青木と佐々木による論文は、この世間からの糾弾に応答するものであった。一九八八年の秋から、青木のチームは日本の市場において、株価指数裁定取引の大きな部分を担う有力な自己売買取引チームの一つになっており、佐々木はそこで取引に従事していた。その共著論文において、彼らは批判の一つ一つに対して反論を試みている。まず彼らは一九九〇年の株価が暴落した二つの日の日経２２５株価指数の動きについて検討している。彼らの見解においては、その両日ともに、指数先物は午前中の取引セッションにおいて劇的に下落し、先物は効果的なリスクヘッジのツールとして機能しなくなっていた。このことから、一般トレーダーは、株式を現物市場に売るように急き立てられ、結果として指数は下落した。しかし青木と佐々木によれば、この両日ともにアービトラージを行うトレーダーたちは、午後の取引でのさらなる指数の低下をなんとか食い止めようと、シンガポール証券取引所（SIMEX）で取引されている日経２２５先物と、東京株式市場におけるその現物バスケットの間の買い裁定を行なっていたのだという。

現物市場における株価指数裁定取引にかかわるポジションが投資家たちにポートフォリオ売りに走らせたという主張についても、青木と佐々木は異論をもっている。彼らに言わせれば、買い裁定と株式市場の崩壊の間には何の必然的な相関関係もない。一九八九年に起こった同じような状況を例にあげて、そのときは現物市場における株価指数裁定取引にかかわるポジションがより多くのメディアの注意を引き付けたが、株式市場の崩壊など起こらなかったと指摘する。彼らはまた、アービトラージを行うトレーダーはしばしば、儲けのためにポジションを現金に変えるのではなく、自らのポジションを保持する（ロールオーバーする）こともあると付け加えている。実際、世界証券のトレーダーが自己に課していたポリシーは、すでに決済日を迎えている先物契約と、三か月後が決済日の先物契約の間の差額が一三〇円を超えない限りは、買いのポジションを保持し続けるというものであった。

その論文の終わりで、青木と佐々木は先物市場における三つの異なったタイプの参加者について議論している。ヘッジャー、投機家、そしてアービトラージを行うトレーダー、すなわちアービトラージャーである。青木と佐々木によれば、ヘッジャーは株式のポートフォリオを保持し、実物市場における価格変動のリスクをヘッジするために先物契約を用いる投資家である。一方、投機家は市場の行く末に関して自らの予測に賭けようとする人々である。青木と佐々木にとっては、アービトラージャーは、先物の価格と、その現物資産の価格の間の差額を取ることによって、市場における動的で統合的な役割を果たしているという。言い換えれば、アービトラージャーは先物市場と現物市場の接続を促進し、そのことによって先物が効果的なリスク管理ツールになるようにしているのである。このような見解は、金融経済学の教科書（例えばジョン・ハルの教科書）で用いられている先物市場の構成についての標準的な記述である。こういった教科書は世界証券のトレーダーが青木のもとで学ぶ際に「バイブル」として用いていたものである。

しかしながら、実際的な意味で、アービトラージと投機の間の明確な違いを見出すのは容易ではない。アービトラージというカテゴリーは、世界証券のトレーダーたち自身にとっても、はっきりとしたカテゴリーではなかった。そして実際の取引においても、アービトラージと投機の間の違いはしばしば曖昧である。青木、佐々木、そして他の世界証券のトレーダーたちはしばしば、この曖昧な部分について、金融経済学の教科書の中でよくみられるアービトラージについての二つの本質的な定義を用いてはっきりさせようとする。それは、「無リスク」の取引としてのアービトラージ、そして市場の効率性を生み出す取引としてのアービトラージという定義である。より重要なことは、このような曖昧さこそがアービトラージを規定し、またアービトラージャーたちが見せるアービトラージのカテゴリー自体へのある種のこだわりを形作っているということである。

アービトラージ対投機

アービトラージが金融市場および金融経済学の両方において中心的な位置を占めているのであれば、近年の金融についての社会的研究における熱心な論争の中で、アービトラージが注目を浴びる存在になっていることは当然ともいえる［Buenza, Hardie, and MacKenzie 2006, Buenza and Stark 2004, 2005, Hardie 2004, MacKenzie 2001, 2003a, 2003b, 2006, 2009, MacKenzie and Millo 2003 参照。加えて Miyazaki 2003, 2005b, 2007, 2010b も参照］。実際に、これらの研究者にとってアービトラージが魅力的な主題となり得ているのは、その理論と実践の両面における飛び抜けた存在感である。ドナルド・マッケンジーは、ミシェル・カロンによる市場における経済理論の位置付けについての論考をさらに拡張して、「アービトラージの社会学」の中で「金融理論の遂行性」［MacKenzie 2001: 130］なる議論を展開している。「金融理論それ自体が、それが仮定していることがより現実的なものになっていく中で、大きな役割を果たしている」［p. 133］。彼によれば、金融理論と市場は、アービトラージを通して特定の形をとるのだという［MacKenzie 2001, 2003a, 2003b, MacKenzie and Millo 2003］。「金融理論はそれ自体、現代的なアービトラージャーに拠って立つところであり、それゆえアービトラージは経済学の遂行性（経済学はすでにそこに存在する「経済」を記述するというよりも、むしろ自らが記述している現象を作り出しているという理論）にとっての鍵となる。アービトラージャーが、金融理論の助けを借りて価格の不整合を同定し、それを消し去っていく限りにおいて、彼らは理論を遂行的なものにしているといえる。市場における価格のパターンは理論によって記述されている通りになるのである」［MacKenzie 2003b: 350-351］。

マッケンジーの研究は、アービトラージが実際にどの程度その効果を生み出しているのかについての経験的な探求に焦点を当てている［MacKenzie 2003a, 2003b, 2006, MacKenzie and Millo 2003］。結論として、マッケンジーは以下のように論じている。アービトラージ業務は社会的、あるいは社会学的でさえある。というのも彼らは常に他のアービトラージを行うトレーダーたちの存在を意識しており、加えて彼らが調達可能な資本によって行動を制限されるからである。こういった理由から、アービトラージのコンセプトは金融経済学と金融社会学の間の重要な接続点として機能するはずだと示唆している［MacKenzie 2003a, 2003b, 2006, Buenza, Hardie, macKenzie 2006: 741 も参照］。

ブエンザとスタークは、やや異なった社会学的なパースペクティブから、ウォール街のトレーディング・ルームにおけるアービトラージに焦点を当てている。彼らによれば、アービトラージこそ「金融における計量化革命の特徴として定義できる知識とコンピューター化、関連性の特徴的な組み合わせを最もよく代表している取引戦略」なのだという［Buenza and Stark 2004: 370］。金融経済学と金融市場の間をつなぐ効果的なコンセプトとしてアービトラージを位置付け、注目したのがマッケンジーであるとすれば、ブエンザとスタークはよりミクロ社会学的なアプローチの重要性を主張したと言えるだろう。このアプローチは、科学の実験室について、カリン・ノール＝セティナやブルーノ・ラトゥール、スティーヴ・ウールガー、マイケル・リンチらが展開し［Knorr-Cetina 1981, Latour 1987, Latour and Woolgar 1979, 1986, Lynch 1985］、また近年ではノール＝セティナとウルス・ブリューガーやその他の論者によって金融市場の研究に応用されているいわゆる実験室研究と近い［Knorr-Cetina and Bruegger 2000, 2002］。ブエンザとスタークによれば、アービトラージは「関係づけの技法」から成るのだという。「アービトラージは複数の証券を関係づけることによって実践されるという点に特徴をもつ取引戦略である。……アービトラージにおいて起こっている特殊な価格設定は、あるモノを他のモノによって計る、すなわち株式同士を相互に関連づけるという操作に基づいて生じていることである」［Buenza and Stark 2004: 374］。

実験室にしたのと同じアプローチをトレーディング・ルームに試みることによって、ブエンザとスタークは、コンピューターとデスクの特定の編成こそが、特定の形態の認知、解釈、イノベーションを可能にしていることを示した。特に、トレーディング・ルームの空間的なアレンジが、異なった種類の資産を横断して関係付けるというアービトラージの中心的な取引プロセスを可能にするのだという。それぞれ異なった種類の裁定取引業務に特化したトレーディング・デスクの配置は、それぞれの「価値付けの原則」に基づいてカスタマイズされ、異なった計算機器と数学の公式を備え、情報の共有、共同、そしてトレーディングデスクのあいだの調整を促進する。このことが「多様な価値付けの原則の生態学」を作り出すのである［Buenza and Stark 2004: 374］。

これらすべてのプロジェクトが共有している出発点は、広く読まれているハルの教科書に書かれているようなアービトラージの定義と、実際のアービトラージの実践は異なっていると考えている点である。教科書では「アービトラージは二つ、もしくはそれ以上の複数の市場での取引に同時に参加することによって、無リスクの利益を得ること」［Hull 1997: 12］と書かれている。(4) このハルによる定義を引いた後で、ブエンザとスタークは、実際のアービトラージはそれほど単純なものではないと指摘する。「教科書が言うように、アービトラージを、ロンドンの金とニューヨークの金のような明白な商品同士を結びつけるような、なんの問題もない取引に還元してしまうのは二つの意味で誤解を招くことになる。なぜなら現代のアービトラージは明白ではないし、問題なくもないからだ。アービトラージは、予期できないものを関連づけることによって利益の機会を提供する。それは同時に損失への危機も伴っているということである」［Buenza and Stark 2004: 374］。

マッケンジーも同様に、ほとんどすべてのアービトラージは無リスクではないと言っている。「金融理論においては、アービトラージは無リスクで何の資本も必要としない取引であると認識されている。……ほとんどの『現実世界』においてアービトラージはリスクも孕んでいるし、資本も必要とする」［MacKenzie 2003b: 353. 加えて Buenza, Hardie, and Mackenzie 2006: 724 も参照］。これらの研究プロジェクトが私にとって興味深いのは、アービトラージを定義しているこの教科書の下支えとなっている標準的な類型論を、彼らが見誤っている点にある。上で言及した教科書において、ハルはアービトラージャーをデリバティブ市場における三つのタイプの参加者の中の一つとして位置づけている。

デリバティブのトレーダーはヘッジャー、投機家、アービトラージャーに分類できる。ヘッジャーはすでに直面しているリスクを低減させることに関心がある。ヘッジャーが資産価格の変動に直面する機会を減らしたいと考えている一方で、投機家は市場におけるポジションを取りたいと願っている。彼らは価格上昇にも価格低下にも賭けようとする。……アービトラージャーはデリバティブ市場における三つ目の重要な集団となる。

[Hull 1997: 10-12]

ハルの類型論において、市場参加者の三つのタイプは、リスクに対するアプローチの方法によって区別されている。ヘッジャーは遭遇するリスクを低減する方法を探求し、投機家は積極的にリスクをとる。アービトラージャーはリスクのない取引に参加する。[5] この三つのタイプは、市場における三つの異なった時間的な位置取りに対応している。ヘッジャーは「(彼らが)すでに直面しているリスク」の大きさを減らすためにデリバティブ市場に参入する。投機家は市場における未来の動向に賭ける。そしてアービトラージャーは二つ以上の経済的に関連付けられる市場に同時に参入するというポジションを取る。金融市場についての著作におけるこのような類型論には長い系譜がある。[6]

マッケンジーおよびブエンザとスタークの研究は、この類型論に挑むものではない。逆にアービトラージを他の形態の取引とは異なるユニークなものと提示することで、この類型論を強化するものであると言える[Hardie 2004: 240]。ブエンザとスタークの研究において、アービトラージは「関係づけの技法」、つまり「複数の証券の間のつながりを作ることによってなされる取引戦略」[Buenza and

Stark 2004: 374］と捉えられる。マッケンジーの仕事においては、アービトラージは金融経済学と金融市場、そして潜在的には金融経済学と金融社会学のあいだの重要な接合点になっている。

イアイン・ハーディは、ブエンザ、スターク、マッケンジーと同じ前提（アービトラージにおける理論と実践の間のズレ）からスタートしながら、アービトラージについて、「金融市場のリアリティにより近い」［p. 240］と彼が言うところの、より狭い定義に辿り着いている。ハーディの観点からすると、真に客観的に無リスクの利益を産むことが「保証されている」［p. 245］取引のみを、アービトラージという分析的カテゴリーに入れるべきだということになる。アービトラージについての類型論的な取扱いは、「投資家の活動をより広く考えていく」［p. 240］際に妨げになるというのが、ハーディの大きな論点である。「アービトラージャーと呼び習わされている有象無象は、『ノイズ・トレーダー』や非合理的な投資家と分析的に対置されるような、一つの投資家のタイプを表しているわけではない……投資家の大多数は同じアプローチと合理性を共有しているのである」［p. 240］。

これらのプロジェクトはいずれもアービトラージという実践の理解に取り組んでいるが、皮肉なことにすべての試みにおいて欠落しているのは、アービトラージについての教科書的な記述の実践的な使用法について、あるいはその類型論についての市場参加者自身の態度に対する関心である。それゆえ、ここからの私の議論においては、いったん「理論」対「実践」という対立を脇に置いて、いかに市場参加者が教科書的な市場参加者の類型論を用いているのかに注目していきたい。特にここでアービトラージを行うトレーダー自身による一般的な類型論とアービトラージという取引のカテゴリーの使い方に注目したい。ハーディが示唆したように、アービトラージャー自身によるそのカテゴリーの使い方もまた、「一貫していない」のである［Hardie 2004: 239-243］。

そのアービトラージというカテゴリーについての一貫性のなさは倫理的な問題を提起する。この一貫性のなさは、アービトラージャーたちがなんとか保とうとしているある種の認識論的なスタンス、豊かにしようとしているある種のアイデンティティ、そして最も重要なことには、このカテゴリーが要求する曖昧さに対するある種の倫理的な取り組みの形の兆候としてみることができると私は考えている。私は、彼らが、投機家と呼ばれる別種の市場参加者と自分たちを区別しようとする様々な、しかし決まって曖昧な努力を見ていきたい。ここで私が示したいのは、市場参加者についての教科書的な類型学は、市場に対する異なったアプローチを生成するだけではなく、その類型学自体に対する関与の様式をも生成するということである。

無リスク・アービトラージ

金融経済学の教科書がしばしばアービトラージをリスクのない取引と定義しているとするのであれば、現実主義者はアービトラージを基本的にリスクを孕んだ取引であると言うだろう。この現実主義的な見方はブエンザとスターク、マッケンジーなどを含む金融学者の社会的研究の中で、またアンドレイ・シェイファーやロバート・ヴィシュニーなどの行動金融学者によって論じられている［Shleifer and Vishny 1997］。

世界証券のトレーダーたちは、実際のアービトラージにはリスクが伴い、教科書的なアービトラージをそのままやればいいわけではないことを常識として踏まえていた。世界証券のトレーダーの中で、実際に自分たちのアービトラージ業務が無リスクだと信じていたものは一人もいない。一九八〇年代後半および一九九〇年代前半の株価指数取引についての彼ら自身の理解を見てみよう。一つの見方では、大阪証券取引所で売買される日経２２５の先物と東京証券取引所で売買されるその二二五銘柄のバスケットの現物は、二つの異なった地点にありながら相互に関係した資産であり、教科書的なアービトラージであるように見える。

世界証券のトレーダーは私に次のように指摘してくれた。実際のアービトラージ業務において、彼らは多種多様な理由から様々なリスクを取らなければならない。彼らが第一に不平を漏らすのは、世界証券の経営陣がアービトラージとはなんであるのかを理解しておらず、ことあるごとに彼らの活動に横槍を入れてくることであった。他の多くの日本の証券会社と同じく、世界証券の利益の大部分は顧客から受け取る手数料であった。世界証券の最も重要なクライアントは銀行や保険会社など機関投資家であった。顧客の会社の株が日経２２５株価指数の中に含まれており、世界証券のアービトラージ業務によって、株価が上下することを好まなかった。結果として、世界証券のトレーダーたちが言うには、世界証券の経営陣はトレーダーたちがその二二五銘柄の株を自由に売買することを許さなかった。これは自己売買取引チームと、会社の営業部門の間の対立において、経営陣が営業サイドの肩を持ったということであった。結果として、世界証券のトレーダーたちはしばしばそれらの銘柄の株の取引を避け、代わりに株価指数を粗くしか追っていけない株式バスケットの複製をするのだった。トレーダーたちからすれば、経営陣の妨害によって彼らは取らなくてもいいリスクを取らなければならなくなっていた。

二点目に、青木のチームのトレーダーたちはしばしば、市場における予期せぬ動きによって引き起こされる一時的な名目上の損失が生じると、最終的にはその損失分を取り戻せると確信していたとしても、十分に粘れないままそのポジションを解かなければならなかった。日経225株価指数の先物取引に、大阪証券取引所のメンバーとして参加するにあたって、証券会社は「証拠金」(これは先物契約の何パーセントかの額に当たる)を取引所に預託することが求められた。この証拠金は、その契約の価格の日々の変動にしたがって調整されていた。その指数先物と指数の価格が決済の日に収斂するから、株価指数裁定取引業務は日経225の指数先物を理論的にはリスクがないものとして使うことが出来る。しかしながら、これはトレーダーがその先物の決済日まで、アービトラージのポジションを保つことが出来た場合の話である。

三点目に、これが最も重要な点であるが、世界証券のトレーダーは常に先物と、その現物の株を同時に売買できたわけではないということである。これは部分的にはさまざまな技術的な限界ゆえに、時宜にかなった売買を彼らがすることが出来なかったということであり、また部分的には(彼らからすれば)株価指数裁定取引における成功はしばしば取引のタイミングについての「投機的」な成功に依存しているからである[Avril 2000: 29-30 も参照]。

しかし、アービトラージの本質には投機があると自分たち自身で認めているにもかかわらず、世界証券のトレーダーたちは、アービトラージと投機の間の教科書的な違いに依然としてこだわっていた。実際のアービトラージ業務においてリスクを取る必要があるということには同意するが、それでも教科書的なアービトラージの実施を不可能にしているのは、社内における組織的、技術的な障害に責任があると考えるのである。彼らの立場からすると、彼らがせざるを得ない投機的な取引は、彼らの取引を単に投機的なものにしてしまうわけではない。彼らの概念において、こういった投機的な取引は、リスクのない取引としてアービトラージという大題目の下に包含されるものなのである。

一九九〇年代中頃から後半にかけて世界証券のアービトラージ業務を監督してきた多田は、アービトラージは一つの「枠組み」を提供したのだ、という話を二〇〇〇年にしてくれた。彼は、部下のトレーダーたちに、株価指数裁定取引の枠組みの中に含まれる個々の株式の間も含む、あらゆる種類の不当な価格設定を、潜在的なアービトラージの機会として探し出すように指導してきた。このことは、他の関連した株式と比較して安く価格設定されている株式を探しつつ、他方で、同時に株価指数先物とその現物の株式バスケットの間のアービトラージのポジションを取るということを意味する。多田が認めているように、技術的には、個々の株式についてのこのような取引は投機である。しかし彼の見方によれば、これらの取引はアービトラージの「枠組み」の中で行なわれるのだという。

多田はまた、取引の投機的な側面があまりにも延長されることになれば、アービトラージの「枠組み」は容易に瓦解してしまうとも言った。彼は盛んに論じられたLTCMの事例について言及した。多田によれば、あのヘッジファンドの取引戦略はアービトラージに基づいたもので、本質的には間違っていなかったという。LTCMは単に自信過剰になり、投資資金をさらに調達してレバレッジをかけ過ぎ、それゆえにアービトラージが投機そのものになってしまったのだという。多田によるLTCMのアービトラージの失敗についての理解の前提には、アービトラージ業務は自らが処理可能な資本の範囲に限ってポジションを取り続ける限り、無リスクであるという仮定に基づいている。言い換えるなら、アービトラージが過大になると投機になるということである[7]。

アービトラージと投機の間の曖昧かつデリケートな区別についてのこれらのすべての熟考の中で、それゆえに、世界証券のトレーダーたちは無リスクのアービトラージとリスクをとる投機の間には違いがあるという教科書的な理解を信じ続ける。この教科書的な理解があってこそ、この二つの間の違いについての自分自身の曖昧な感覚を表現することができているのである。アービトラージと市場の効率性の間の関係についてのトレーダーたちの理解を検討すると、このことはより明確になる。

原因と効果としての効率性

「価格には常に入手可能な情報が『完全に反映』されている」［Fama 1970: 383］からこそ金融市場は効率的であるとみなすことができる、という効率的市場仮説は、論争的な前提である［Henwood [1997] 1998: 161-183, MacKenzie 2006: 65-67, 94-98, Shiller [2000] 2001: 171-190 など参照］。しかしながらマッケンジーによれば、効率的市場仮説は金融市場においてすでに重要な役割を果たしているという。金融経済学とそれを支えているいくつかの前提、その中でも特に効率的市場仮説は、金融市場における正統性と合理性の根拠として機能する［MacKenzie 2006: 251-252］。「金融市場は『効率的である』と言うこと――その価格は入手可能な価格形成に関連する情報をほとんど瞬時に組み込んでいるということ――は、オーソドックスな金融経済学が先進世界において中心的である資本市場について肯定的に評価することと同じことを言っている」[p. 251]。マッケンジーは、効率的市場仮説はしばしばトレーダーがアービトラージ機会を発見するのに用いられる、と言う。「その効率的市場仮説は、リサーチャーたちが『アノマリー』――それは仮定される状態とのズレとしての現象である――を同定する体系的な枠組みを提供するのである。これらのリサーチャーのほとんどは効率的市場仮説の視点でアプローチし……アノマリーが同定されると、それは、そのズレのサイズを少なくするあるいは消し去ろうとするような、取引戦略の対象として見出される」[p. 255-256]。この観察の基盤について、マッケンジーは次のように言う。「効率的市場理論に基づいた実践的な行動は、少なくともときとして、市場をその理論によって描かれた様子とより一致させる効果を果たす」[p. 256]。

本章の最初に私が議論したとおり、市場の効率性という概念、そしてそれを達成するためにアービトラージが積極的な役割を果たしているということは、一九九〇年代初頭（株価指数裁定取引業務が大蔵省による規制のターゲットとなっていた時代）にアービトラージの実践を合法的なものにしようと取り組んでいた世界証券のトレーダーたちにとっての中心的なコンセプトでもあった［M. Miller 1987: 29-34］。現物市場におけるアービトラージのネガティブなインパクトについてのメディアによる批判に対する青木と佐々木の反応を思い起こしてみよう。そこで彼らは、アービトラージの果たす経済的な機能（教科書的な定義）を繰り返し、アービトラージが現物市場と先物市場を結びつける重要な役割を果たし、投資家が先物市場をリスクヘッジに使うことができるようになるということを主張した。ここでアービトラージの教科書的定義は、アービトラージを実践するトレーダー自身に正統性の源泉を供給していると言える。

しかしながら、世界証券のトレーダーにとって、アービトラージが効率性を生成してくれるという点は、それが正統性のレトリカルな源泉を与えてくれる点以上に大きい。これはまた彼らのユニークな認識論的なスタンスの印になる。このスタンスは、例えば彼らの「予測」についての考え方にあらわれている。彼らにとって、アービトラージャーは投機家とは異なり、将来の価格動向についての特別な知識を持つべきではない。アービトラージはこのような知識の不可能性に、厳密に基盤を置いているのである。予言の代わりに、アービトラージを行うトレーダーはむしろ彼らが「ゆがみ」と呼ぶもの、あるいはマーケットの非効率性を見つけ出すことに関心を持つ。例えば、化学の分野から金融に転じた小山は、彼は常に市場が均衡状態に戻っていく中で利益を上げようとするのだと話してくれた。彼は「自分では明日相場が上がるか下がるかとは考えない。……明日何があるのかわからない。でもいつ水面に石が投げられたか、誰が石を投げたかはわかる。その波紋が減衰してくるそのパターンは統計的に処理できる」(二〇〇〇年二月)。小山が現在の歪みに注目するのは、自分が市場の将来の方向性について予測する能力を信用していないということと結びついている。

世界証券のトレーダーの自らの価格変動の予測能力に対する不信は、また、彼らのディシプリン(規律)と合理性への集団的な固執とも共鳴している[Miyazaki 2006b]。大学で経済学を学んだ後に世界証券に入社した田中は、一九九〇年代初頭に株価指数裁定取引チームの一員となり、後にヨーロッパの投資銀行における転換社債のトレーダーに転身した。彼にとって、アービトラージは、合理的な計算の限界の中で取引にコミットするものであった。二〇〇〇年七月に田中は「裁定取引は機械的な反応。ディシプリンが身に着く。もう一〇円上がるとか考えない。この水準でこういうトレード

［と決めたら］それでやる……スペ［キュレーション］に興味ない。自分の主観に信頼をおいていない［からだ］」。

世界証券の株価指数裁定取引業務に一九八〇年代後半から一九九〇年初頭に携わっていた多くのトレーダーたちは、アービトラージについて「職人芸」という比喩を使って話してくれた。アービトラージは市場についての個々人の知見の正確性によってではなく、市場の歪みに対する訓練された手法での反応によって成り立つのである。田中は「アーブ［アービトラージ］は卓球みたいなもの。来たものに反応する。もちろんちょっとスピン［を加えたり］などはあるけどね。大きくいたずらすると玉は外に出る」（二〇〇〇年七月）と言う。ここでこれらのトレーダーは自分たちが客観的で合理的であるというルールに従おうとしている［Miyazaki 2006b］。彼らに言わせれば、合理的なアクターたちの集合としての市場は、同等に合理的なアプローチと良く噛み合うものなのである。

ここで明らかになったことは、アービトラージを行うトレーダーたちが自らの市場への予測能力を信用していないことは、市場は均衡と効率的な状況に向うということへの信仰にも似た思い入れ、そして合理性を基盤とした市場への彼らの究極的な信頼と共存しているということである。トレーダーたちは、自分たちが市場を効率化するということで社会に貢献しているという深いユートピア的な信念を持っている。言い換えるならば、彼ら自身の予測能力には信用を置いていないにも関わらず、それでも自分たちはより広い意味での市場に効率性をもたらす者であると見ているのである。田中は私にこう言った。「投機にはなにかむなしいところがある。（アービトラージでは）マーケットは効率性に向かう。社会に世の中に役立つ」（二〇〇〇年七月）。と同時に田中は次のように認めてもいる。「今、

［自分がやっていることは］スペキュレーションともいえる。昨日までボラティリティは四〇パーセント、今日は三九パーセント。本当にそうか？」（二〇〇〇年七月）。[8]

この信念と疑いの共存を支えているのは、アービトラージを実践するトレーダーが自分自身の行為主体性について抱いている循環論である。彼らが、市場の歪みだと見ているものを消去しようとする限り、それは他のトレーダーのそして自らのアービトラージ機会を消していくことが、自分たちの仕事だということになる。もちろん、実際にはさらなるアービトラージ機会が、異なる市場で、あるいは同じ市場の未来に現れるのである。しかしながら、トレーダーは、自分たちの活動によって自分自身の存在の根拠を消すのだという信念を抱いている。この現象をアービトラージの「自己消去の傾向」と呼ぼう。そして続く章では、世界証券のトレーダーたちが持つアービトラージの終点についての多様なイメージを検討し、なにがアービトラージの後に来るのかを論じよう［Miyazaki 2003, 2006b, 2009b も参照］。

アービトラージを行うトレーダーの観点からすれば、市場の効率性への傾向は、彼ら自身の特定の選好や意図とは独立した、市場についての所与の事実である。彼ら自身が株価指数裁定取引に参加していなかったとしても、他の市場参加者がアービトラージの機会を素早くさらっていく。かつて小山が私に一度話してくれたように、「我々がアーブ［アービトラージ］で［その機会を］解消しなくても、どっかほかの外貨［のトレーダー］がやる」（二〇〇〇年三月）のである。この見方を支えているのは、アービトラージは市場に内在する価格調整メカニズムにおける重要な位置にあるという仮定である。世界証券のトレーダーたちはそれゆえ、彼らのアービトラージ業務の収益が上がらないときには、市場がより効率的になっていると考えるのである。この循環的で、やや矛盾を含んだロジックにおいて、彼らは市場に効率性をもたらす積極的な役割を果たすアクターであり、同時に代替可能な構成要素にもなるのである。

この循環論は、アービトラージとその拡張性にとって重要である。アービトラージを概念化する中で、世界証券のトレーダーたちは、市場自体が自己修正的であるということと、彼らのアービトラージ業務自体が市場の力そのものであるという、市場についての二重の見方を維持しようとしている。このような考え方において、彼らが自分たちの行動に責任を負う必要をほとんど感じていないということを見て取ることは容易である。究極的に、アービトラージを行うトレーダーは、カール・ポランニーが自己調整市場という見方について言ったのと同じ意味において、空想家以外の何物でも無い。言い換えるなら、アービトラージは、市場の効率性という間違いなく非現実的な考え方を前提としながら、同時にそれを目指しているのである。しかしながら、ここで重要なのは、この視点を維持し続けること自体が、トレーダーたちにむしろ複雑な戦略を要求するということである。そして、彼らが従事する知的な労働や、その予測不可能な帰結の中にこそ、彼らが考える社会的な責任が存在するのである。

信じることと疑うことの経済

こうした自身がもつ市場における立ち位置や影響力についてトレーダーたちが抱いている曖昧さは、

アービトラージと投機の間の差異についての彼らの理解に染みついた曖昧さと共鳴する。一点目に、彼らはアービトラージにはリスクはないと同時にリスクがあると主張する。このことを言語化する中で、世界証券のトレーダーたちはアービトラージと投機の間の教科書的な違いにこだわりながら、しかし彼らのアービトラージ業務が容易に投機になってしまうという現実の可能性に言及する。

二点目に、アービトラージを行うトレーダーは自身が市場における特殊なポジションを占めており、同時により一般的な市場メカニズムの一部であると提示する。再びここでは、アービトラージについての教科書的定義に見られる循環ロジック——市場の効率性あるいは無裁定状況はアービトラージを行うトレーダーの存在によって仮定されうる——が、世界証券のトレーダーたちにこの曖昧な立場を保たせている。

三点目に、アービトラージは特殊であり、また普遍的である。チームにアービトラージの概念を導入した青木にとって、アービトラージは合理性を代表するものであり、その合理性はアービトラージ業務に伴う数学や技術によってあらわされる。青木が日本の証券会社にアービトラージ取引の概念を持ち込んだとき、彼はそれを、「勘と度胸とチャート」に特徴づけられる市場へのアプローチに対する、合理的で科学的な代替選択肢であると説明した。それゆえ、青木に言わせれば、投機とアービトラージは市場に対するまったく異なる関わり方の様式を代表するものである。投機は個人の信念に基づいたものであり、アービトラージはそういった信念の限界に基づいている。青木チームのトレーダーたちはまたアービトラージは資本主義の基本原則であると教え込まれている。彼らの信頼の中における疑い（非信頼）の滑りやすさは、青木自身の口が滑った発言によって示すことが出来る。それは彼の部下たちが繰り返し私に言っていたことである。青木でさえ、しばしば無意識にであろうが、そしてその後に訂正するのが常であったが、投機家が従事しているのは他ならぬアービトラージであると言っていたという。このことから、アービトラージと投機の間のカテゴリーの差異化は再び取り壊される。アービトラージが投機になるというのとは逆の方向ではあるが。彼の部下のトレーダーたちがアービトラージというカテゴリーに強くこだわっていたにもかかわらず、青木は私に、アービトラージは単に市場の効率性仮説に基づく理論的な構築物に過ぎないのだと繰り返し言っていた。二〇〇一年八月、青木は私に「効率的市場仮説はあくまでも仮説。それにしがみついている限り破れない」と言い、一つのアイディアを信じ込まないことの重要性について彼自身のより一般的な哲学を述べた(第5章参照)。

この信じることと疑うこととの組み合わせは、アービトラージについての世界証券のアービトラージャーたちの理解において中心的なものである。彼らは市場への関わり方の形態として、投機に抵抗するという姿勢を共有している。しかし同時に、彼らはこの違いについての疑いの瞬間を考慮に入れようともしている。おそらく彼らのアービトラージ業務は投機に他ならない。そうでないとするならば、市場で起こっているすべての出来事はアービトラージと見なしうるということになってしまう。

アービトラージ業務についての、トレーダーたち自身の理解については一貫した二重性が存在している。彼らは自身がリスクのある投機に参加していると見ているが、一方でリスクのないアービトラージという枠組みの中に留まっている。彼らは自分たちが市場の効率性を実現することで社会に貢献していると考えていながら、一方で自身を一般的な市場ダイナミズムと効率性へと向かう市場の傾向を構成する単なる一部であるとも考えている。この二重の立ち位置についての一貫した視点は、市場を不可知で曖昧なものとして受け入れるということについての倫理的な姿勢を生成する。「枠組み」であろうと「信じること」の対象であろうと、アービトラージのカテゴリーは、その曖昧さ、結果として生じる信じることと疑うことの混合、そしてそのような曖昧さを維持するために必要な作業を要求する。

世界証券のトレーダーたちにとって、他の形での市場への関与の様式からアービトラージを分かつものは、この信じることと疑うことの混合と、そこから帰結する曖昧さである。この曖昧さは、市場参加者についての教科書的な分類に関する、アービトラージを行うトレーダーたちによる特殊な捉え方から生じてくる。より厳密に言えば、アービトラージと投機の間の教科書的な違いが、アービトラージの曖昧さおよびそれに対する信念と疑念の混合について、彼らが表現することを可能にしているのである。

アービトラージと投機の間の区別のいい加減さを理解しているにもかかわらず、世界証券のトレーダーたちはそれでもアービトラージというカテゴリーの他とは異なる特性にこだわっており、それをさまざまな投資や人生の他の局面に、一貫して拡張する。これは、彼らにとってアービトラージが単なる規制上のカテゴリーや取引の実践以上のもので、特別な倫理的コミットメントと思い入れの対象になっているゆえである。彼らのアービトラージへのこだわりは、理論と実践の間の差異ではなく、そのカテゴリー自体の曖昧さの周りにある。彼らはアービトラージの機会を見つけることが出来ないとき、そこにしばしば市場の効率性を見る。このことは、アービトラージが非効率的な市場から利益を取り、市場の効率性に貢献するものとみなされるということだが、しかし効率的な市場という考え方それ自体が、アービトラージ機会をアービトラージ機会として把握可能にしているとも言えよう(MacKenzie 2006)。

理念型としてのアービトラージ

ヘッジャー、投機家、アービトラージャーというようなカテゴリーは、理念型とでも呼ぶべきものである。すべての市場参加者は、これらのカテゴリーで表されているうちの少なくとも二つ以上の取引戦略に従事せざるをえない。世界証券のトレーダーは自身のポジションをヘッジし、その上でアービトラージ業務の文脈において投機を行なっていた。しかし、トレーダーたちに言わせれば、このことからアービトラージのカテゴリーは廃棄すべきということにはならない。逆に、世界証券のトレーダーの視点からは、彼らはヘッジャーでも投機家でもなくアービトラージャーなのである。言い換えれば、アービトラージのカテゴリーは特定の認識論的スタンス、アイデンティティ、そして倫理的な思い入れの重要な指標であり、その手法を使用する者たちにとって重要な実用的機能や意味を持つものである。アービトラージの論理的な循環性や記号的な流動性は、皮肉なことに、ある種の生産性をこのカテゴリーに与えているのである。

経済分析のためのカテゴリー(投機家やヘッジャー、アービトラージャーといったカテゴリー)の間の相互作用を考える中で、人類学と社会学における古典的な二つの理念型について考え方を思い起こしておこう。マックス・ウェーバーとエドマンド・リーチのそれである。『経済と社会』その他の著作の中で、ウェーバーは経済学の理論におけるホモ・エコノミクスのような理念型の使い方について議論を展開した［Swedberg 2005: 74, 119］。「純粋な経済理論の『法則』や概念は、この種の理念型の例と言えよう。それらは、もしそれが完全に間違いなく一つの目的、すなわち経済的利潤を最大化するということに向けられており、そこには感情的な要素や間違いが無く、厳密に合理的であるとすれば、人間がとる行動はいかなるものであるのかについて説明してくれる。実際に、厳密にそのような行動が起こるのは特殊な状況下においてのみである。株式市場などがそうである。とはいえ、そのような場合でも理念型への近似が見られるのみである」［Weber [1922] 1978: 9］。ウェーバーの議論においては、社会科学的な分析のカテゴリーとしてのそういった概念の有効性に焦点が当てられており、その根底には、モデルと現実がどのような関係にあるのかという一般的な問いがある（Persons 1937も参照）。金融市場の社会学にも通底しているこの問いは、経済的アクター自身がこの理念型をいかに使うかという問題に必ずしも光を当ててはいない。

私がアービトラージと投機の関係について展開したい議論は、人類学者エドマンド・リーチが『高地ビルマの政治体系』において展開した「かのように」についての議論により近い［Comaroff and Comaroff 1992: 22-25, Riles 2010も参照］。同書でリーチは、カチン族における三つの対照的な政治的組織（グムサ、グムラオ、シャン）を、平等性と階層性の原則についてのそれぞれの強調点の違いに基づいて同定する。「本書において、私が記述するグムサ、グムラオ、シャンそれぞれのパターンは、その大部分が『かのような』記述である。それらは、現実の社会よりも理念型と関係している。私が試みたのは、そうした『かのような』システムが相互に影響を与え合う場合になにが起こるのかについての説得的なモデルを提出することにある」［Leach [1954] 1970: 285］。リーチがそうした相互作用に関心を持っていたことには注意を払わなければならない。リーチが関心を持っているのは、それらの理念型の経験的なリアリティにではなく、それらの理念型の間のダイナミズムである。言い換えれば、リーチは「かのような」構築物を、社会活動のダイナミックなモデルを生成するために展開しているのである(9)。

リーチによれば、この理念型の展開は、現地における社会についてのモデルを反映したものである。「私は、カチンとシャンが実際に自分たちの社会についてそのように考えているのだと主張したいのである。カチン自身がグムサとグムラオの間の違い、そしてグムサとシャンの間の違いを、同種の一般化可能な差異だと考えているのである。さらに、彼らはこれらの違いは絶対的なものではないと考えている。個々の事例は、一つのカテゴリーから別のカテゴリーへと変容しうるのである」［Leach [1954] 1970: 285-286］。

世界証券のトレーダーによるアービトラージと投機の違いの用法は、リーチが記述するカチンとシャンという理念型の違いについての用法と共鳴するものである。いずれのケースにおいても、類型論の使用が、理念型の間におけるダイナミックな揺れ動きという効果を生成している。リーチの仕事におけるカチンとシャンと同様に、世界証券のトレーダーたちはヘッジャーと投機家、そしてアービトラージャーは「かのような」カテゴリーであるということをよく知っている。彼らの見解によれば、投機家とアービトラージャーの間の違いは特に曖昧である。自称アービトラージャーたちは、しばしば、彼らのアイデンティティが依って立つところの示差的な特徴が存在しえない可能性に言及している。しかし、彼らはまた自分たちがアービトラージというカテゴリーにこだわっており、そこに自らのアイデンティティが結び付いていることを主張する。より厳密に言えば、彼らは自分たち自身を、そのカテゴリーが備えている曖昧さと同一視している。アービトラージと投機の間の違いをなくしてしまう代わりに、彼らは投機ではなくアービトラージである「かのように」取引を行なう。教科書的な類型論は、アービトラージャーたちがこの「かのように」のスタンスを取ることを助けている。

このようなアービトラージの「かのように」という性質は、アービトラージと投機の非対称的な関係性につながっている。アービトラージャーからすると、アービトラージは容易に投機の中に分解していってしまう。これはあたかも投機が既定のポジションであり、逆にアービトラージは慎重に達成すべきものであるかのようである。それゆえ私が関心を寄せるのは、金融市場の社会学が焦点を当てたアービトラージの理論と実際の間の関係ではなく、むしろアービトラージというカテゴリーのとらえどころのなさである。アービトラージと投機の間の「かのような」対比についてもっとも決定的なのは、カテゴリーが自らの曖昧さとそこに関わる生産性を保つために、その使用者に要求する「作業」の存在である。

アービトラージと曖昧さ

マッケンジーは、彼が名指すところの「金融理論の曖昧さ」について議論している［Mackenzie

2006: 247]。彼は金融経済学者が「モデルにこだわりながら、同時にその経験的な妥当性の範囲に疑いをもつ能力」について言及する。「金融理論家は、市場はアービトラージャーやその他の知識豊富な投資家の活動によって効率性が保たれていると信じていた。したがってこの理論家たち自身がこれらの活動を追求するということには何の矛盾もない。にもかかわらず、このことが示すのは、彼らはすでに達成されたものとして、市場の効率性を説明することができないという事実である。むしろ、効率性の達成とは、彼ら自身もそこにしばしば参入し、利益を上げることができるような、おそらくは終わりなきプロセスなのである」[p. 248]。

マッケンジーが注目する金融経済学者の曖昧さ（彼らが自ら理論的な構築を行なうという点についての）は、世界証券のトレーダーが自分たちのアービトラージ業務とそれを支えている理論的な仮定について抱いている曖昧な感覚についての私の観察と響き合うものがある。しかしながら、なにが最も重要なのかという点において、金融経済学者（とマッケンジー）と、私が研究したトレーダーたちとでは異なってくる。後者にとって、アービトラージに伴う信じることと疑うことの混ざりあった感覚は、理論と実践、もしくはアービトラージに関わる理論的な仮定（効率的市場仮説のような仮定）の経験的な妥当性の関係とはほとんど関わっていない。彼らは理論と実践の間の矛盾についてよくわかっている。むしろ、彼らが抱く、アービトラージというカテゴリーの曖昧さについての感覚と、そこから導かれる存在と不在の同時性は、投機家（彼らの見方からすると投機家は自分自身と己の見解を信じすぎている）との対比における彼ら自身のアイデンティティを規定するものであった。こうして、世界証券のトレーダーたちは教科書的なトレーダーの類型論を、選択的に利用し、またそれによって縛られる。アービトラージが、トレーダー自身の認識論的、存在論的な地平にあらわれ、また消えていくあり方についての関心は、私が金融取引における信ずることと疑うこと、そして曖昧さの経済と呼ぶものの中心性を指し示している。アービトラージを行うトレーダー自身の見方からすれば、アービトラージというカテゴリーはとらえどころがなく、無根拠ですらある。そしてそれは、倫理的思い入れと深い懐疑主義を要求してくる。アービトラージをするトレーダーたちは二つの方向（投機とアービトラージ）に引っ張られているわけでもなければ、二つの理念型の間における自らの立ち位置について曖昧になっているわけでもない。アービトラージというカテゴリーへの倫理的な思い入れは、それが疑わしい状態にあるにもかかわらず、しかしまさにそのカテゴリーが曖昧さを表現しているということによって可能になっている。彼らにとって信じることは曖昧さそのものを信じることなのである。

アービトラージについての社会学的論争は、アービトラージの教科書的定義と現実の間の対立について展開されており、後者の観点からこのカテゴリーを再定義する方向が検討されている。もしマッケンジーの仕事が、アービトラージの実践とそれを支えている理論的仮説の間の社会学的に条件を整えられた再帰的な関係性について検討するものであるとするなら、ブエンザとスタークは、その関係づけのロジックという観点からアービトラージを定義しようとするものである。私の見方では、これらの研究はアービトラージというカテゴリーを意図せずに強化してしまっているが、それに対してハーディは敢えてアービトラージの狭い定義を選択することによって、トレーダーの類型論そのものを解体しようとしている。

この論争において両陣営ともに見落としているように見えるのが、アービトラージというカテゴリーとトレーダーの類型論が金融市場においてどのように機能しているのかについての注目である。世界証券のトレーダーたちの場合、アービトラージというカテゴリーは、彼らがアービトラージの実践と教科書的な類型論（「投機家」対「アービトラージャー」というような類型論）と、曖昧に関わっていくための特定のやり方を生成するものであった。アービトラージの社会学は、リアリズムを再導入したり、金融の諸カテゴリーを「より厳密に」作り直したりすること［Hardie 2004: 243］に没頭する中で、市場実践における中心的な要素である信じることと疑うことのダイナミクスを意図せずして消去してしまっている、というのが私の論点である。本章において、私はアービトラージというカテゴリーの根本的に曖昧な性質に注目し、その曖昧さを捉え直そうと試みてきた。世界証券のトレーダーたち自身がアービトラージの曖昧さを受け容れていることは次のことを示唆する。アービトラージの社会学が真に挑戦するべきは、社会学者が自分たち自身のアービトラージについての分析枠組みへの信念と疑念のダイナミックな関係を保持できるのかどうかという問題である[10]。

アービトラージというカテゴリーが、多様なアービトラージの対象に拡張されるのを可能にしているのはそのような曖昧さである。曖昧さは、互いを関連づける根拠づけを可能にする。翻って、アービトラージの相対主義的スタンスは、そのさらなる拡張を要求する。世界証券のデリバティブチームの業務とビジネスベンチャーが辿った軌跡の中で、アービトラージの対象は日経225株価指数から、TOPIX、転換社債、その他様々な資産へと変わっていった。アービトラージの感性は、証券化やM&Aなど、次々と新たなビジネスの形態に拡張されていった。拡張されていくたびに、アービトラージのカテゴリーはより曖昧になっていった。私の対話者となった多くのトレーダーたちにとって、アービトラージはすぐに単なる取引戦略や理論的構築物を超えていった。最終的に、それはあらゆる出来事についての特定の相対的な視点に対する倫理的なこだわりになったのである。

ここでの私の曖昧さへの注目は、経営学や組織の社会学における曖昧さが持つ積極的あるいは消極的な機能について長年向けられてきた関心とは異なっている［March 2010 や March and Olson 1979 を参照］。本書の関心は、アービトラージを行うトレーダーたちの再帰的な営為の中に曖昧さが存在し、また同時にそれが不在であるという両方の状況をいかに捉えるのかという難解な問題である。言い換えるなら、アービトラージを人類学的記述の様式として用いることは、それが明白に使われる中でいかに消えていくのかについての注意深さを要請する。本書の全体的な構造は、アービトラージに内在している、この不安定性を捉えることを目指したものである。アービトラージを実践するトレーダーが維持するアートビラージ機会の存在と不在の同時性についての一貫した感覚を、私自身の分析の中に保持し、複製することが私の目指すところである。

賭けないという意思への賭け

アービトラージとそれを支えている仮定には、たしかに信仰ともいえる要素がある。それは二つの経済的に等価な資産や商品の価格は、いずれ一つに収斂するという仮定である。もし仮に、そのような資産や商品の価格が予想以上に開いてしまったとしても、アービトラージャーは最終的に価格が収斂するのを待てばよいだけだと信じる。ただし、その取引のポジションを支えるだけの十分な資産がある限りにおいてであるが。

これらはすべて理論的な仮定でありフィクションである。それは誤謬であると言ってもいいのかもしれない。しかしアービトラージの実践者たちは、この仮説を自らの市場行動の基盤においている。投機においては、トレーダーは自分の判断・意見・予測に賭ける。自分自身に賭けるのである。ここには一貫性がある。対照的に、アービトラージャーは自らの判断、意見、予測に懐疑的である。彼らは市場におけるより相対主義的な観点を受け容れる。言い換えるなら、もしアービトラージャーが何かに賭けているとすれば、彼らは自分たち自身にではなく、市場における相対的な立ち位置に賭けている。彼らは「賭けないという意思」に賭けているのである。

ここで私は、世界に確定的な、あらかじめ定まっていることなんて何もないとか、あらゆる行為は賭けの実践だというような陳腐な真理を繰り返しているわけではない。こういった見方とは逆に、裁定取引は、世界を不確定性、非決定性、そして究極的には不可知性なものであると受け容れ、相対主義的な視点を維持しようという意図をもっている。

アービトラージの実践者たちがこのように両義性、不確定性、不可知性を受け容れようとすることを理解するために、ここで一九九〇年の青木と佐々木の共著論文に戻り、その論文が目指していたもう一つの目的、青木による佐々木の合理性思考トレーニングについて見てみよう。本書において、「合理性」という語は、「信頼」や「リスク」と同様、私の分析用語ではない［Beck 1992, Ewald 1991, Weber [1930] 1992, Yamagishi, Cook, and Watabe 1998 参照］。むしろ、二〇世紀の日本における様々な社会的局面において展開された「合理化」への衝動に注目してなされた他の研究と同様、これらの概念はアクター自身が自らの現在を分析し、将来に向けての自分たちの知識を再方向づけしていくために展開するものである(11)［Hein 2004, Kelly 1986, Tsutsui 1998］。

一九九八年夏に数理物理学の博士課程から青木のチームに加わるにあたって、佐々木は株価指数裁定取引業務の担当を割り当てられた。青木は、証券取引所関係者から日経225株価指数先物の経済的機能についての論文を書くように依頼された。それは株価指数裁定取引と株価指数先物取引を、当時それに対して向けられていた批判から守るための依頼であった。そこで青木は佐々木に、経済的な観点から自分たちの取引を正当化するような市場データを集めるよう命じた。佐々木は株価指数先物の価格変動と本章の最初で見た二回の暴落のときの指数の間の関係を示した多数のチャートを用意した。佐々木が共著論文の第一稿を準備すると、青木はそこに赤ペンで大量のコメントを入れて佐々木に突き返した。何回かの徹底的な修正、書き直しを経て、最終的には自分が書いたものは半分も残らなかったのではないか。二〇〇一年八月に佐々木はそう述懐した。

このように若いトレーダーの論文のドラフトを徹底的に手直しすることが、青木による合理的思考、論理的推論のトレーニングの方法だった。このような論理性と合理性のトレーニングの流儀は、青木が日本の証券会社に対して「いい加減」で「非合理的」であるというイメージを抱いているところからきていた。二〇〇一年八月、青木は私に次のように言った。「証券会社にはいろいろいい加減なことがある。……どこに出ようといい加減な仕事をしないということを徹底的に自分に求めていかざるをえない。……頭の中を整理してきちっと筋を通していく。［そしてそれは］文章をどこまで推敲できるかというところにある。」利益のためならばどんなルールも都合よく変えてしまう営業部門に支配された当時の日本の証券会社の非合理性に対しての青木の反応が、この明晰で論理的な思考であった。彼から見れば、会社の営業部門は、市場のシェア争いに没頭しており、世界証券のような会社が経済的に社会的に果たさなければならない役割全体について合理的に考えていなかったのである。

青木が若いトレーダーの文書に徹底的に手を入れるという形で取り組んだ論理性と合理性は、日本の証券会社の中にウォール街流の自己売買取引チームを確立するというプロジェクトと並行して進められていた。青木によれば、ほとんどの日本のトレーダーは、自分が上がると信じている銘柄を選ぶことに集中してしまっているという。彼に言わせれば、この「右肩上がり」の経済成長への「信仰」は非合理的である。アービトラージや相対価値取引は、そのような非合理な信仰にではなく、市場へのより相対的な関わりに基づいている。青木が「科学的」な市場へのアプローチを確立しようとしていたのは、「人間は神の域には達せられない」(一九九八年一〇月)からである。これは人間は市場をマスターすることは出来ないし、さらに言えば知ることすらもできないということである。一九九八年、彼が私に言ったのは、いかに市場と「付き合う」のかを若いトレーダーたちに教えたいということだった。青木の指導を受け、若いトレーダーたちは市場の不確実性、非決定性、不可知性を当然のものと捉えるようになっていた。青木の監修の下で書かれた内部文書では、しばしば制御不可能なものとしての市場の本質への言及がなされた[12]。言い換えれば、青木のチームは、彼自身の個人的な一連の野望——世界証券の市場へのアプローチを「合理化」すること——を体現していたわけである。この合理化のプロジェクトはさらに、もう一つの、より広い意味での市場における合理化のプロジェクトと明確につながるものであった。

　青木と佐々木の共著論文は、一九九〇年代初頭の日本のデリバティブ市場の将来に関する業界内で展開された議論を背景に、青木チームの中で書かれた論文の中の一つだった。これらの論文の中のいくつかは、市場参加者への質問に答える形で、またあるものは大蔵省向けに書かれていた。すべての論文は、先物やオプションの取引が株式市場の下降の原因ではないということを強調していた(13)。彼らは、業界の中の誰かがアービトラージを「スケープゴート」として差し出しているのだと言い、こういった批判は、一方で日本の投資家たちがリスクとリスク管理の問題を見ていないことのあらわれであり、他方で市場が長期的に成長し続けるという長年の信仰のあらわれである、と指摘した(14)。

　これらの論文において、青木と彼の部下たちは日本経済における市場メカニズムへの移行の重要性についても強調した。青木は、当時の有力な金融緩和論者であった大阪大学経済学部教授蠟山昌一の議論をしばしば引いた。青木は、当時の有力な金融緩和論者であった大阪大学経済学部教授蠟山昌一の議論をしばしば引いた。日経225株価指数先物の取引量を抑えるためのさらなる規制方策についての大蔵省の意向を受けて、蠟山は日経新聞のインタビューにおいて次のように言っている［蠟山 1997: 179-180 も参照］。「『先物悪玉論』の主張の中には、現物指数との差を利用した裁定取引が現物株市場の価格形成をゆがめたという批判がある。これは全く当たっていない。裁定取引は市場経済を運営していくうえで最も重要な要素の一つと私は考える。……裁定取引の否定は市場経済の否定につながる(15)」。青木は、株価指数先物は「国際公共財」であるとか、株価指数先物をどのように用いるのかについては市場が決断をするべきだといったような蠟山のアイデアを特に好んで引いた(16)。青木と彼の部下たちの見方からすれば、先物市場は自由競争を促進し、同時に合理化・効率化につながるものである。そして、この見方を支えているのが、日本の金融市場は非合理的で非効率的であるという前提であった。

青木にとって、アービトラージの論理について若手トレーダーを教育するという彼の努力の中の核心にあるものが、合理性の問題であった。彼に言わせれば、アービトラージは市場行動が根本的に合理的であるということを前提としている。デリバティブ商品の価格設定の基礎としてのアービトラージ概念の中心をなすのは、市場の参加者は合理的に行動するにちがいないというものである。すなわち彼らはアービトラージ機会があれば、必ずその差異を取りにいくはずなのである。この前提無しに、アービトラージは不可能である。同時に、アービトラージ機会は、市場行動が全体として合理的ではないときにのみ存在するものでもある。このパラドクスは、アービトラージの実践者の行為主体性についてのある特別な考え方を伴う。すなわち、彼らは個人としては合理的なアクターであり、同時に総体的な市場メカニズムの代替可能な要素でもあるということである。ここには、アービトラージの実践者が合理性にコミットする際の、ある種の二重性と両義性が存在しているのである。

論理的思考のトレーニングの中で、青木は佐々木に、根本的に市場は不可知なものであるという彼自身の見方を叩き込もうとしていた。青木にとって、アービトラージとそこに伴うある種の合理性は、市場を不可知なものとして見るときにあらわれる認識論的な問題についての解決策を提供するものである。しかし、この市場についての見方、あるいはそこに伴うより一般的な知識についての捉え方は、アービトラージを実践する人たちに、アービトラージそのものについて疑いをもつことを要求する。それを信じ同時に疑うということが、アービトラージを投機とは逆のものとして定義するのである。アービトラージと投機の間の差異は、青木や佐々木が論文で触れたような経済的な機能やリスクへのアプローチに関しての問題ではない。それは、市場の効率性や合理的行動あるいは市場戦略と市場における立ち位置そのものを達成する可能性について彼らの中において慎重に保たれている二つの対立するものの見方に関するものである。

信念あるいは信仰は、グローバルな金融危機に関する現在の論争の中で頻繁に喚起されるものである。例えば、ジョセフ・スティグリッツは「経済的な信念」の動揺を、金融危機の結果として生じたものだと指摘する。「二〇〇八年に世界経済が墜落したとき、われわれの信念もまた墜落したのだ。経済についてあるいはアメリカについて、そしてわれわれの英雄についての長期的な見方もまた墜落した」［Stiglitz 2010: xvi］。スティグリッツによれば、金融危機は「資本主義システムの、あるいは少なくとも二〇世紀の後半アメリカで展開された特殊なバージョンの資本主義における、根本的な欠陥を暴き出した。それは特定の汚れた個人や、何らかの失敗が問題だというのではなく、またいくつかの政策やちょっとした問題を修正すればどうにかなるという問題でもない」。信念を分析枠組みとして展開する中で、スティグリッツは、われわれが金融市場に、そしてより一般的に言えば経済にアプローチする方法について、より大局的に考えるよう注意を払うべきだと言っている。彼の議論が暗に言及するところは、より人間的な（そしてよりバランスのとれた）新たな価値の組み合わせ——それこそが新しい信頼の対象となるもの——を規定する可能性である。(17)

貨幣と金融をある種の信念や信仰に基づいたものと見ることは、もはや常識的だと言ってよい［例えばHenwood 1998: 151, Soros 2009: 74-75, Taylor 2004: 286を参照］。マリエケ・デ・フッデは、「近代貨幣についての信念の生成と維持は、一般的に考えられているよりもより不安定で綱渡り的なプロジェクトである」［de Goede 2005: xxiv］と言い、この常識的な見解を複雑なものにしようとしている。デ・フッデの議論を支えているのは、信じることは継続的な努力を要求するという認識である［Miyazaki 2000, 2004b］。デ・フッデの分析は、そういった努力が失敗した例について、批判的介入のポイントとして関心を向けている［de Goede 2005: xxvi, 150-151 参照］。

しかしながら、貨幣と金融、そしてより一般的に言えば経済における何かを信じることの役割についてのこれらすべての言及においてまだ欠如しているように思えるのは、市場において作動しているいくつかの異なった種類の信念や信仰についてのよりニュアンスに富んだ理解である。本書において、私はアービトラージに伴う信念の曖昧で仮定法的な形態に注意を払う。またデ・フッデと同様に、私は世界証券のトレーダーがアービトラージについての信念を保つために行っている知的作業についても検討してきた。

金融プロフェッショナルたちが、自らの量化可能で技術的な分析のモードの極限において、市場についての確かな知識を達成することが不可能であるということを、再帰的にそしてやや憂鬱に受け容れていることについては、近年いくらかの注意が向けられてきた［Holmes 2009, Holmes and Marcus 2005, Maurer 2005a, 2005c, 2006b, Miyazaki and Riles 2005, Riles 2004b, 2010, 2011, Thrift 2005, Zaloom 2006 などを参照］。世界証券のトレーダーたちがアービトラージについて抱いている曖昧な信念は、金融とそれについて批判的な記述の両方にとって、曖昧さの概念が中心的な役割を果たしているということにもっと関心を持続的に向け続けることの必要性を示している。(18) これは言い換えれば、アービトラージーを実践するトレーダーたちの信念は、資本主義批判において、より具体的には金融市場についての批判的研究において、信じることと疑うことに対するよりニュアンスに富んだアプローチを要請していると言える。世界証券のトレーダーたちの知的作業は、金融プロフェッショナルたちが金融を盲目的に信じているということではなく、彼らが金融の技術と理論により曖昧な姿勢で取り組んでいるということが、金融市場を形作っているのかもしれないという可能性を示唆してくれている。

だとすれば、われわれはかつて貨幣や金融を集合的な投機のように信仰していたというような、スティグリッツや他の論者による指摘はミスリードだということになる。この本で私が取り上げた相対的に小規模な日本の会社における金融の技術や理論についての試行錯誤から何か学ぶことがあるとするならば、それは曖昧さや信念、自己への懐疑が金融市場において果たしている役割を見ていく可能性である。彼らが、彼ら自身を、金融を、そして資本主義を両義的に信じているという見方からすると、経済のアクターたちは、単なる標準化された意思決定者としてではなく、考える主体としてあらわれてくるだろう。

アービトラージという考え方に伴うこのような二重性と、そこから帰結する曖昧さを、方法論的にそしてフィールドワークに基づいて実証的に捉えなおすために、次の章においては、世界証券のトレーダーたちの金融プロフェッショナルとして、また個人としての知的な遍歴においてアービトラージという枠組みがどの程度、そしてどのような方法で維持されうるのかについて検討してみたい。さらに後の二つの章では、青木と彼の後継者である多田が、日本の会社において会社の資金を運用する自己売買取引チームを日本人トレーダーによって組織しようとした夢の軌跡を検討することを通して、アービトラージの拡張可能性について考察する。具体的には、世界証券の自己売買取引チームの一九八七年から一九九八年までの業務の軌跡と、そこで彼らが共有した夢が思いがけなく辿ることになった軌跡を見ていく。青木の市場に対するスタンスと、日本の証券会社が学習に力点を置く中で若いトレーダーを育てようとした彼の努力は、アービトラージについてのトレーダーの経験において予測しえない結果を生成した。日本の証券会社の特徴的なインセンティブ構造などの組織的特質と、アービトラージの理論と技術が持つある特質の間の結びつきと緊張感に関心を向けたい。その後で、いかにしてアービトラージが、世界証券のトレーダーたちのみならず私自身の分析にとっても枠組みとして機能しなくなってしまうのかを検討したい。

第3章　学習の限界での取引

金融取引という職業において「ディシプリン」はどこででもよく論じられるテーマである。[1] 青木が指導した世界証券のトレーダーにとっては、ディシプリンというトピックはウォール街の証券アナリスト、ジャック・シュワッガーが一九八九年に出版した『マーケットの魔術師――米トップトレーダーが語る成功の秘訣』という本と密接に結びついていた。『マーケットの魔術師』はシュワッガーがアメリカに本拠を置く一七人のトレーダーと行ったインタビューをまとめたものである。シュワッガーの本は世界証券の自己売買トレーディング・チームの読書リストにおいて、きわめて重要な位置を占めていた。新米トレーダーにとってのさまざまな教訓のうちで、シュワッガーはディシプリンに特に注目する。シュワッガーによれば、インタビューには「自己規律［ディシプリン］」という言葉が最も頻繁に」出ており、「トレーダーはそれぞれ自分に効果的な方法を見つけ、それに忠実に従った」という[2]［シュワッガー 二〇〇一：四二四］。

世界証券のトレーダーたちは「ディシプリン」の本質について彼ら自身でも討論したし、私ともよく議論した。彼らはディシプリンの問題に、市場においてどのようにしたら負けるのか、という問いの観点からアプローチした。世界証券のトレーダーはしばしば、悪いトレーダーというものはすぐに自分で設定したルール、とくに「損切り」のタイミング——つまり、さらなる損失を防ぐためにいつ手じまうべきか——に関するルールを守らないのだ、と私に言った。そして彼らはいつも、自分たちの取引の損失を「ルールに従う」というディシプリンに欠けていることのせいにしていた。

こうしたディシプリンの形成は、独特の時間的な次元をもつ。ディシプリンにこだわる人は、それが身に着いていない人はいつも活動が進むにつれて当初の意図から逸れていきやすいと見なす。ディシプリンを通じてのみ、自分で設定したルールを守ることができるのだ。言い換えれば、ディシプリンはその人の行為主体性《エージェンシー》にはめられた枷だ。合理的行動についての理論が明らかにするように、行為主体性の制限は、倫理的なエンパワメントの源ともなりうる［Elster 2000, Rubenfeld 2001 参照］。この意味で、トレーダーがディシプリンこそ重要なことだと日常的に語るのは、人類学者ウェッブ・キーンが言うところの「倫理の様式」を構成しており、「自己から距離をとる」あるいは「対象化する」契機をもたらすのである［Keane 2010: 81-82］。

世界証券のトレーダーのディシプリンへの没頭は、シュワッガーの本が青木のチームに占める中心性を反映したものでもあった。一九八九年に出版された『マーケットの魔術師』を紹介したのは、一九八〇年代後半の数年シカゴに派遣されて先物オプション取引を学んだ木村だった。木村はデリバティブ取引の世界的中心地の一つであったシカゴで、当時急速に成長していた先物取引事業に関わっていた。世界証券は一九八七年、それまで日本の機関投資家に課せられていた金融先物取引の禁止が撤廃されたのち、シカゴに進出。日本の銀行や生命保険会社やその他の機関投資家からの大口注文を受けた世界証券は瞬く間にシカゴ市場でのプレゼンスを確立した[3]。この頃青木はシカゴへ若いトレーダーたちを次々に研修生として送り込みデリバティブ市場について勉強させた。東京ではそうして帰ってきたトレーダーたちを尊敬と羨望を込めて「シカゴ帰り」と呼んでいたが、木村はそうしたシカゴ帰りの一人であった。そして『マーケットの魔術師』(とそのディシプリンについての教訓)は彼の一番の手土産だった。青木と彼の下にいたトレーダーたちは細心の注意を払って、シュワッガーの本を勉強した。

『マーケットの魔術師』はそれゆえ、アメリカの取引の技術や哲学についての信頼に足る情報源であっただけではなく、一九八〇年代後半の世界証券のシカゴのデリバティブ市場での成功の象徴でもあった。この意味で、ディシプリンというテーマは、青木や他のトレーダーの、アメリカのトレーダーに「追いつけ追い越せ」という当初の野望から切り離せないものだった。言い換えれば、ディシプリンは日本のトレーダーがアメリカのトレーダーから学ぶべきものだったのだ。

学習とインセンティブ

トレーディングというのは「サーカスの綱渡り」のようなものと、多田は私に世界証券のトレーディング・ルームで語った。一九九八年一一月のことだった。プラント・エンジニアだった多田は、一九九五年に青木の後を継ぎ、世界証券の自己売買トレーディング・チームのリーダーとなった。彼はこのアナロジーで何を言わんとしているかを次のように説明した。「サーカスで綱渡りをしている人。マジックはない。でもやってるのを見て［やっていることがわかって］できるかどうかは別の話」。このようにトレーディングが、明示化された形式的な知識ではなく、暗黙知を必要とすると考えることはさして驚くべきことではないだろう［Lave and Wenger 1991］。しかし、多田のアナロジーは、かつてもてはやされた日本の学習への組織的な取り組みが失敗だったという、より大局的な見解を反映している。多田は私に言った。「［トレーディングの世界に］『教育』というのはないと外人に言われる。自分で這い上がっていくしかないのだと。［教育できるというのは］日本的な発想。美しいから［会社は］出資した。でもできなかった」（一九九八年一一月）。

学習と教育の強調は、長らく日本社会の顕著な特徴とされてきた。日本人は熱心な学習者だと見なされてきた。一般的な表象において、日本人の学習への集団的な傾倒は、外国の知識や技術を借用し、順応し、精緻化し、最終的には革新することへの熱意としてあらわされる。戦後の急速な経済成長は日本人のこの集合的な学習への願望によるとされてきた。エズラ・ヴォーゲルによれば、「日本の成功を解明する要因を一つだけ挙げるとするならば、それは集団としての知識の追求ということになるであろう」［ヴォーゲル 一九七九：四七］。学習のプロセスに内包される、日本人の外国人と対比しての自画像は、ナショナリズムの要素を持っていた。例えば、トーマス・ローレンは、「日本人の外国の知識と技術への関心は、外国人を追い越し、日本の能力を証明したいという欲望に根差している」と言う［Rohlen 1992: 326］。それゆえ、「学習」は階層的な関係性に加えてある特有の志向性を伴っていた。「優れた」外国の知識や技術を獲得するプロセスにおいて、日本の学習者は、その知識や技術の精緻化によって、外国の競争相手を追い越そうとしてきたのだ［Westney 1987 参照］。研究者は、日本人の学習能力は、個々人の完全化、精緻化、そして最終的には自己実現の追求に根差しており、儒教的な観念を想起させるとも論じてきた［Rohlen and Letendre 1996: 9, Smith 1983］。もちろん、ウィリアム・ケリー［Kelly 1998］が主張するように、学習を儒教にもとづく日本に特徴的な実践と見なすことはイデオロギー的な構築であり、学習するという実践における文化的差異を正確に突き止めるのは困難である。にもかかわらず、学習は日本の経済的組織の標章となり、日本の高度経済成長を通じて「日本らしさ」の目印として役立ってきた(4)。

多田にとって綱渡りというアナロジーは、金融市場や金融の理論と技法との関わり方における日本特有の様式としての学習というものの限界を指し示している。このアナロジー（と学習のあとに来たもの）の意味を十分に理解するために、多田と彼の下にいたトレーダーたちによる、欧米の金融知識と金融技術を学ぼうという努力と、その意図せざる帰結について考察する。

一九八七年に青木の下で始動して以来、世界証券の自己売買トレーディング・チームの、欧米の投資銀行への関わり方の支配的な様式は、学習であった。しかしこの様式には愛国主義的な背景もあった。世界証券のトレーダーたちは青木と、ソロモン・ブラザーズの伝説的なトップトレーダーで、一九九六年に三一四五万ドルを稼いだことで有名な明神茂とを比較した(5)。そして彼らは私に、青木は明神と違い、複数のアメリカの投資銀行からの高額なオファーを蹴ったのだと誇らしげに語った。彼らは、かつてベトナム戦争に反対する学生運動家であった青木はアメリカの会社で働きたくなかったのだ、と考えた。青木の野心はむしろ、アメリカの投資銀行の自己売買トレーディングの日本版を創造することにあった。これは、ウォール街流の自己売買取引を、ウォール街流のインセンティブ構造なしに導入することを意味した。この目標を自分自身に設定することで、青木は戦後日本で支配的だった、欧米に「追いつけ追い越せ」というモードに従ったのである。

世界証券の自己売買トレーディング・チームが結成されたとき、日本経済全体は、大方の想定では、製造業の強さを背景にしてグローバル経済において主導権をとりそうに見えていた。しかしながら証券業界にいる人びとは、自分たちが欧米の同業者から大きく後れを取っていると考えていた。青木のイニシアティブは、日本と欧米の金融市場の間の、金融商品や金融技術の導入や活用におけるタイムラグと、そうした商品や技術についての専門知識に関する、日本と欧米の会社の間の知識の隔たりの認識によって鼓舞されていた。言い換えれば、青木のトレーディング・チームは、概念的には現代日本の、欧米と足並みをそろえて、しかし遅れて、という時間的な位置取りをした。製造業においてと同様、こうした時間的位置取りは、欧米の知識・技術・スキルを模倣し、適応させ、精緻化するという学習の様式において経験された。それゆえこのタイムラグには二重性があった。つまり、世界証券をはじめとする日本の証券会社は欧米の投資銀行に後れを取っており、そうした投資銀行をモデルにしていたのということと同時に、彼らは、バブル期の栄光をもたらした日本の製造業の成功をモデルにしていることも自覚するようになっていた。

第1章で言及したように、青木は彼のチームを結成する前に世界証券のニューヨーク支社に四年間勤務し、スキルと経験を東京に持ち帰った。ニューヨークで青木は、先物とオプションを高度な数学の知識なしに、またコンピュータ・プログラムと大規模な金融データベースなしに取引するのは不可能であることを学んだ。それゆえ青木は若いエンジニアや数学者、そしてコンピュータ・サイエンスの専門家を製造業や大学院からリクルートし、欧米の優れた金融経済学や金融工学の知識と見なしたものから学べるものを全て学ぶようにけしかけた。青木のリーダーシップの下で、数学者やエンジニアたちは、金融経済学の基礎を細心の注意を払って学んだ。例えば、彼らが読み、議論したもののなかには、ジョン・コックスとマーク・ルービンシュタインの『オプション・マーケット――新しい金融取引の理論と実際』[Cox and Rubinstein 1985(邦訳一九八八年)]、ジョン・マーフィーの『先物市場のテクニカル分析』[Murphy 1986(邦訳一九九〇年)]、その他の取引技術や、派生商品評価の哲学や理論に関する英語の文献があった。世界証券のリサーチ部門は、設置されたばかりの青木のチームとともに、アメリカの金融経済学者の最先端の学術論文を翻訳し、日本語の業界誌などに公表していった[Miyazaki and Riles 2005: 322]。

青木のイニシアティブは、欧米の競争相手からデリバティブ取引の「ノウハウ」を得ようという、世界証券によるより広範な集合的努力の一部であった。一九八〇年代中盤から、世界証券はデリバティブの調査・開発に重点的に投資してきた。世界証券のリサーチ部門は一九八九年八月に始動して以来、世界証券の法人客に向けて金融商品とトレーディング・モデルを開発することを主な課題としていた。そのために多くのアメリカの金融経済学者の研究プロジェクトにも資金提供をしていた。こうした共同研究の取り組みのいくつか、例えば日本の株式市場に特化した取引モデルのプログラムを構築するものなどが、国内の機関投資家とのビジネスを拡大するために役立ったこともあり、アメリカからの最新の技術や研究結果を輸入し、適応させ、精緻化する類似のプロジェクトにさらに投資することが正当化された。またリサーチ部門はアメリカに基盤を置く金融経済学者を東京に招き、世界証券のトレーダーとアナリストに向けて社内セミナーなども行った。一九八〇年代後半から一九九〇年代前半にかけて、学習——観察、経験、翻訳、適応、そして精緻化を含む——は青木と彼のトレーダーたちがグローバル金融市場を経験する主要なモードであった。

学習は世界証券のチームが市場と関わるうえできわめて中心的であったので、それ自体がチーム内部の駆け引きの場となるほどであった。例えば、一九九二年にアメリカの金融経済学の専門家と行った共同研究では、世界証券側はこの教授と一緒に働くため、若手トレーダーとリサーチ部門の社員をアメリカに約五か月間派遣した。目的は「エキゾチック・オプション」の価格決定プログラムを開発することであった。エキゾチック・オプションはある特定の投資家のニーズに合わせてあつらえられたオプションで、価格決定を複雑にする要素——オプション契約の価値がその契約の複数の原資産の市場価格に応じて変化するというような要素——を含むものであった。一九九〇年代前半において、欧米の投資銀行が東京において日本の機関投資家にエキゾチック・オプションを提供しはじめると、青木のチームはこれに追随することを決定した。そこでこうした商品を機関投資家に売るために必要な価格決定モデルを獲得しようとしたのである。エキゾチック・オプションの価格決定における中心的な問題は、スタンダードなオプションの価格決定モデルよりも複雑な偏微分方程式をどのようにして解くかということにあった。世界証券は協力した教授に一日あたり三〇〇〇ドルを支払ったとされる。

表面上はこの共同研究の目標は明白なものであり、実際に成功裡に達成された。派遣された若手トレーダーの永井は、アメリカから戻ると、彼がこの教授と共同で開発した解法を使うことで、世界証券は欧米の投資銀行にひけをとらないエキゾチック・オプションの価格決定ができた、二〇〇〇年四月に、と語ってくれた。しかし、シニア・トレーダーであり、応用数学が専門の林はこの共同研究の全体を見渡した上で、別の見解を分かち合ってくれた。林は、このプロジェクトの主要な目的は新しい解法を発明することではなかったと打ち明けた。彼が言うには、むしろ目的はコンピュータ工学で学位を得たばかりであった永井に、エキゾチック・オプションの価格決定を行うために必要な偏微分方程式に対する林の一般的な解法を納得させるためであったというのである。林が言うには、彼自身は応用数学の大学院で類似の偏微分方程式を解いていたので、すでにこの解法が分かっていたのだという。ここで興味深いのは、この二人のトレーダーの間の数学的な問題をめぐる個人的な対立が国際的な共同プロジェクトを生みだしたことであり、このプロジェクトが、アメリカの大学から日本の市場に輸入される知識という権威的な立場を再確認しつつ、アメリカの教授に対する気前のよい資金援助に置き換えられたということである。

世界証券のトレーダーは次第に、欧米の投資銀行や金融経済学者から知識や技術、スキルを獲得しようという努力に矛盾を感じ始めてもいた。彼らは、自分の業績と給料が連動する報酬構造なしに、欧米の投資銀行のトレーダーのように取引を行うことを学習するように求められていたのである。世界証券のデリバティブ・チームのトレーダーの多くは、次第にこの事実に不満を抱き、意気喪失するようになった。

一九九二年から一九九六年にかけて、世界証券のデリバティブ・チームは、シカゴのオプション取引を行う会社（ここではウィンディ・シティ・オプションズと呼ぶことにする）と共同活動を行った。青木はシカゴのオプション・トレーダーのチームを大阪に配置し、世界証券の施設を使って日経225株価指数オプションでアービトラージ業務をさせた。ウィンディ・シティ・オプションズは当初二人のトレーダーと一人のアシスタントを派遣した。世界証券の視点からは、この共同活動の目的は、ジーン・レイヴとエティエンヌ・ウェンガーが、人為的に作り出された「実践共同体」において起きる「正統な周辺的参加」と呼んだもの［Lave and Wenger 1991, Bushe and Shani 1991 も参照］を可能にし、直接的な観察を通じてオプション取引のノウハウを得ることであった(6)。

高橋と山下という世界証券の二人の若手トレーダーがシカゴのトレーダーをよく観察するように言い渡された。高橋は、ウィンディ・シティ・オプションズのトレーダーは自分たち自身に課したルールに厳密に従っていたと私に語った［Miyazaki and Riles 2005: 323 も参照］。彼はシカゴのトレーダーの「ストイック」で首尾一貫した市場との関わりについて語った。彼は、ウィンディ・シティ・オプションズのトレーダーは何度も何度も同じ取引を繰り返し、小さな利益を積み重ねている、という印象をもった。シカゴのチームは年間で五〜七億円の安定した利益を達成した。高橋によれば、彼らはひとつの市場の収益性がなくなると、マーケットの変化に応じて戦略を変えるのではなくて、取引する市場を変えようとする。つまりある市場でアービトラージの機会が失われたとき、シカゴのトレーダーは別の市場に移った。そして彼らはシンプルに、それができなくなるまで同じことを繰り返していたという（二〇〇〇年七月）。

しかし、こうした観察によって高橋と山下が得たもっとも重要な教訓は、シカゴのトレーダーがディシプリンの原則に固執していたということではなかった。世界証券のトレーダーはディシプリンがトレーディングの根本的な原則であることはすでに知っていた。皮肉なことに、彼らが学んだもっとも重要な教訓は、インセンティブ構造の違いのために、シカゴからのトレーダーを観察して学んだことを彼ら自身は決してできないだろうということであった。世界証券はウィンディ・シティ・オプションズのトレーダーに日本のトレーダーよりもかなり多く給料を支払っていた。山下は「[シカゴのトレーダーは]年俸で一五〇〇万から二〇〇〇万円もらっていた」と言う。その時彼の給料は手取りで月に三〇万円に過ぎなかった。彼は「[この違いを知った時]ドキッとした」と続けた（二〇〇〇年三月）。高橋もまたこのインセンティブ構造の違いを「ストレス」と感じていた（二〇〇〇年七月）。この経験から少しして、山下と高橋はともに会社を離れた。山下は一九九六年にアメリカのビジネス・スクールに通うために会社を辞め、のちにトレーディング・システムを開発するベンチャー企業を立ち上げた。高橋は外資系の証券会社へ移った。これら二人の若手トレーダーの見たところ、世界証券のトレーダーの「学習」を妨げたのは、彼らの労働環境における金銭的インセンティブの欠如であった。彼らによれば、シカゴのオプション・トレーダーのように秩序だった仕方でアービトラージ機会を追求するためには、経済的な見返りが必要だった。彼らにとって、勝ち負けが個人的な違いをさほど生まない状況ではディシプリンは意味をなさなかったのである。

しかし、世界証券のトレーダーがアメリカのトレーダーから学ぶものは何もなかったという時、それは彼らがアメリカのトレーダーのすることができるということを必ずしも意味しない。むしろ、彼らが言いたいのは、学習というのが、市場にいる様式としても、トレーディングと、トレーディングが必要とするスキルや技術との関わり方としても、誤っているということである。

一九九八年私がフィールドワークを始めるころまでには、世界証券のトレーダーたちは日系証券会社の「外資系」（つまり欧米資本の）証券会社に対する「敗戦」についての深い感覚を共有していた。世界証券の自己売買トレーディング・チームは新しいトレーダーを養成することを止めており、トレーディング業務そのものも止めることを考えていた。その代わりに世界証券のトレーダーたちはアメリカのヘッジファンドに投資することを計画していた。このトレーディングからのほぼ完全な退却は、一九九〇年代中盤の世界証券の、デリバティブ業務のグローバル化への取り組みが土壇場で失敗したことによって予見されていたといえる。世界証券はデリバティブ・ビジネスの国際的な競争力をより高めるのに必要な業務を立ち上げるためにロンドンとニューヨークにトレーダーを送っていた。世界証券のデリバティブ・チームから一人のトレーダーが貸株市場での取引のノウハウを学ぶためにニューヨークに派遣された。もう一人のトレーダーは、タックス・アービトラージ（異なる国の税制によって決められたキャピタル・ゲイン［資本利得］に対する課税率の差異を利用しようとするアービトラージ）のような新しい種類のトレーディングを探るためにロンドンに派遣された。しかし、このグローバル化プロジェクトのもっとも重要な目標は欧米の投資銀行から最良のトレーダーたちを集めることにあった。これは青木のもともとの目標である、ウォール街流の自己売買取引の日本版を創ることからの根本的な転換を意味する。世界証券は有名なフランス人のデリバティブのスペシャリストをグローバルな取引をする部門のヘッド・トレーダーとして雇用した。しかし世界証券自体は財政が悪化し、金融市場のトレンドも市場で資金を運用する手法から、ビジネス・ベンチャーに投資ないし資金調達を行うことを焦点とした投資銀行業務にシフトしていった。一九九八年の私のフィールドワーク中に世界証券の自己売買トレーディング・チームの未来は不確かなものになった。

世界証券のトレーダーたちの敗戦の感覚は、一九九〇年代前半の株式市場バブルの崩壊に伴う長期の経済後退に加え、一九九八年に形を取り始めた日本の「ビッグ・バン」と呼ばれる包括的な財政改革と規制緩和プログラムから生じた一般的な雰囲気と響き合っている。一九九〇年代後半、規制緩和された日本の金融市場においてどの金融機関が「勝ち組」になるか、あるいは「負け組」になるか、という話題が日本のメディアを賑わせた。欧米の投資銀行の存在感が急激に高まりつつあるこの新しい環境で競争に勝つために、日本の銀行や証券会社のなかには「系列」——戦後の日本の経済発展のバックボーンとして広く認識されている、取引、製造、銀行に関わる会社の系列のネットワーク［Gerlach 1992, Johnson 1984, Katz 1998 など参照］——から離れ、新しい提携関係を結び直すものもあった。これと同時期に日本の金融機関の多くは、より欧米的な報酬システムだと彼らが考えたものを採用し始めた。金融業界関係者は、欧米資本の支援なしには、また欧米企業のビジネスモデルをまねることなしには、日本の金融機関のほとんどは規制緩和の波を生きぬけないだろう、ということで一致しているようであった。世界証券の経営陣も例外ではなかった。

多くの経済アナリストや経済ジャーナリストは、一九九〇年代後半の、日本の金融業界への外国資本と、欧米の投資銀行の制度的な特徴のいくつか（とくに報酬構造）の急速な侵入を「第二の占領」と捉えた［飯田・水野 一九九八、水野 一九九八、大下 一九九八］。この第二次世界大戦敗戦後のアメリカによる占領についての言及が示唆するように、日本の金融プロフェッショナルたちは欧米による日本の金融市場への展開と、それに関連する欧米のやり方と価値観の押し付けに対し、著しく両義的な感情を表明した［Miyazaki and Riles 2005: 323 も参照］。これは一方では、欧米のやり方や価値観を全面的に受け入れなくても欧米の同業者と競争できる能力が自分たちにはある、と信じていた青木のような日本の金融市場関係者にとっては苛立たしい時期であった。しかし他方では、アメリカによる占領のように、変化と革新の好機でもあった［Dower 1999 参照］。

青木の下でトレーニングを受けた世界証券のトレーダーの多くはこの機会を、リスクをとる新自由主義的な主体に自分自身を変えるために利用した。彼らが関心をもったのは、具体的には「インセンティブ」の問題であった。この時まで、日本の証券会社でのトレーダーの給料は、欧米の投資銀行に一般的だった、成績に連動したボーナスやその他の報酬体系に基づいたものではなかった。日本の報酬体系においては、トレーダーは終身雇用（そこでは年齢に応じて給与が上がり、インセンティブはお金による報酬の点からだけでなく、年齢に基づく昇進と競争の点からゆるやかに定義される）を当てにすることができた［Aoki 1988］。世界証券のトレーダーの多くは、長期的報酬体系という欧米系の会社とは異なるインセンティブ体制のもとで働いてきたことを認識しており、また新しい「欧米の」スタンダードが社会的、文化的、そして個人的なコストを伴うことにも気づいていた。つまり、この新しい報酬体系の下では、労働者は会社にとって役立たなくなればすぐ解雇されうるのだ。また、世界証券のトレーダーたちが、日本の金融市場の過度の規制のせいで彼らが合理的な経済アクターとしてふるまえなかったと信じていたことも重要である。彼ら自身の視点から見れば、規制は彼らがもうけに利用できるような、誤った価格設定や偏差を生みだすはずだった。しかし世界証券のトレーダーが一九九〇年代後半に気にしていたのは、日本の会社内部におけるインセンティブの明白な欠如であった。世界証券のトレーダーは、彼らが訓練された合理的な経済アクターとなる能力を十全に発揮するためには、インセンティブという考え方が非常に重要だと考えた。彼らの様々な学習の意図しない帰結は、市場に関わる様式としての学習というものの限界についての気づきであった。このことは言葉の表現におけるインセンティブの強調を通して、カネというもののもつ力を改めて評価することにつながった。「学習」から「インセンティブ」へという転換において、彼らはまた「アメリカ」を、学習と精緻化の対象としてというより、新たな主体の形を表すものとして理解するようになった。学習というものが、学んだものによって自分を変えることなく欧米のスキルや技術を学ぶ、という日本人の能力を前提としていたのに対し、アメリカへの新しいかかわり方は、彼ら自身のありかたの変革を伴うものであった。(7)

それゆえ、綱渡りというアナロジーを用いることで、多田は世界証券のデリバティブ・チームによる学習と教育を通したトレーディングへのアプローチが誤った方向を目指していたと示唆しようとしたのだ。多田が学習の限界について語るとき、彼はけっして、具体的なタイプの学習（例えば教室での学習やテキストに基づく学習）の限界を示そうとしていたわけではない。そうではなく、彼が指摘したのは、学習という大きな枠組みが持つ存在論的志向性の限界であった。多田にとって学習の限界は日本の限界であり、それゆえ最終的には放棄されざるをえない、歴史的に特定の時期における市場との関わり方であった。言い換えれば、市場との関わりの様式としての学習は失敗してしまっていたのだ。[8] この失敗は学習からインセンティブへという根本的な移行を生みだしたが、そこではカネのもつ剥き出しの力が魅惑的な選択肢として現われたのだ。

アービトラージの時間性

世界証券のトレーダーたちが一九九〇年代に共有していた敗戦の感覚は新しいものではなかった。世界証券のトレーダーたちは、彼らがデリバティブ・トレーダーとしてのキャリアをはじめた時、すでに欧米の競争相手に敗れたという感覚を経験していた。世界証券のトレーダーたちは一九八八年に日経225先物市場において株価指数裁定取引の業務を開始し、割のよい利益を上げた。一九九一年末までに、このチームの日経225株価指数裁定取引業務の規模は、現物市場におけるエクスポージャー（損失可能額）から見て二〇〇〇億円に上っていた。にもかかわらず、世界証券のアービトラージを行うトレーダーには、彼らが欧米の投資銀行のトレーダーに敵わないことは明らかだった。

世界証券のトレーダーの競争力の欠如には多くの理由があった。一つ目に、彼らはすぐにリスクをとる姿勢についての欧米の競争相手との間にある明白な格差に気づいた。例えば、彼らは世界証券のトレーダーと欧米の投資銀行のトレーダーの間の、日常的な技術的問題に関する対照的なアプローチについて指摘した。この問題は日本のトレーダーがひとつのアービトラージ取引のために素早く売買注文することを不可能にしていた。つまりその頃、東京証券取引所での取引は完全には機械化されておらず、トレーダーとそのアシスタントは、ひとつの株価指数裁定取引で必要な何百もの株式銘柄の

《コメット通信》のこれまでの主な執筆者

浅沼圭司
石井洋二郎
伊藤亜紗
小田部胤久
金子遊
木下誠
アナイート・グリゴリャン
桑野隆
郷原佳以
小沼純一
小林康夫
佐々木敦
佐々木健一
沢山遼
管啓次郎
鈴木創士
筒井宏樹
イト・ナガ
中村邦生
野田研一
橋本陽介
エリック・ファーユ
星野太
堀千晶
ジェラール・マセ
南雄介
宮本隆司
毛利嘉孝
オラシオ・カステジャーノス・モヤ
安原伸一朗
山梨俊夫
結城正美

購入について一つずつ注文フォームに記入するように強いられていたのだ。このフォームはその会社の本社にある別の部署に送られたが、その部署の仕事はすべての注文をパンチ穴のついた紙テープで証券取引所に伝達することであった。[9] しかしそれをするたび、欧米の投資銀行が彼らに先んじて彼らの狙っていたことを実行していたことに気づくのだ。株価指数裁定取引においては、株価指数に対応する個々の株式銘柄をまとめた「バスケット」を買う注文を実行するためにかかる時間が全てを決する。世界証券のトレーダーは、欧米の投資銀行は注文をより直接的に伝達すること、あるいは株価指数先物市場の価格情報をどうにかしてより早く手に入れることで彼らを打ち負かしているのでは、と推測した。[10] 青木によれば、外貨系投資銀行のトレーダーたちは強欲で、本国では決してしないことを日本では平気でしていた、という。そこに青木は「本能的なもの」を感じたが、外資系投資銀行に移った日本人トレーダーも同じだったことを考えると、やはり「文化的もの」が関連していたのかもしれないと振り返った（一九九八年一〇月）。

二つ目に、おそらくもっとも重要なことだが、世界証券のトレーダーたちの多くの目には、欧米の投資銀行の自己売買トレーディング・チームは、アービトラージ機会を見いだすやいなや多量の売買ポジションを持つためには何でもできる、と映った。日本の会社と違い、欧米の投資銀行は、どこであれ利益を得る機会を利用するため、彼らのグローバルなネットワークを使って即座に世界中の利用可能な資金を動員することができた。青木が二〇一一年五月に述べたように、世界証券は日本の他の大手証券会社と同様に、「拠点主義」のメンタリティー——会社の海外支店（ニューヨーク、ロンドン、香港）はそれぞれ地域的なビジネスに焦点を絞り、地域ごとの支店はグローバルな業務を効率的に行うべく統合されてはいなかった——を乗り越えることができなかったのだ。この拠点主義的な枠組みのなかで、世界証券をはじめとする証券会社は欧米から金融技術と技法を日本に導入することと、新しい投資の機会とツールを日本の機関投資家に提供することに、持てるエネルギーを注いだ。こうした基本的な努力の向け方は、他の様々な取り組みと、欧米の競争相手に追いつけ追い越せという様式を共有していた。

具体的に言えば、青木のチームは一九九〇年代前半、日本企業株の貸株市場にアクセスできなかったために、株価指数アービトラージの業務において欧米の投資銀行に太刀打ちできなかった。その頃、日本には貸株市場は存在しなかったが、ニューヨークには日本企業株の活気ある貸付市場があった。しかしそれに世界証券のトレーダーたちが気づいたのは一九九〇年代後半だったと、青木は二〇一一年五月に私に言った。日本でアービトラージ業務を行ううえで、欧米の投資銀行は、会社自体がもつ資本に制約されていた日本の証券会社よりも、かなり多くの資金を動かすことができた。このことは世界証券によるアービトラージの取引規模が、あらかじめ決められたあるレベルにとどまらざるを得ないことを意味した。例えば、世界証券のトレーダーたちは、そのアービトラージ業務のために振り分けられた資金の限界を超えてしまうような追加証拠金請求を引き起こしそうなマーケット・イベントが起きそうだということで、価格が収斂する前に取引を閉じねばならなかったこともしばしばあった。トレーダーの一人である小山は、日本の証券会社のトレーダーがとれなかったリスクを外資系のトレーダーたちが易々ととっていたと振り返った（二〇〇〇年二月）。

しかし、より個人的なレベルでは、世界証券のトレーダーは、自分たちの欧米の競争相手に対する敗戦を、時間的な見方から経験していた。すでに説明したように、アービトラージは特徴的な時間的な位置取りを伴う。少なくとも理論上では、アービトラージをするとき、トレーダーはアービトラージ機会を取りに行くことでそれを消失させ、それによって市場を無裁定の（アービトラージ機会のない）状態にもっていこうとする。トレーダーはまた、市場は、アービトラージの働きそれ自体のために、効率性（これはしばしば無裁定の状態と同等視される）に向かうという一般的な傾向をもつと前提している。このことでトレーダーは、同じ市場において、より目につかないアービトラージ機会を探すために彼らの計算をより鋭利にしようとする。そうでなければ、別の市場で類似の収益機会を探す。

一九九〇年代前半に日経２２５株価指数においてアービトラージ機会が消失したように見えたとき、世界証券のトレーダーたちは彼らの注目を別の指数、つまりＴＯＰＩＸ指数に向けた。日経２２５と比べてＴＯＰＩＸの魅力はその複雑さにあった。日経２２５を構成する二二五銘柄を買うようにはＴＯＰＩＸに含まれるすべての銘柄の株を買うことは不可能なので、ＴＯＰＩＸにおけるアービトラージではかなり複雑な複製の方法が必要になった。つまり、アービトラージ機会を見つけるために、トレーダーは株価指数と同じように価格が変動するような、選別した銘柄のバスケットをつくらねばならなかった——つまり彼らは株価指数の動きを限られた数の銘柄の株式で複製しなければならなかったのだ。このことは複雑なコンピュータ・シミュレーションと統計的モデリングを必要とした。一九九二年から一九九五年にかけて、世界証券のトレーダーたちの一部は、彼らのエネルギーと時間をこの作業に注ぎ、ＴＯＰＩＸ先物を使ったアービトラージのためにもっともよい銘柄バスケットを構築するためのモデルを精緻化する方法を研究した。

世界証券のトレーダーの学習に対する組織的な傾倒、および彼らのアービトラージへの職業的な傾倒と、彼らの時間的な方向性との間には相通ずるものがある。既に述べたように、習慣的に自らの儲けの一部を受け取っている欧米の同業者と異なり、世界証券のトレーダーは金銭的報奨を受け取っていなかった。彼らの賃金は年齢に応じて計算されており、職は保障されていた。それゆえ彼らの成功への強いモチベーションは、学習と精緻化に対する長期的な取り組みと、競争に対する意識とから生じることになった［Aoki 1988, Cole 1979, Nonaka and Takeuchi 1995, Vogel 1979 など参照］。

そしてアービトラージの複雑さが魅力となったのはこの点においてである。例えば小山は一九九一年に日経225株価指数の先物市場の動きを予測するコンピュータ・モデルを開発した。このプログラムはとてもうまくいくことが分かり、その成果に喜んだ世界証券の経営陣は、小山に他の株価指数についてさらに同じようなプログラムを開発するように依頼した。しかし小山は拒否した。あとから彼が語っているように、「先物取引のルールは簡単すぎる。……売買のアルゴリズムを考えて［過去の］データで結果を見る。データのハンドリングの世界。ゲームとして面白くない」（二〇〇〇年二月）。小山にとって、投機、および投機的取引のテクニカルな分析は、シンプルで、いったん彼の取引戦略がチームの他のメンバーと共有されれば、彼自身はもう代替可能となるのだ。

その代わりに、小山はオプションを使ったアービトラージに目を向けた。小山にとってのオプション取引の魅力はその価格形成の複雑さとアービトラージの特有の時間的位置取りにあった（二〇〇〇年二月）。投機が市場の動きの予測を必要とするのに対し、アービトラージは市場がどこに向かうのか知らないが、最終的には均衡と効率性という状態になるという信念をもつ。アービトラージは**その終わりから振り返る瞬間**——終点が与えられるはずの瞬間——に到達するという期待を表現している、という言い方もできるだろう。効率的市場仮説の信奉者にとって、アノマリー——つまりアービトラージ機会——は終結に至ることがあらかじめ定められた状況なのだ。小山の意見では、そうしたアノマリーを見つけることは先物の将来の価格を予測するルールを設計するより複雑な知的プロセスなのであり、そこに魅力がある。

それゆえ、すでに述べたように、アービトラージは自己の終結と複雑さとの双方に向いており、それによって学習の時間性——つまり、「遅れをとる」という時間性——と特殊な関係をもつ。言い換えれば、複雑性への注目が要求するモデリングの精緻化は、つねに後れを取っているところからの学習と複写という戦略の延伸なのだ。この戦略は単線的で蓄積的な知識生産の形式に基づいている。世界証券のトレーダーたちの共通理解においては、日本の戦後の経済的な成功の秘密は間違いなくこの精緻化の戦略にあるのだ［Rohlen 1992］。

実際、一九九〇年代前半の世界証券のTOPIX株価指数先物を使ったアービトラージ業務担当の一人であった井深は、TOPIXの動きを複製するモデルの精緻化に誇りを持っていた。もともと機械工学の教育を受けた井深は一九八八年に青木のチームに加わり、指数裁定取引業務において佐々木とチームを組んだ。井深にとって、この仕事の職人的な側面は大きな魅力だった。彼は繰り返し私に、彼と彼のチームはTOPIXを複製する世界でもっとも正確なモデルを構築することができたのだと語った（二〇〇〇年四月）。

しかし、振り返ってみると、世界証券の幾人かのトレーダーにとって、遅れを取るという時間的位置取りにおける精緻化傾向と、アービトラージに複雑性をみる傾向が、彼らの成功を妨げたのであった。田中は一九九八年に欧州系の証券会社に移ったとき、アービトラージの単純さを再発見した。彼は新しい会社で他のトレーダーとチームを組み、転換社債の取引に取り組んだ。田中のチームは一九九九年に大きな利益を上げた。二〇〇〇年に彼は私に、成功するトレーダーになるために必要だったのは、ひとつの市場でうまくいくことをうまくいかなくなるまで繰り返し、うまくいかなくなったら別の市場で同じことを繰り返すことだったのだと語った。彼の見方では、世界証券のチームによる複製の精緻化は完全に方向違いだった。驚いたことに、外資系の会社のトレーダーは複雑なモデルの構築にとりたてて関心を示さなかったと田中は言う。

［日本のメーカーが］掃除機を開発した時のように、［日本のトレーダーは］すごく細かく見ていく。日本人はこれが得意。……［こうした態度は］デリバティブの世界ではあまり意味のないこと。［外資系の会社でも］理論やノウハウも教えられると思うが、現場のトレーダーは半分くらいしか聞いていない。こういう風にやればうまくいくということを毎日こつこつ［繰り返し続けるだけ。］……［世界証券にいたとき］先輩のトレーダーが一日で一億円の損を出したとき、［上司は］会社の役員に呼び出された。［上司は戻ってくると、そのトレーダーに］改善点を［リストにして］出せと言った。［外資系の会社だったら］損したら首になるだけ。……理論だけやってもしょうがない。［理論は］もうけるために存在する。むやみに精緻にしたりしてもしょうが

ない。（二〇〇〇年五月）

対照的に、外資系の会社でのトレーディングはジャズの即興演奏のようだと、田中は言った。何かがうまくいかなくなると、あるいはアービトラージ機会がなくなりそうになると、外資系の会社のトレーダーは単に何か別のことを試す。ここで私が強調したいのは、田中が言うところの精緻化と即興の対比は、時間的な位置取りの対比だということだ。日本のトレーダーが複雑なモデルに惹かれたのは、それが遅れを取るという時間的位置取りを延伸するからだ。これは日本の製造業ではきわめてうまくいったものであり、過去の失敗から学ぶのに費やす時間と、未来の成功と達成とが相関すると想定される。それに対し、田中のジャズの即興演奏への言及は、そうした時間をかけた努力が、金融市場や「もうける」という目的には関連しない、という彼の鋭い感覚を反映している。精緻化の戦略が学究的な方向性を持つとすれば、田中がトレーディングを即興だととらえることは、すべての瞬間は独自のものであり、それ自体として成功したり失敗したりする、という芸術的性質を強調するものだった。

田中が日本の職場の時間的な位置取りと金融市場の間の不一致に気づいたことは、トレーディングに費やされた集合的な経験と膨大な時間が必ずしも市場での成功に結び付かなかったという、チームの他のメンバーも共有する、より大局的な感覚を反映している。さらに、アービトラージの、自分自身を締め出し、自分自身を取り消すという方向性の経験は、トレーディングという職業にいられる期間が際立って短いという、世界証券のトレーダーの意識をより強いものにした。彼らはみな、長い間この仕事を続けられないだろうということ、そして彼らのトレーダーとしてのキャリアの終わりがどんどん近づいていると感じていた［Miyazaki 2010b］。世界証券のトレーダーにとって、アービトラージというものの終点の避けがたさは、日々の仕事のなかで、彼ら自身のトレーダーとしてのキャリアの終点が急ぎ足で近付いているという感覚を増幅していったのである。

実際、一九九八年までに、青木のチームのメンバーの何人かは、トレーディングから足を洗っていた。須藤という、一九九〇年代半ばに多田の下で働いていたトレーダーは、一九九八年の前半に会社を去り、外資系コンサルティング会社に移っていた。そこで須藤は、証券会社に対して改組や雇用など、トレーディングと関係ない事柄について助言を行う仕事をしていた。彼は以下のように回顧する。

一九九七年、［市場は不安定］で、ディーリングもかなり運とか［生まれながらの］才能に左右される面が大きい［と気づいた］。トイレに行って帰ってくると、何倍も利益が出ていたり損している。そうしたものに人生をかけている［と考えたら、］虚しさがあった。……［この仕事では、］長い間やっているからといって評価の対象にはならない。時間と努力に比例する職業がいかな［と考え始めた］。

（二〇〇〇年二月）

一九九〇年代半ばに多田のチームにいた野中は、チームが解散しても世界証券にとどまったが、新たに設立された新興企業への投資のための部署に異動になった。野中は、過小評価と過大評価されている特定の銘柄の相関を同定し、割安の銘柄を買うのと同時に割高な銘柄を売るという、ロング・シヨートと呼ばれる取引戦略に長けた、きわめて成功したトレーダーだった。しかし、彼は私に、トレーディングの限界が見えたので、トレーディングに関する興味を失ったのだと語った。

投資――株をつきつめていくと、その先には成長性という深い世界がある。それはもうかった損したよりも深い世界。……マーケットはあくまでも自分［だけ］の世界、閉塞的だ。……トレーディングのタイムスパンは長くても二、三週間。［マーケットは］毎日動く。自己研鑽の時間はあまりない。……投資は違う。事業にはいろいろある。IPO、公開イコールエクジットとは考えない。本当の意味での成長――企業になれるかどうか、そこから伸びていけるのか。……［トレーディングは］日々結果が出るからおもしろい。自分が考えなくても動かなくてもマーケットが動くので自分で仕事をしているような気になる。［投資の世界では、］一人では何もできない。……自分が動かないと［何も起きない］。（二〇〇〇年五月）

ここで須藤と野中はそれぞれの仕方で、日本の証券会社の特異なインセンティブ構造の中でトレーディング業務に携わる矛盾を抱きながら、トレーディングが彼らの時間感覚に与えた固有の影響について語った。彼らにこの感覚を生じさせたのは単に市場のペースでも、その抽象度でもなく、日本の組織で働くことのもつ時間的位置取りと、たえず自己を締め出していくというトレーディングの性格の間の不一致であった。須藤と野中は自分たちの仕事を別種の時間的位置取りのもとに置こうとした。それはそれぞれ個人と会社の成長という時間的位置取りだった。

本章では、世界証券のトレーダーたちが、様々な種類の時間的な不一致に対する応答として自分たちを方向転換させようとするときに用いた様々な技法について検討してきた[11]。こうした異なる領域における存在の時間的つながりへの注目は、科学技術社会論の、機械、概念、理論、その他の人工物の多様な性質や可能性が、一時的であるにせよそうでないにせよ、時間のなかで集中あるいは分岐する、あるいは前景化したり後景化したりするプロセスを考察しようという試みにヒントを得ている[特にLatour and Woolgar [1979]1986, Pickering 1995: 113-156などを参照]。とりわけ、私のアプローチは、日本の物理学者が「調整可能で蓄積的な『光線の時間』――つまり加速器の光線のパルス――と、御しにくく限界のある彼らのキャリア、検出器、そして理論のもつ寿命」の間の不一致をどのように経験したかについて研究したシャロン・トラウィークのアプローチと共鳴している[Traweek [1988]1992: xi]。

人類学はずっと以前から時間的な不一致に関心をもってきた。例えば、ピエール・ブルデューはアルジェリアの農民の時間認知についての研究において、未来に関する「伝統的」な捉え方と近代的な考え方の間の不一致について論じている[Bourdieu 1963]。より最近の事例としては、テオドル・ベスターの築地市場についての研究や、カリン・ノール＝セティナとウルス・ブリューガーによるチューリッヒの為替市場のトレーダーについての研究を挙げることができる。この二つの研究はともに交差する時間性のあいだの「調整」の問題、あるいはベスターの言葉を借りれば、資本と商品のグローバルなフローにおける「タイムスケープ」に注目している[Bestor 2001: 92, Knorr-Cetina and Bruegger 2000: 162-163]。私の時間的な不一致についての関心もまた、経済的な概念や実践における時間的な性質と可能性の交錯に重点が置かれている。しかし、私の焦点は、経済的な知識や行為のもつ異なる時間的な性質が、個々のアクター自身に可視化されるようになる状況に置かれている［Miyazaki 2004b］。別の言い方をすれば、ここで問題とされているのは、時間的な不一致がいつ、どのようにして市場参加者の視点から明らかになるのか、そしてそうした不一致を彼らはどのように利用しているのか、という問いである。

私はこれまで時間的な不一致が、金融商品、市場戦略、組織的な実践、そして人生における個人的選択の時間性の交錯から生じていることを示唆してきた。アービトラージのもつ時間的な特徴は、日本企業のなかで働くことの時間的な特徴と強く共振しているが、共振それ自体が不一致の感覚を生みだしもした。しかし、より大局的な観点からすれば、時間的な不一致はすでに、後れを取るという日本の制度的な自己の位置取りに備わっている。戦後日本の経済成長は、アメリカのテクノロジーと知識を模倣し上回るという戦略が広く行き渡った結果だという理解が一般的である。アメリカの競争相手に追いつくという日本の製造会社の集合的な意思決定が見事な経済成長を成し遂げ、共通の目標となっていた日米間の隔たりをなくしてしまいそうになったまさにその時、金融業が製造業に取って代わり、現実と理想の間の、日本とそのモデルとしての「アメリカ」の間の時間的な隔たりを再び生みだし、もう一度日本を「遅れをとる」ものとして位置づけた。この、日本の製造業の存在論的な基礎となった時間的な隔たりが、また新たに生み出されたのだ。

こうして世界証券の自己売買トレーディング・チームのトレーダーたちは、一九八〇年代後半のグローバルな市場において彼らが置かれた歴史的状況を、「アメリカ」に対する「日本」の時間的な位置取り、アービトラージに特有な時間的位置取り、そして職業としての証券取引の持つ時間的方向性の間の関係として経験した。世界証券のトレーダーに多様な人生上の選択を強いたのは、経済取引の次第に加速するスピードでも、それに伴う、ジェームス・キャリアーとダニエル・ミラーが「ヴァーチャリズム」（仮想主義）と呼んだものによって引き起こされる、生産プロセスからの労働の抽象化と疎外の程度の高まりでもない。そうではなく、日本のアメリカに対する時間的位置取り、日本の職場、そしてトレーディング戦略自体の時間性の交錯から生じる時間的な不一致によるのであった。しかしチームの様々なメンバーにとって、こうした時間的位置取りの接合は、多様な可能性（例えば精緻化、即興、あるいは個人や経済的な成長）を浮かび上がらせた。だが世界証券のトレーダーを待っていたのは、別の種類の終わりであった。

第4章　夢の経済

一九九九年の正月休暇、多田は自分の将来の選択肢を比較するのに忙しくしていた。世界証券のデリバティブ取引中止に幻滅し、多田は会社を辞めようと決めた。選択肢はふたつ。別の証券会社へ転職するか、あるいは日本の大手企業の世界からきっぱりと身を引くかである。

自分の選択について思いを巡らせながら、多田はエクセルを開いた。多田のようなトレーダーたちにとって、エクセルのスプレッドシートは、ずっと仕事に欠かせない道具だった。しかしこのとき多田がプログラムを起動したのは、彼自身の値段を決定する、という新しい目的のためだった。多田はプログラムを使って、将来の手取、年金、必要金額、それぞれの総額を、三つの異なるシナリオごとに計算した。一つ目のシナリオ（ケース一）では、彼が日本企業で働きつづけるというものだ。この場合、彼は年間平均八〇〇万円の手取りを受け取ることになる。二つ目のシナリオ（ケース二）は、一年の必要金額をカバーする分だけぎりぎり稼ぐというものだ。この場合、年間の手取は五〇〇万円

現在高	10000							
年齢	46							
	使用額	**年金１**	**年金２**	**手取**	**金利**	**65 才必要金額**	**60 才必要金額**	**55 才必要金額**
CASE1	500	120	180	800	0.02	16000	18500	21000
CASE2	500	120	180	500	0.02	16000	18500	21000
CASE3	500	60	150	0	0.02	17500	20000	22500
打止								

	年齢	西暦	CASE1				CASE2				CASE3			
			手取	手取累積	変化	残高累積	手取	手取累積	変化	残高累積	手取	手取累積	変化	残高累積
1	46	1999	800	800	500	10500	500	500	200	10200	0	0	-300	9700
2	47	2000	800	1600	510	11010	500	1000	204	10404	0	0	-306	9394
3	48	2001	800	2400	520	11530	500	1500	208	10612	0	0	-312	9081.9
4	49	2002	800	3200	531	12061	500	2000	212	10824	0	0	-318	8763.5
5	50	2003	800	4000	541	12602	500	2500	216	11041	0	0	-325	8438.8
6	51	2004	800	4800	552	13154	500	3000	221	11262	0	0	-331	8107.6
7	52	2005	800	5600	563	13717	500	3500	225	11487	0	0	-338	7769.7
8	53	2006	800	6400	574	14291	500	4000	230	11717	0	0	-345	7425.1
9	54	2007	800	7200	586	14877	500	4500	234	11951	0	0	-351	7073.6
10	55	2008	800	8000	598	15475	500	5000	239	12190	0	0	-359	6715.1
11	56	2009	800	8800	609	16084	500	5500	244	12434	0	0	-366	6349.4
12	57	2010	800	9600	622	16706	500	6000	249	12682	0	0	-373	5976.4
13	58	2011	800	10400	634	17340	500	6500	254	12936	0	0	-380	5595.9
14	59	2012	800	11200	647	17987	500	7000	259	13195	0	0	-388	5207.8
15	60	2013	120	11320	-20	17967	120	7120	-116	13079	60	60	-336	4872
16	61	2014	120	11440	-21	17946	120	7240	-118	12960	60	120	-343	4529.4
17	62	2015	120	11560	-21	17925	120	7360	-121	12839	60	180	-349	4180
18	63	2016	120	11680	-22	17903	120	7480	-123	12716	60	240	-356	3823.6
19	64	2017	120	11800	-22	17882	120	7600	-126	12591	60	300	-364	3460.1
20	65	2018	180	11980	38	17919	180	7780	-68	12522	150	450	-281	3179.3
21	66	2019	180	12160	38	17958	180	7960	-70	12453	150	600	-286	2892.9
22	67	2020	180	12340	39	17997	180	8140	-71	12382	150	750	-292	2600.7
23	68	2021	180	12520	40	18037	180	8320	-72	12310	150	900	-298	2302.7

24	69	2022	180	12700	41	18077	180	8500	-74	12236	150	1050	-304	1998.8
25	70	2023	180	12880	42	18119	180	8680	-75	12160	150	1200	-310	1688.8
26	71	2024	180	13060	42	18161	180	8860	-77	12084	150	1350	-316	1372.5
27	72	2025	180	13240	43	18205	180	9040	-78	12005	150	1500	-323	1050
28	73	2026	180	13420	44	18249	180	9220	-80	11925	150	1650	-329	720.99
29	74	2027	180	13600	45	18294	180	9400	-81	11844	150	1800	-336	385.41
30	75	2028	180	13780	46	18339	180	9580	-83	11761	150	1950	-342	43.118
31	76	2029	180	13960	47	18386	180	9760	-85	11676	150	2100	-349	-306
32	77	2030	180	14140	48	18434	180	9940	-86	11590	150	2250	-356	-662.1
33	78	2031	180	14320	49	18483	180	10120	-88	11501	150	2400	-363	-1025
34	79	2032	180	14500	50	18532	180	10300	-90	11411	150	2550	-371	-1396
35	80	2033	180	14680	51	18583	180	10480	-92	11320	150	2700	-378	-1774
36	81	2034	180	14860	52	18635	180	10660	-94	11226	150	2850	-385	-2159
37	82	2035	180	15040	53	18687	180	10840	-95	11131	150	3000	-393	-2552
38	83	2036	180	15220	54	18741	180	11020	-97	11033	150	3150	-401	-2954
39	84	2037	180	15400	55	18796	180	11200	-99	10934	150	3300	-409	-3363
40	85	2038	180	15580	56	18852	180	11380	-101	10832	150	3450	-417	-3780
41	86	2039	180	15760	57	18909	180	11560	-103	10729	150	3600	-426	-4205
42	87	2040	180	15940	58	18967	180	11740	-105	10624	150	3750	-434	-4640
43	88	2041	180	16120	59	19026	180	11920	-108	10516	150	3900	-443	-5082
44	89	2042	180	16300	61	19087	180	12100	-110	10406	150	4050	-452	-5534
45	90	2043	180	16480	62	19149	180	12280	-112	10295	150	4200	-461	-5995
46	91	2044	180	16660	63	19212	180	12460	-114	10181	150	4350	-470	-6465
47	92	2045	180	16840	64	19276	180	12640	-116	10064	150	4500	-479	-6944
48	93	2046	180	17020	66	19341	180	12820	-119	9945.4	150	4650	-489	-7433
49	94	2047	180	17200	67	19408	180	13000	-121	9824.3	150	4800	-499	-7931
50	95	2048	180	17380	68	19476	180	13180	-124	9700.8	150	4950	-509	-8440
51	96	2049	180	17560	70	19546	180	13360	-126	9574.8	150	5100	-519	-8959
52	97	2050	180	17740	71	19617	180	13540	-129	9446.3	150	5250	-529	-9488
53	98	2051	180	17920	72	19689	180	13720	-131	9315.2	150	5400	-540	-10028
54	99	2052	180	18100	74	19763	180	13900	-134	9181.5	150	5550	-551	-10578
55	100	2053	180	18280	75	19838	180	14080	-136	9045.2	150	5700	-562	-11140

にまで減る。この額は〔計算を〕単純化するために、一年間に必要な金額額の平均として彼が想定した[1]。三つ目のシナリオ（ケース三）は、まったく仕事をせずに貯金だけで暮らすというものだ[2]。

多田は、自分にはそれほどの価値がないということを知り、愕然とした。彼の計算では、五五歳で仕事を辞めるには少なくとも二億一〇〇〇万円が必要だった。この目標は、彼のようないわゆるサラリーマンの平均的な年収では、とても到達できない。たとえ自分が六〇歳まで働き続けたとしても、退職後の備えとして十分な額を稼ぐことはできないのだと、多田は思い知った。

このような計算に多田を駆り立てたものは何か。一九九〇年代末、日本では新自由主義が広く受け入れられており、多田の計算はその特有の考え方に着想を得たものだった。日本における新自由主義的経済改革は、一九八〇年代に中曽根康弘首相主導のもと、国鉄や電電公社などを含む民営化や規制緩和政策が打ち出されたことから始まった。一九九六年には日本版金融「ビッグバン」が始動し、日本人の主体性、そして究極的には日本社会そのものが根本から再定義された。改革論者たちは、リスクと責任を引き受ける「強い個人」を称揚し、会社の集団的利益のために身をささげる「会社人間」を一掃しようとした[3]〔Dore 1997, Ito 1996, Koike [1991] 1996 などを参照〕。

自分の値段を測ろうとする動きは、一九九〇年代末、日本政府が新自由主義的改革の一環として精力的に推奨していた強い個人が、特徴的におこなう行動のひとつとして登場した。強い個人が一般には男性としてイメージされていたことは、注意すべき重要な点だ[4]。強い個人は、過去の存在である会社人間とは反対に、未来を表していた。強い個人は、終身雇用の会社員が自分の貢献を「長期的」観点から評価するのとは対照的に、つねに今現在の自分の市場価値を意識する。強い個人は好機が訪れたときそれを掴み取るもので、日本経済の回復を待つなどという、一九九〇年代の日本の不景気「失われた一〇年」にはしていただろうことはしないのだ。このようにリスクと自己責任が重視されるなか、日本人の勝ち組候補者たちは、「論理」「合理性」「リスク」「信頼」などといった一連のコンセプトを原動力に、雇用主や市場、社会との新しい関わり方を模索したのだった［日本経済新聞社 一九九九、山岸 一九九八など参照］。

これらの改革にともなう主体性概念の変容は、時間的な見方から定義づけられた。日本の大手経済新聞である日本経済新聞は一九九九年、「二一世紀 勝者の条件」と題した連載において、リスクといわゆる自己責任が新しい市場の規範になるだろうと力説していた［日本経済新聞社 一九九九］。この新聞記事によると、こうした新しい形態の資本主義において期待される主体性とは、「自由の重圧に耐える強い個人」［日本経済新聞社 一九九九：二］、つまり社会的義務よりも利益の最大化を目的とした短期・長期の合理的計算にもとづいて行動する人間だった。

ビジネス誌や新聞は、日本のビジネスマンたちに自分の値段の計算を推奨するような記事を多数掲載した［藤原 一九九八、野口 一九九八、岡本ほか 一九九八などを参照］。こうした計算は、一般のイメージでは、強い個人の合理性やリスク負担、自己責任の証しだった。自分の値段を計算する行為は、巨大な新自由主義的経済改革の社会的・個人的な構成要素として理解された。こうした風潮は、日本の雇用慣行の広範な変化を映し出し、例えば終身雇用制が企業による一時解雇へと取って代わられはじめた。

実際、一九九〇年代をとおしてなされた、日本の金融改革計画および「日本式システム」をいかにしてグローバル競争力のあるものに変えるのかという問題をめぐる論争では、リスクという言葉が新形態の資本主義を理解するための重要概念として浮上した。日本の経済学者や評論家の多くは、日本の市場参加者がグローバル金融市場で失敗した原因を、適切なリスク管理能力の不足に見出していた[日本経済新聞社 一九九九。加えて山岸 一九九八、Yamagishi, Cook, and Watabe 1998なども参照]。

表面的に見れば、多田の計算は、退職に向けた合理的計画という単純な行動として理解できる。日本の経済状況が変化し、新自由主義的経済改革とともにアメリカ的資本主義の価値観が流入した結果、退職計画という欧米の一般的な慣行が、日本に新しく導入されたというわけだ。しかし、多田にとってスプレッドシートは、そういうものとは微妙に違う何かを表していた。それは、彼自身がさまざまな領域でおこなってきた、客観性と論理性の追求の集大成だったのだ。多田の計算の意味を十分理解するには、膨らみつづける彼の私的な夢と、それにまつわるあらゆる物事の終わりに対する彼の感性の特徴とを検証する必要がある。その感性は、アービトラージがそれ自体の終わりへ向うことを思い起こさせる。

自動トレーディング・マシーン

一九八八年、三五歳の時、多田はプラント・エンジニアとして務めていた製造業界の大手企業から世界証券のトレーディング・チームへ転職した。電気技師であり日本の有名大学出身である多田は、日本の「バブル」経済末期に製造業から金融業に転職した、多くの数学者や技術者の一人だった。多田はまたたく間に、世界証券の自己売買トレーディング・チームにとっての、そして日本のデリバティブ市場全体にとっての重要人物の一人になった。

多田が金融業界に魅力を感じたのは、高給が約束されていたからではなかった。当時、世界証券のような日本の証券会社の給料は、製造会社よりもわずかに高い程度で、また先述したように、各トレーダーの給料はその業績に応じて決まるのではなかった。彼が私に語ったところによると、多田が製造会社を辞めたのは、金銭的理由というよりむしろ「[プラント・エンジニアとしての彼の]労働がどのように会社[の成長]に貢献しているのか分からなかった」ためだった。これに対して金融業界では、彼が言うには、「数学とカネとの距離がとても近い[ものだった]」(一九九八年一一月)。つまり、多田を惹きつけたのは、トレーダーの知的労働が企業利益に直接影響したことだった。多田にとって金銭は、自分の知的労働の価値を測る重要な指標であったのだ。

多田はまもなく、トレーディング・チームにいるほかの数学者や技術者たちの取引戦略の管理を任されるようになった。管理職についた多田は、トレーダーたちに「論理性」を一貫して追求するよう要求した。多田はチームのトレーダーたちに、コンピュータによる膨大なシミュレーションを試行させ、トレーディング・モデルを「あらゆるシナリオ」のもとで検証し、取引戦略を論理的に検討するよう指導した。多田は毎週、これらの検証結果についてトレーダーたちと話し合い、彼の見解では論理的正当性に欠けると思われる計画は却下した。

多田の見方では、論理の力は、直感的衝動への制約としての用途に内在するものだという。多田はトレーダーたちに、たとえモデルが直観に背いていても、それが指示することを正確に実行するよう求めた。このように人間のより柔軟な判断力を否定することは、うまくいくこともあれば、いかないこともあったが、多田にとってそれは大した問題ではなかった。多田にとって重要なのは、戦略が論理的に導き出されること、そして論理的に従われることだった。そのようにしてはじめて、失敗はあらたな学習の源泉となりえた。トレーダーたちが自分たちのシミュレーションに立ち戻り、モデルを構築する際に何を考慮しわすれていたのかを検証することができるからだ。このように、多田にとって論理性とは、第3章で議論したディシプリンという考え方と同じく、未来における自己をあらかじめ決定された取引戦略やルールに固定し、未来における行為主体性を意識的に否定するよう求めるものだった。

トレーダーのなかには、このような論理性重視があらゆる局面を包摂し、自分自身あるいは将来について考えるときにまで応用し始める者もいた。例えば、第3章で取り上げた山下が、二〇〇〇年三月、私に語ったところによると、彼は多田の下で働いていたとき、人生のあらゆる局面を論理的に考えようとしていたという。山下は、トレーディング・チームによって完璧に作成されたこの意思決定法を駆使し、自分の未来の行動を管理するルールを定めた。たとえ彼の常識や、同僚と仲間たちからのプレッシャーが、別方向の行動をとるよう示唆していたとしても、彼はそのルールを貫くことに専念した。こうしたルールに従って「ロジカルに」行動できたとき、山下は他の人間に対して「優越感」を感じた。彼は私に、職業キャリアで一番大きな決定を下すときにさえ同じ原理に従ったのだと、誇らしげに語った。例えば彼は、一九九三年までに日経225株価指数があるレベルにまで下落した場合、世界証券を辞めるという日をあらかじめ決めていた。第1章で述べたように、一九九三年までに世界証券の株価指数裁定取引の収益性は低下した。山下は、証券会社の収益性は長期的市場の動きと相関があると考えていた。たいていの人は直感的に、株式相場が少し値上がりすれば市場状況は改善すると信じたがるものだが、山下は市場と自分のキャリアにはより長期の時間的視野から客観的にアプローチすると決めていた。「そのときには僕はもう、すべてをロジックで見るようになっていた。文献［を読んだり］人と話しをしていて、直感で判断するのは負け組の人のパターンだと思うようになっていた」（二〇〇〇年三月）。彼の決定の論理性は、部分的には日経225株価指数のレベルを計算してトレーダーの職を辞した点にあるのだが、より大きく見れば、論理に従ってあらかじめ決めたことを気まぐれに変更しないという彼の決意に内在している。この決意によって、山下はまたあらたな教育と研修を受ける準備をはじめ、一九九六年の春にアメリカのビジネス・スクールに合格し、その年の五月に世界証券を辞めた。

しかし、多田の「論理的思考のカルト」は、たびたびチーム内部からの反発に遭った。多田のアプローチへの反発は、彼が論理性を合理的思考の模範として重視している点に集中していた。若手トレーダーたちは、効率性という、より実利的な考え方を好む傾向にあった。毎週、儀礼のように延々と、誰かの取引戦略のシミュレーションとその正当性を検討するのは、コストについて考えずあまりに論理を強調しすぎており、彼らに言わせれば、とりわけ時間配分という点から見て効率性を欠いていた。

論理性と効率性とがせめぎ合うなかで、若いトレーダーたちの目にはしばしば多田の行動が非合理的だと映ることがあった。例えば、若いトレーダーたちは、多田が時折、組織の問題を日本の慣習的方法にもとづいて解決することに不満をもっていた。その典型例は、第3章で言及した東大出身の数学者、林をチーフ・トレーダーとして採用したことである。多田にとって林の数学技能は、まさに自分がトレーダーたちに浸透させようとしていた、純粋で学術的な論理性へのこだわりの模範だった。しかし、ほかのトレーダーたちは、林が優れた数学的知識をもち合わせていることには同意しつつも、彼がもっとも利益を上げているトレーダーではないことを問題にした。それゆえ、トレーダーたちは、林の採用を、実績よりも年功と学歴が基準にされる「日本的」昇進への逆戻りとして理解した。

また同時に、多田の論理性重視は、個人主義のメリット対集団主義のメリットという、お決まりの論争を引き起こした。数学的計算と論理的思考にふさわしい行為主体は誰なのか？——個人なのか、チームなのか？　若手トレーダーたちは、自分たちの取引戦略を開示せよという多田の要求に反対した。彼らにとって、合理的なチームとは、個人の努力が個人の報酬と対応するもので、それゆえチームのメンバーは各自が最大の成果を挙げられるようお互い競争し合うべきだった。それに対して多田は、トレーダーたちが自分たちの秘策を個人のものとして考えるべきではないと主張した。多田にとって合理的なチームとは、トレーダーたちとは対照的に、もっとも成功を収めているメンバーのやり方をメンバー全員でまねるというものだった。

若手トレーダーたちは、多田の要求を集団志向の価値観にもとづく典型的な集団的意思決定プロセスを表明するものとして理解した。当時、このようなコンセンサス・ベースの慣行は、具体的には日本企業の非効率性、より大きく言えば日本経済の低迷の原因として批判されていた。これらの批判は、時間性と関連するよくある論争から着想を得ていた。一方には、組織にとって個人志向と集団志向のどちらに大きなメリットがあるかという問題は、市場を短期的視野で見るか長期的視野で見るかで異なってくる、という主張が世間では一般的だった。例えば、もし長期的な経済成長を好むのなら、短期的経済成長を犠牲にしても、同僚や顧客との社会関係を築く方がうまくいくかもしれない、ということだ［Dore 1983など参照］。しかしまた一方で、昨今のグローバル金融市場の変化のスピードに鑑みて、より短期的に利益を計算する必要があるという主張も、同じように広まりつつあった。今日、利益と損益が個人の取引にもとづいて査定されるのであれば、関係性の安定よりも個人のイニシアチブの方に、より大きな価値が与えられるべきだというのだ［大前 一九九五など参照］。こちらの主張でもまた、集団的行為主体性が過去と、個人的行為主体性が現在あるいは未来と結びつけられ、二層目のさらなる時間的対比が暗示されていた。

しかし、多田はこの問題を違った角度から見ていた。その違いは彼の私的な夢に内在していた。彼が明かしてくれたところによると、多田の究極の目標は、「自動トレーディング・マシーン」と彼が名づけたものを発明することだったという。彼が何度も興奮しながら説明してくれたのだが、市場の動きの複雑さは一〇〇や二〇〇の変数や因数に還元できるのだという。これほど多くの変数を追跡することは人間の処理能力を超えているが、コンピュータならそれが可能なはずだ。彼の推測では、発明されれば、マシーンはチーム全体よりも高い業績を上げることだろう。多田がトレーダーたちに取引戦略を共有するよう求めたのは、それ自体が目的なのではなく、このマシーン作製に向けたデータ収集の手段とするためだった。多田にとって究極の目標は、個人主義的でも集団主義的でもなく、トレーダーとマネージャーとの関係をそっくり消滅させてしまうものだった。若手トレーダーたちの目に、個人的行為主体よりも集団行為主体を好んでいるかのように映って見えていた多田の言動は、実は皮肉にも、彼がある瞬間、――人的行為主体性がすべて不要なものとみなされる、言い換えれば、金融取引において人的行為主体性が終わる瞬間――の到来を夢見ていたことの表れだった。

ここで注目したいのは、多田の夢に見られる、時間に関する特有の意識だ。もし、トレーディング・マシーンが作製されれば、個人主義と集団主義、両者の行為主体性モデルが機械の行為主体性に取って代わられることになる。こうして個人主義と集団主義との対立が消滅されれば、多田の見方では、短期的観点と長期的観点との対立、より漠然とした言い方をすれば古いものと新しいものとの対立をも、同時に機械が消滅させるということになる。市場の短期的観点と長期的観点は、いずれも過去と現在とのあいだの何らかの連続性を前提としていた。つまり、どちらの時間的枠組みも、現在の行為と未来の結果とが結びつくということを想定していた。もっと重要なのは、両者の時間的枠組みがいずれも、人が一連の決定や取引をひとつまたひとつと時系列的に起きるものとして想像する現在という瞬間の行為を理解するためのモデルだったということだ。

自動トレーディング・マシーンの構築という多田の夢に見られる特有の時間性が、個人的・集団的に構想された行為主体性、およびそれらと関連する市場の短期的・長期的見地が前提とする時間性と対照的に異なっているのは、その夢がそれ自体の終わりを見据えているという点だ。自動トレーディング・マシーンを心待ちにしながら、多田がイメージしていたのは、その機械がついに作動したとき、時間的に結びつけられていた取引戦略どうしのつながりがすべて消し去られるという瞬間だった。その瞬間、機械が唯一の行為主体となり（もはやトレーダーは必要ない）、機械による計算が唯一の行為となる。多田がしていたこととは、トレーダーたちに対して、まさに彼らの居場所を機械に明け渡す手段を開発させるという課題を課すことであり、そうやって、現在の戦略が未来に反復される可能性を先細りにさせるということだった。このように多田の夢は、終わりという観点——マシーン完成の瞬間——から、現在を捉え直していたのだった(5)。

早期退職

しかし、結局プロジェクトは別の形の終わりを迎えた。一九九八年末に世界証券がデリバティブ取引チームの解散を決定し、気がつくと多田は自分の値段をスプレッドシートで計算していた。表面的には、多田の計算は、自身の将来の経済状況を極端に単純化しているようだった。スプレッドシートの計算式は、まるで未来の時点が関数で、現在の条件がその変数であるかのように立てられていた。例えば、退職まで一年ずつ多田が記入していた手取の額は、実はスプレッドシートを作成したその当時の彼の年収で、その数値が変わる可能性を彼は考慮していない。同じように、彼の支出も一定で、その時の水準を維持するものとして想定されていた。こうした現在主義的な想定を多田がしたのは、計算を単純化するためだったと言えるだろう。たしかにそうに違いない。ただ、このように単純化すれば、未来は特定の方法のもとでは現在の関数になる、ということになる。つまり、未来は単純に、現在の多数の同じ出来事の積み重ねになってしまうのだ。

しかし、終わりから物事を見る多田の観点——それはトレーディング・マシーンという彼の夢に明白に表れている——を踏まえれば、彼がこのような計算に陶酔する理由は別にあると推察できる。スプレッドシートの三つのシナリオを比較していたとき、多田は当時の進路を目標としての終わりの視点（ここでは仕事を退職する時点）からよく検討して決めようとした。多田にとって退職とは、市場での彼自身の行為主体性が終わる瞬間だった。その意味で退職は、彼のチームのトレーダーたちがトレーディング・マシーンに取って代わられる瞬間と同じだった。彼がエクセルでしてみせた計算は、トレーディング・マシーンの夢を導いた時間性の論理の延長だった。その革新性はただ単に、この終わりから見る観点を、自分自身について理解するために彼が応用したことだけだった。

しかし、前述したとおりこの計算結果は、多田をいくぶん驚かせるものだった。実のところ、後になって分かったことだが、彼が思い描くようなそんな終わりはなかったのだ。たとえ六〇歳の定年退職まで日本企業で働いたとしても、彼が望むような終わりは、きっと迎えられないだろう。なぜなら、彼は退職後の生活費を十分カバーできるような額をきっと稼いでいないだろうから。言い換えれば、スプレッドシート全体が明らかにしていたのは、現在という瞬間と、行為主体性が終わる瞬間（ここでは、彼が仕事から解放される瞬間）との遠い隔たりであった。この発見のおかげで、多田は自分のキャリアにおいてリスクを取る選択をし、スプレッドシートで比較した三つのシナリオの、いずれとも異なる道を進むことにした。このスプレッドシートによって多田は、知識の方向性を変え、手法としての論理性を手放したのだった。

一九九九年一月、四七歳の時、多田は世界証券を辞め、日本の企業の世界からも完全に離れた。彼はアメリカの投資銀行で働いていた、ある若い日本人トレーダーとパートナーを組み、小さな投資ファンドを設立した。多田の年齢や日本の金融市場における彼の地位を考えると、この提携そのものが年功序列の考えに楯突くものだったが、それに加えて、彼らの事業のこじんまりとした場当たり的な性格が、この反抗的な側面をなおさら強調していた。世界証券のデリバティブ・チームの大半のメンバーとは違い、多田は独身で借金もなく、お金のかかるような欲望も持っていなかった。「ただ食べていければ。」彼は何度も私にそう語った。多田は小さなオフィスを拠点にし、投資機会を探すため、それまで築いてきた人脈を駆使してあらゆる業種の情報を集めた。

多田の専門は、裕福な個人投資家たちに向けた新たな投資スキームの立案だった。これら計画の多くは、設立まもない会社への投資を含んでいた。こうした事業内容の変化は、多田をまったく新しい次元のリスクにさらした。極度に不安定な市場の領域で生活を立てるようになったというだけでなく、同様の投資スキームに自分のファンドを投資するようになったのだ。証券会社のデリバティブ取引の場合、多田とトレーダーたちは、利用可能な公開情報にかなりの部分で頼ることができた。しかし、ベンチャー・キャピタルの業種は、情報が非公開で入手が難しく、見ず知らずの人物や投機的事業を相手にしなければならなかった。こうした文脈から、非公式に得られる情報が彼にはきわめて重要となり、それゆえに信頼も重要となった。一九九九年八月、彼は次のように私に語った。

大企業にはルールがあって、いろいろとリスク管理をしてくれる。しかし、一旦その外に出れば、危険な人がたくさんいる。将来の取引に期待してある人に情報を提供したり、誰か人を紹介したとする。しかし、そうすることで何か悪いことが起きるかもしれない。そうしたらなんでそんな人と付き合っているのか、と言われるかもしれない。「外の世界」ではそういうリスクについても考える必要がある、と。

リスクと信頼についてこのような発見をしたことで、多田は以前の同僚たちとの関係を変化させた。多田は以前のチームのメンバーに頻繁に電話し、情報を求めた。その見返りとして、メンバーの何人かを彼の新しい投資スキームに参加させた。そうやっていくうちに、彼らの関係は、彼が言うところの「本当の」関係となった。多田によれば日本でよく言う「人間関係を大切にする」という関係は「友達」の関係に過ぎず、一緒に金儲けをする「本当の」関係のことではない。そうした関係でこそ信頼が重要になる、というのである。こうして、信頼は、手法としての論理性、そして退職という目的のための手段としての論理性に取って代わるものとなった。

一九九九年から二〇〇一年のあいだ、多田はよく私に彼の夢について話してくれた。それは彼が二億円貯めたら、バックパックでアジアを旅行するか、自転車で日本を回ってみたいというものだ。多田の理解では、この種の早期退職は、彼の模範である多くの欧米のトレーダーたちが理想の目標とする「自己実現」の機会を与えてくれるのだという。しかし、多田の自動トレーディング・マシーンの夢と早期退職の夢とのあいだには、ある共通点がある。どちらの夢においても、多田は仕事からの離脱をイメージしている。そしてそんなふうに離脱をイメージできるということは、仕事の終わりを見届けられるということが前提とされていたのだ。

日本をアービトラージする

「日本社会……がアービトラージされた」。二〇〇〇年六月、多田はこう述べた。第3章で論じたとおり、多田によれば、彼のトレーディング・チームが日本の証券会社の文脈に即した金融理論と技術とを学習しようと重ねた集団的努力が、日本人の学習への傾倒の限界を露呈させた。その限界は、日本企業の金銭的インセンティブの欠落にあった。アービトラージを学習する限界について話し合っていたとき、多田は世界証券やその他の日本の証券会社があまりにも非効率的で、グローバル金融市場で欧米のトレーダーたちに太刀打ちできないと指摘した。つまり、世界証券のチームはアービトラージの理論と技術を習得するために努力したが、そういった努力のされ方に内在する限界が露呈されたのだった。青木が創りだそうとした差異、――つまり、ウォール街式競争的報酬制度なしのウォール街式自己売買トレーディング・チーム、という青木のアイデアに体現された差異――は、欧米の投資銀行に暴利を稼がせる差異となってしまった。世界証券のトレーダーたちはアービトラージされた。そして、多田をはじめそのうちの多くは、自分たちが強い個人へと変貌し、今現在のリスクと報酬をよりアグレッシブに追い求めようと決意した。多田自身の言葉で言えば、アービトラージのターゲットとしての（「アービトラージされる」）立場から、もう一度アービトラージする立場へと方向転換したのだった。

多田は、新しい事業は「アービトラージみたい」（二〇〇〇年六月）だと言い、投資のアプローチは、敏感に発達した彼のアービトラージに対する感性を延伸・拡張したものだと語った。彼は、誤った評価を付されたさまざまな投資対象を、どのようにアービトラージのターゲットとすることができるのか、熱く説明してくれた。彼の見方では、日本の市場には非効率な慣行と、不当に評価された投資対象があふれている。例えば、多田の説明によると、日本のゴルフクラブの会員権は極端に割高で（したがって、不当に評価されている）、排他性や特権、序列といった規範を前提にしており、こうした規範には内在的経済価値がまったくないのだと多田は主張した。それなのに、多くのゴルフクラブは経営に失敗し、財政状況が悪いのだと多田は付け加えた。なぜゴルフコースを買って証券化し、効率的に管理し、一般の人びとに会員権を売り、それによって利益を出し、割高な状況をゆるす非合理的な日本の傾向に一石を投じないのか？

二〇〇〇年頃、多田があつかう取引の多くは証券化と関係するものだった。証券化のスキームは、そうしなければ容易に譲渡できそうにない不良債権や将来のキャッシュ・フローといった資産を組み合わせて、分割や統合、取引が可能な証券をつくることを目的とする。例えば、多田のファンドは小規模製造業者の売掛債権を証券化した。売掛債権の証券化スキームでは、通常、売掛債権の支払日よりも前にキャッシュ・フローを望む会社（以下、A社）が、売掛債権の束をこのスキームのために設立された「特別目的会社」に割安で売る。この特別目的会社はたいてい、ケイマン諸島やその他の租税回避地に登記され、個人投資家に対して証券を発行する。特別目的会社を設立する理由は、A社とその取引先、両方のデフォルト・リスクを避けるためである。たとえA社やその取引先が破産しても、このスキームへの投資家は債権者から守られる。

アービトラージを多様な資産や社会一般にまで延伸・拡張しようと多田を突き動かしたのは、物事を効率化することで自分は社会の役に立っているのだという、アービトラージの考え方に対する彼の信念とも呼べるような関わり方だった。二〇〇〇年三月の深夜、かなり飲んだあと、私の以前の研究テーマである先住民系フィジー人キリスト教徒の信仰の特徴［Miyazaki 2000, 2004b］について説明すると、多田は突然興奮した。彼は、自分の究極の夢は「人を助けること」だと言い、それは人びとに本当の宗教を提供することによって可能だと思う、本当の宗教とは日本に存在するような宗教ではなく、信者に過剰な請求をしない宗教だ、と私に語った。彼は、日本では新興宗教が非課税対象の資格を得るのは難しいが、既存の宗教組織を購入するのであれば、非課税対象の資格を得ることも可能らしいと説明した。彼はすでに、運営上のミスから現在は財政難に陥っている宗教法人をいくつか調べ上げていた。そのうちのどれかひとつを一緒に買わないか、と彼は私に提案した。そして、インターネット上に宗教組織を設立し、宗教信仰に関する人類学的理論に基づいて、宗教関連の商品を効率的価格で提供し、収益を出すと同時に人を助けるという夢を実現しないか？

多田が世界証券のトレーディング・チームの失敗を、欧米投資銀行が、日本金融業界ひいては日本市場全体のアービトラージに成功することの前兆として理解していたことを思い出してほしい。アービトラージの論理に関する多田の信念は、彼が自分自身の行為主体性を、自分の社会をアービトラージする者として再定義したことに支えられていた。多田が思い描く、生活様式あるいはよりよい社会の青写真としてのアービトラージ像は、アービトラージには、ある特有のユートピア――適正価格という形での効率的市場の実現――が内在することを示唆している［Polanyi [1944] 1957: 3］。

すでに説明したように、アービトラージに内在する計算は、効率的市場は発展し、未来のいつかの時点で均衡に達するという想定——信仰——を前提としている。この信仰には再帰的な側面がある。この想定に従って行動すると、アービトラージの実践者たちは、市場での活動をつうじて、市場が内在的に目指している効率性の現実化に力を貸すことになるからだ。重要なのはある特殊な自己像、つまり、アービトラージャーが「見えざる手」を信奉するのと同時に、その見えざる手の行為主体性の一部となるような自己像である。このように、合理的行為者としてのアービトラージャーの存在は、効率的市場を可能にするための条件であり、同時にその彼らは効率的市場によって消滅させられる存在なのである。

自動トレーディング・マシーンの作製と非効率的な日本市場のアービトラージ、これらふたつの多田の夢はどちらも、アービトラージ機会のない無裁定状態を目指すという、アービトラージに特有の時間性を焼き直したものだ。理論上は、アービトラージャーたちがアービトラージ機会を利用して差益を取ると、アービトラージ機会が除去されるということを思い出そう。それはつまり、アービトラージの実践者たちは、そもそもアービトラージが成立するための仮想的条件である無裁定状態を目指して活動するということだ。アービトラージをめぐる循環論理には、アービトラージの終わり（無裁定）からの観点という独特の時間性と、アービトラージを目的とする活動がともなう。多田が私に語った。「自分のアイディアで大きなことができたらおもしろい。世界を一網打尽にしてみたい」（二〇〇〇年六月）。ここで重要なのは、多田の夢が彼のようなアービトラージャーのいない無裁定状態に市場を向かわせることを英雄的に思い描いていることだ。

信頼評価のマニュアル

二〇〇一年の夏、私が日本に戻ると、多田は深刻な苦境に陥っていた。その問題を詳述することはできないが、彼が考案した投資スキームのいくつかが、かなりまずい状況になったのだ。とりわけ問題だったのは、彼が自分の貯蓄のかなりの額を失ったことだ。そのとき多田は、自分の問題について私に語らなかったが、彼が信頼すべき人間を誤ったらしいということは見てとれた。彼は、この信頼とリスクの新領域へと入る過程で十分に論理的でいられなかったと、自分を責めていた。ところが、彼の失敗は興味深い結果ももたらした。彼はまた新たな夢を抱いたのだ。彼は興奮気味に説明してくれた。今度は、論理的思考を応用して他人の信頼性を計算する手法を考案できないか検討している、というのだ。

［自分は］失敗をした。経営者の能力、人を見る能力が足りなかった。［ベンチャー・キャピタル業界では、］人を見る能力がリスク管理能力。……マーケット［の取引］では、何がリスクかわからないということはない。［ところが自分は］ベンチャー［・キャピタル］のどこにリスクがあるかわからずにやっていた。……［投資しようとしている会社の］経営者がだめだとだめ。……その人に人望があるかどうか。綜合的なマネジメント能力……金銭感覚がにぶい場合もある。綜合的にどの人をどう見抜くか。……人の評価は難しい。でも評価の仕方は確立しつつある。

……その人がやってきたことを洗いまくる。その人が関係してきた人間にインタビューしまくる。……［これまで］それまでしなかった。踏み込み方が弱かった。トレーディングでは、徹底的に［リサーチ］していた。経営者の能力についても、徹底的にやらないといけない。

（二〇〇一年八月）

論理性がふたたび多田の手法として浮上し、信頼が計算と科学的思考の対象となった。今度の多田の最終目標は、ベンチャー投資事業の「マニュアル」を作成することだった。経営者の資質から事業計画まで、事業のあらゆる要素を定量的に評価することは可能だろう、と彼は信じていた。

会話の途中で、私は多田にスプレッドシートと彼が計画していた退職の目標の進展について尋ねた。「自分は間違っていた」。多田はすぐこう答えた。「［人生は］あんなようにならないんだ」。多田が言うには、二億稼いで退職するというのはもはや彼の目的ではない。このとき彼は、もっと大きなゲームをしたい、そのためにはもっと多くのカネが要るだろうと考えていた。彼は、前年に出した損失を回収したい、とも語った。彼の夢は、信頼のモデルの開発へと変わり、それまでの夢は後景に退いた。

この方向転換を、損切りができずディシプリンを守らないギャンブラーの典型として見るのは容易だろう。しかし、私はこの論理の再展開を、多田の新たな努力として理解したい。そうやって彼は、自分が今いる状況の無裁定状態とは何かを定義しようとしたのだ。彼の新たな夢は、トレーディング・マシーンや早期退職の夢と同じように、彼の行為主体性の最終的な撤退を想定していた。またしても、（他人の信頼性の計算において）彼自身の行為主体性は数学モデルに取って代わられる運命にあった。多田は、彼自身の主観的かつ直感的判断の影響を受けない、人間の信頼に関する形式的かつ定量的計算方法を考えていた。ただし、今度の彼の夢は、それまでの夢との重大な違いも持ち合わせていた。自動トレーディング・マシーンから早期退職へという夢の移行が、彼の論理的手法を、市場から自分自身へと方向転換させることを表していたとするならば、今回の（人間性の評価者としての）彼の論理的行為主体性の撤退は、それとはまた別の種類の方向転換、つまり（信頼という）彼自身が新たに発見した主観的かつ直感的手法を、論理的思考の対象にするという転換を表していた。

二〇〇一年八月の同じ会話のなかで、多田は、論理性がそれまでつねに彼の手法だったと述べた。多田は製造会社に勤め出したとき、プラント設計のさまざまな手続きを合理化するマニュアルを数多く作った。多田は私に語った。「みんなマニュアルにすることを嫌がる。［なぜなら、自分たちの知っていることを他人の目にさらすことを脅威に思うからだ。］でも、マニュアルを作っても［そして自分の知っていることをそこに書き込むのは、］自分にはもっと上のものがある」。多田の考えでは、マニュアルは自動トレーディング・マシーンと同じだった。マニュアル作成の目的は、ある仕事から解放され、また別のより興味深い仕事をするためだ。ベンチャー投資事業における信頼性の評価マニュアルは、仕事の終点という視点をまた別の形で表明するものだった。今度の終わりへの感覚は、おそらくはより興味深く創造的であろう、次の仕事に対する期待とともに現れた。この意味では、マニュアル作成は単により崇高な目的のための手段だったと言える。しかし、そこには信頼の問題をきっぱりと終わらせようという明確な意識もある。このことは、これまでの第3章で議論してきた、アービトラージの終わりとアービトラージの無限の延伸・拡張可能性とを同時に意識することと類似している。

多田の夢にはいつも、活動への強い思い入れと、活動からの離脱という同じく強力なイメージの両方が設定されている。自動トレーディング・マシーンの夢は、機械をトレーダーに取って代わるものとした。スプレッドシートの計算とそのあとにつづく信頼とリスクへの傾倒は、彼のキャリアの終わりを示しつつ、論理性という彼のお気に入りの手法を一時停止させた。多田の論理性への拘りへの回帰は、もう一度、彼が信頼性を計算する客観的手続きと見なすものを、彼の行為主体性に取って代わるものとして位置づけた。

これら夢に対する多田の思い入れは非常に強く、そのおかげで彼は一九九〇年代初めにトレーディング・チーム全体の目標を定義し、一九九九年に世界証券を退職する決意をし、日本のベンチャー投資の好景気と不景気のただなかで活力を持続することができた。しかし、同時に指摘しておくべき重要な点は、彼の夢がどれも叶わなかったということである。それでも、彼の夢すべてが彼のアービトラージの感性の拡張、別の言い方をすればアービトラージの終わりを見ることへの彼の拘りの延伸・拡張として理解できる限りでは、これらの夢はアービトラージが延伸・拡張可能かどうか知るためのパラメーターとなっていた。

二〇〇三年七月、多田はまだ問題を抱えており、論理性を手法とすることに自信を失ったとさえ私に語った。

合理性の追求、「それが」正しいということは、「自分の」自信の支えだった。……今、確信できるものが揺らいでいる。……自分の考え方がおかしいんじゃないか。物事がうまくいっていないとき、［自分のアプローチで］いいんだろうかと思う。今まで［扱ってきたこと］は単純だった。今、複雑なものに向き合っている。精神的に迷いがある。［これが］絶対に正しいんだという形になっていない。［この状況が］内的要因によるものなのか、外的要因によるものかはわからない。でも、［物事が］思ったようにいかない。

ところが、二〇〇五年の夏までには、多田は喪失感から立ち直ったようだった。彼は事業の焦点を、ベンチャー投資や証券化から企業買収・合併へと移していた。彼がとりまとめた自動車部品メーカーと酒店チェーンとの取引契約はとりわけ成功を収め、彼は正式に自動車部品メーカーの金融戦略家に起用された。多田は信頼と論理性に折り合いをつけるポイントを見つけたようだった。

デリバティブと比べれば、［合併・買収は］難しくない。高い知能が要るわけではない。人間科学的……ハイテクでも何でもない。［だから］みんなできると思ってすぐ参入する。［酒販店の案件では］契約書など全部自分がやった。……［大切なことは］相手との信頼関係［を作ること］。こいつが難しい。［そうした関係をうまく管理して］不信感をおこさないようにする。

（二〇〇五年六月）

多田は自身のアービトラージの感性を新しい事業分野に延伸・拡張しつづけた。企業買収・合併のさまざまな取引に、多田は新たなアービトラージ機会を見つけた。例えば、彼の会社が不登校児の学校を買収したとき、彼は全国的な事業拡大を企てた。多田はいつものように熱く語った。アービトラージと同じように、全国の不登校児全員を一網打尽にしてしまえるかもしれない、と（二〇〇六年二月）。また別のアービトラージのターゲットには、病院と焼酎製造会社があった。多田によれば、「会社の価値をどうやって評価すべきか確立されていない。真剣に取り組んでいる人などいない。……でも、整理してやったらそう難しくない」（二〇〇六年二月）。彼はまた、第3章で言及した後輩トレーダー永井との共同事業も始めた。永井は一九九七年に世界証券を辞め、転職先でオプション・トレーダーとして働いていた。彼はその後、山下が設立したトレーディング用ソフトウェアの開発会社に入ったが、二〇〇五年までには独立していた。多田と永井はオプション価格算出モデルの企業評価への応用を専門とする事業を検討した。このとき多田は、日本の合併・買収ブームの最中に、もっと大きなアービトラージ機会があると見ていた［例えば岩井・佐藤 二〇〇八参照。加えて前川 二〇〇八、RECOF Corporation 2010 も参照］。

多田がふたたびアービトラージに、そしてより広く言えば金融の論理にこだわることにしたのは、日本の合併・買収ブームにおいてカネの力をあからさまに謳った二人の大立者の盛衰に、いくらかは触発されていた。堀江貴文はインターネット関連サービスのプロバイダー会社ライブドアＣＥＯで、村上世彰は元通商産業省官僚で、その後は株主利益の過激な提唱者となり、「村上ファンド」としてよく知られる投資会社Ｍ＆ＡコンサルティングのＣＥＯをしていた。堀江は親しみを込めて「ホリエモン」と呼ばれ、村上はしばしば「モノ言う株主」と呼ばれたが、二人ともカネの力について率直な提言をしていた。堀江は、その名声が頂点にあったころ、毎日テレビに登場し、多数の本を出版し、インタビューに応えていた。そこで彼は公然と、カネで何でも買えるという発言をした。「人間を動かすのはお金です」［堀江（貴）［二〇〇四］二〇〇五：七二］。堀江と村上がニッポン放送（大手メディア複合企業、フジ産経グループのラジオ局）経営支配のため株を協調買付すると、複数の証券取引法違反およびインサイダー取引を理由に、二〇〇六年、二人は逮捕された(6)。

二〇〇六年二月に会話した際、多田は自分と堀江とを区別した。二〇〇五年一一月、多田の会社が焼酎製造会社の買収を検討したとき、彼はライブドアも焼酎製造会社に関心を示していることを耳にした。多田はライブドアが提示していた金額の高さを知って驚き、ライブドアの取引手法に疑念を抱いた。多田はライブドアが関わっていた会計操作を知ってショックを受けた。多田によれば、たとえ違法に見えるようなことをしたとしても、精緻に調査をすれば合法である必要がある。「リーガル・リスクもビジネスだ。［ビジネスに関わる異なるリスクの間で］アービトラージすればいい。［一線を越してしまえば、］意味ない」（二〇〇六年二月）。

多田の意見では、堀江がカネで買えないものはないと信じるのは正しい。実際、カネは影響力のあるツールで、あらゆる目的のために使われうる、と多田はコメントした。しかし、彼の考えでは、カネは透明でそれを使う人の人格を映し出すということを覚えておくことが大切だ。堀江が公の場で口にした、カネの力についてのコメントを批判しながら、多田は「たとえそうわかっていても、言ってはいけないことがある。それって大人は言わない。（カネで）何でもできるって言った瞬間に（破滅した）人はいっぱいいいる」と述べた。一般に、人は自分がうまくいっていることを公にするべきでない、と多田は続けた。「(カネを) 儲けている人は、表に出てはいけない。……アービトラージでも同じ。手法を開発して、それを外に出したら［結局は同じ手法で彼ら自身がアービトラージされることになる］」(二〇〇六年二月)。

その晩、多田と私は、それまで何度も訪れたことのある、彼のお気に入りのバーで何時間も話した。そこのオーナー兼シェフは、五〇代女性で、多田とは長い付き合いの人だった。そこで交わされる私たちの会話は、個人的な内容になることが多かった(7)。彼の親しい友人の死や恋愛話、そのほかプライベートなことについても話をした。その晩、多田は陽気で冗舌だった。彼はちょうどスランプから抜け出たようだった。多田は異業種間合併と買収のさまざまな可能性について議論した。明け方近く、彼はお気に入りのトピックのひとつである資本主義からの離脱の可能性について話し始めた。「(今の) 世の中お金を稼がなくてはいけない。……稼げば何でもいい。……やはり自給自足がいい。……それ以外資本主義に対抗できない。資本主義の仕組みは絶対おかしい。［一度］乗ったら降りられない。……でも (資本主義の) 真只中にいる人が降りなきゃいけないと思っている。やっぱり自給自足だ」(二〇〇六年二月)。

多田は農業、宗教の癒し、UFOへの熱烈な興味を詳細に語った。この話については次章でまた戻ることにする。ここで私の関心を惹くのは、アービトラージの終わりから日本の非効率的市場の終わりにいたるまで、ありとあらゆるものの終わりに対する多田のこだわりが、資本主義の終焉という視点として、いかに結実するだろうということだ。彼が仕事の終点を生涯追い求めてきたことは、この視点と関係がある。ここでは、アービトラージの永続性とその自己完結的な特徴とのあいだの緊張が、社会理論で広く議論される資本主義の永続性と終焉とのあいだの緊張をそのまま示している。

多田の話はアービトラージという行為、そしてそれが無裁定状況に向けて行われることが、いかに終点への意識を高めるかを示している。終点に到達すると考えられているアービトラージの特性が、アービトラージを行うトレーダーたちにつねにどこかに新たなアービトラージ機会を見つけさせようとする。多田のようなアービトラージの実践者たちにとって、アービトラージは無限に延伸・拡張可能だった。彼らの理論では、アービトラージ機会はどこにでも見つけうるものだった。しかし、アービトラージが無裁定状況という仮想的条件から成立するものである限り、すべてのアービトラージの延伸・拡張には、同じように終点の予感が伴う。この意味でアービトラージは、アービトラージの永続性と終点とを同時に見据えることで成立している。

世界証券のトレーダーたちは、この二重の視点を維持しようとした。アービトラージ、仕事、そして資本主義からの離脱には、つねに彼らの職業キャリアに終点を見ながらも、実際には市場から離脱するわけではないことが前提とされている。しかし、このことは、アービトラージを行うトレーダーたちが、またもうひとつの曖昧さを持ち合わせていることを明白に示している。第1章で議論した佐々木の夢がよい例だ。佐々木の配布資料や、アービトラージに関する学術論文の刊行という夢が、アービトラージの感性と技術を若手トレーダーたちに教育するための彼の努力の一部だったことを思い出してほしい。佐々木の夢で興味深いのは、それが取引手法としてのアービトラージと思索の主題としてのアービトラージの両方の中にしっかりと固定されていた点だ。言い換えれば、経済取引から離脱し、学術論文の執筆へと向かう佐々木にとっては、アービトラージの新しい専門家に教育を継続していくという形をとっていた。
オプション・トレーダーの小山は、アービトラージを延伸・拡張して、これらすべてを説明した。二〇〇三年七月、東京都銀座のイタリアン・レストランで、彼はそれまで何度も私と共有してきた彼のトレーディング哲学を、もう一度繰り返した。「人間の思考は順張り［単線的］。買って［持っている資産の価格が上がって］持っている人間は、［もっと価格が上がると期待して］相場が下がって評価がふくらむ。僕は違う。ポジション的に、『スプレッド』［アービトラージ可能な価格差］。……あんまり感情に訴えて行動することはない。経験してやってきたことを実直にやる。［必要なのは］やりとおすディシプリン」。しかし、その日、小山は自分自身のルールに忠実であることに失敗し、何が起きたのかを振り返った。

今日は、最悪のシナリオで始まった。考えていたシナリオ［通りに動いて］損を出した。……その次の行動が最悪のシナリオ。……後から考えると、ああしたらよかったと思うが……。自分が信じていたことを実直に行動［に移せばよかった］。今日はやられはやられ。ただ自分が想定していたやられ……日経225が九五〇〇円を超えるなんてみんな思っていない。［行使価格］九五〇〇円で［日経225の］コール・オプションをしこたま売っている［コール・オプションでは、日経225の価格が行使価格を下回れば、コール・オプションの売り手は、プレミアム、つまりオプション売却のための受取り価格を保持する。しかし、もし、日経225の価格が行使価格とプレミアムの合計金額を上回れば、その差額は買い手の利益になる。したがって、コール・

オプションでは、買い手の損失はプレミアムの支払いにのみに限られ、その一方で売り手の損益は可能性としては無限になる。」僕は［今日、］相場は大きく動かない。もし大きく動くとしたら上の方へ動く［だろうと思っていた。］……［もしそうなったら、行使価格］九五〇〇円のコール・オプションのパニック的な買い戻しが起きると思っていた。……［だから僕は］九五〇〇円の［行使価格の］コール・オプションを売っていた。……何が起きたかと言えば、寄り付き［その日の初の取引］からコール・オプションの買い戻しが始まった。……価格無視でパニック的に買い戻し。［これで］値段が歪んだ［こうして、小山が売っていたコール・オプションの価格は、彼の売買ポジションでの含み損を出した。］……僕のポジションは［株価指数先物取引で］ヘッジされていた。……でも、僕は［もっと売って］もう一度リスクを取りにいった。バッド・トレードしている人間、自分のポジションがいたんでいる人間は、相場が戻れば、損が減ると思ってしまう。損切りに人間の弱さが出る。サダム・フセインもそう。……クウェートから撤いていればよかったのに損切りできなかった。……『新・マーケットの魔術師』のなかにフセインの話し出てくる。「バット・トレード」って［シュワッガーが言っている］。

［Schwager [1992] 2005: 11-13］（二〇〇三年七月）

この日の取引に関する小山の反省には、職場でのインセンティブが欠けているという不満が添えられた。小山の会社は二年前から成果主義に移行していたが、小山の基本給は数年前と比べると三〇～四〇パーセント減っていた。小山は私に、ディシプリンを守りたくなるようなインセンティブをもはや得ることができず、仕事への興味も失ったと打ち明けた。

昔は夢も見ていた。……今もそういう気持はあるが、自分の限界がわかってきた。人間って生まれたときにその人の器が決まってくる。本当に成功する人は［その］器が大きい。……若い時は……探究心があった。でも記憶力が［低下して］、家庭のこともあって……人間は自分ができない理由をみつけたいもの。……［市場で］生き残っていくためには、探求心［を持たないといけない］。相場に対して真摯に向き合って、どこにエッジがあるのか見分けなければいけない。昔はそういうものに一〇〇パーセント真摯だったものが萎えてきて、それをエクスキューズ［言い訳］するために家庭が忙しいとか、給料が上がらないとか言っている。

同じ会話の中で小山は次のように言った。「人間の心の中にアービトラージが働いている」。小山によれば、彼の望みは、息子の成長を見守ることだけだという。小山がここでアービトラージを援用したことは重要だ。彼はアービトラージへの思い入れを維持しようとしながら、アービトラージという考え方を自分の心の中にある力として内面化した。小山はアービトラージの感性をアービトラージという彼の仕事に関与するための様式として用いたのだ。

アービトラージは、そのトレーダーたちの側がその永続性と終点とを見ようと繰り返した努力のうえに成り立っている。アービトラージにはその終わり（無裁定状態）と無限の延伸・拡張可能性との両方が前提とされている。私が言いたいのは、アービトラージの実践では、これら相反する観点をいかに持ち続けるかということに焦点が当てられているということだ。この作業こそが、アービトラージをアービトラージとして、アービトラージャーをアービトラージャーとして維持している。このことは、相反する二つの取引ポジションがひとつに収束してはじめて利益が生まれるという、アービトラージを支える関連した論理と共鳴している。

この関連した論理に内在する曖昧さによって、アービトラージは、また別の領域でこの論理を複製することが可能となる。別の言い方をすれば、アービトラージは、金融の外にアービトラージ機会を見つけようと反復されるこの努力をつうじてのみ維持されうる。しかし、このアービトラージの延伸・拡張可能性は、小山のケースのように、それが限界に達したとき、アービトラージそのものと比較の対象とされる何かの間で複製されることになる。

多田をはじめ世界証券のトレーダーたちのキャリアの軌跡が示すのは、職業上の終点と個人の私的な終点とがどのようにひとつに収斂されうるのかを理解しようとした彼らの努力である。私はここまで、終わりと永続性というアービトラージの実践者たちの二重の視点を繰り返し再現しようとしてきた。私の反復そのものが、自分の分析と対象との名ばかりの収斂を目指しつつ、この二重の視点を維持しようとトレーダーたちが重ねた努力を複製している［Miyazaki 2004b］。しかしながら、多田の事例をつうじて私が論じてきたように、アービトラージとその感性の延伸・拡張は、必ずしも収斂へは至らなかった。多田の途切れた夢のように、アービトラージの延伸・拡張はしばしばアービトラージそのものに対する疑念を生む。アービトラージとその二重の視点が、アービトラージを実践する人たちと私自身にとってどのように消えうるのか、そろそろ見ていくことにしよう。

第5章　最後の夢

二〇〇一年、青木は催眠療法クリニックのためのビジネス・プラン（事業計画）を作成した。この事業計画で青木は、日本の若者の間に多数の発生が報告されている、いわゆる境界性パーソナリティ障害に対する精神医学的な治療に、カルマ療法、すなわち前世回帰セラピーを取り入れるクリニックを提案している。境界性パーソナリティ障害は一般に、拒絶への恐怖による衝動的なふるまいとして現われ［Skodol et al. 2002: 936 参照］、日本の若者の自殺行動の原因の一つとして広く認識されてきた[1]。青木が提案したクリニックは、催眠療法の専門家である笹島が一九八〇年代後半から経営してきた催眠療法クリニックの隣に作られることになっていた。青木は事業計画でこの新しいクリニックの社会的意義について論じ、日本で受けることができる、境界性パーソナリティ障害を扱う既存の心理療法実践の問題点について概観している。彼はこの事業計画で、既存の方法はどれもこの精神障害に満足のいく対処ができないと言う。彼の見方では、境界性障害には、精神科医と心理療法医の協働が必要なのだ。この事業計画では笹島の取り組みを紹介し、彼が一五歳の少女の治療に成功した事例について詳述している。この患者は境界性パーソナリティ障害に苦しみ、何度もリストカットしていた。この事業計画には、このクリニックの財務的な目論見書と、このクリニックが提供するサービスのリスト、クリニックの建物の平面図に合わせた組織チャート図、さらにこの計画に関わる精神科医と心理療法士の簡単な経歴（その多くは名声ある大学病院に現在ないし過去に勤務していた）も書かれていた。

青木はこの文書を、日本の「ベンチャー・キャピタリズム・バブル」のさなかに作成したが、それはビジネス・プランというものがきわめて意義のある文章様式として浮かび上がった時期であった。パワーポイントのテンプレートにあわせて書かれた青木の事業計画は、日本のビジネスの世界でスタートアップ資金を確保しようとするのに効果的だと見なされつつあったプレゼンテーションの形式に従っていた。(2) 青木が事業計画を作成した目的は、彼の提案するクリニックへの出資を募ることだった。当初に明示された目標は二億円を集めることであり、それによってクリニックは開始二年目以降には年に四〜五〇〇〇万円の利益を上げるとされていた。

本書で取り上げてきた他の多くのビジネス文書と同様、青木の事業計画は彼の個人的な夢を金融の言葉遣いに翻訳しようとしていた。青木は長い間仏教とメンタルヘルスに関心を抱いていて、彼が一九九〇年代半ばに笹島に会ったのも、精神性をより広く探求しようという文脈においてのことだった。青木は私に、一九八〇年代末、彼が四二歳になった時に、もうそれまでのように一生懸命には働けないと気づいた、と語った。青木は二〇〇〇年二月に、以下のように振り返った。「[若い頃は] 何も考えることなく勢いで仕事をやっていた。……自分で体が動かなくなった。何かがおかしい。それまでの一〇年と同じように続かない」。この時点で青木は宗教に目を向けた。彼は仏教からヒンドゥー教、キリスト教に至るまで、様々な宗教について勉強した。そして彼は、すべての宗教運動は集団催眠からはじまると結論づけた。こうした気づきから彼は催眠術や催眠療法について調べるようになり、その過程で、週刊誌やテレビのワイドショーでしばしば取り上げられる有名な催眠療法家である笹島に出会った。

青木の精神性の探求は、完全に個人的なものというわけではなかった。一九八七年に世界証券に自己売買トレーディング・チームを設置して以来、青木は金銭的な目標と精神的な目標を同時に追い求められるような職場をつくろうとしてきた。青木にとって、ウォール街式のトレーディングを金銭的なインセンティブなしに日本の証券会社に導入するには、彼の言う「多様なモチベーション」の涵養が必要だった。実際に、青木は部下のトレーダーに金銭や金融に加えて何かもう少し「精神的」なものへの関心を追い求めるように促した。

［一九九二年に世界証券の］役員になった時、ファイナンシャル・レボリューションの中で［自分の任務は］従来の証券会社――［時代遅れの組織と主義に基づく］遅れた会社――から、金融自由化を生き抜ける会社に仕上げていくこと［だと考えた］。そのためには［この任務のための］スタッフを養成していかなくてはならないし、高いモチベーションを維持しないといけない。アメリカのウォール街［の会社］のようにできるとは思っていなかった。自分の貢献に対して得

られるカネを重視する人もいるし、もう少し知的なもの、精神的、哲学的なものを重視する人もいるし、そうした多様なモチベーションをもった人が招集したときに創造性［が生み出されると考えた］。（二〇〇一年八月）

こうした考えのもと、青木は部下たちに、シェイクスピアの『ヴェニスの商人』についての経済学者の岩井克人の著作（第1章で論じた）から、ジャーナリスト立花隆の『臨死体験』［立花 一九九四］まで、広範な書籍を紹介した。青木の勧めに従って、彼の部下のトレーダーたちは哲学的、精神的、さらには地球外生命に関わる事柄にまで知的な興味をもつようになった。

しかし、一九九八年に世界証券の経営陣はまったく異なる方針を採用し、ウォール街の投資銀行をモデルに、給与に関する業績主義を取り入れた。青木にとってこれは経営陣の「外人かぶれ」の表れであり、日本人には自分たちのビジネスのやり方があり、欧米流の方法を洗練させ、最終的にはそれを改善して敷衍することができる、という彼の深い信念に反するものだった。一九九九年、青木は抗議のため、重役から退いた。

青木と彼の部下たちの、精神的なものや地球外生命にかかわる事柄への関心は、新自由主義とニューエイジ・スピリチュアリティの親和性という、より広く見られる現象と一致している。ジェレミー・キャレットやリチャード・キングのような宗教学者は、彼らが『『スピリチュアリティ』言説の大衆化を通じた、現代の資本主義イデオロギーによる『宗教的なるもの』のひそかな乗っ取り」［Carrette and King 2005: 2］と呼ぶものに注意を引く。彼らの見方によれば、「資本主義スピリチュアリティ」は、一部の財界人が言うビジネス実践に宗教倫理を注入することではなく、むしろ企業や新自由主義のイデオロギーを支援する道具として「スピリチュアリティ」を流用することなのだ［p. 129, Lau 2000 も参照］。また、ニューエイジ・スピリチュアリティが日本の有名企業に浸透していることについても詳述されている。顕著な事例は、京セラの創業者である稲盛和夫をはじめとする財界人がスピリチュアリティを経営の核として積極的に支持していることや、ソニーが長年、超能力に関心をもってきたことなど多岐にわたる。日本の経済問題について多数の著作のある斉藤貴男は、著書『カルト資本主義』において、キャレットとキングの議論と似た批判を展開している。斎藤は「我が国の会社世界とオカルト主義の間には興味深いつながりがある」［斎藤［一九九七］二〇〇〇：二九二］。しかし斎藤によれば、スピリチュアリティの訴求力は、スピリチュアリティを「マインド・コントロール」の道具に使い、集団主義的な労働倫理を永続させようとする試み以外の何物でもない。斎藤は、彼が「オカルト資本主義」と呼ぶものは、個人や家庭の幸せの追求を犠牲にして高い生産性を追求してきた戦後日本の資本主義の新たな形式だとする［四四〇―四四二］。さらに斎藤は、企業スピリチュアリズムを、「権威主義」「エリート主義」「ナショナリズム」的な要素を内在しており、潜在的に「優生学的」だと鋭く批判する［四三三―四三四］。

青木が投資銀行業に代わる別のモードを見つけることにこだわったのは、スピリチュアリズムを効率的な管理に使うためではなかった［島薗 二〇〇七、中牧 二〇〇六参照］。人類学者の中牧弘允は「会社教」の研究のなかで、社葬から宗教性やスピリチュアリティを経営の核となる原則として積極的に擁護する財界人まで、日本の企業文化に深く根差した宗教性の多様なあり方について考察している。例えばパナソニック（かつての松下電器）の創業者である松下幸之助は社内に聖職者のような役職をもうけ、根源社という神社をつくっている。同様に、中小企業経営のカリスマ的コンサルタントである船井幸雄は『エゴからエヴァへ』という著作を出版したが、そこで船井は資本主義について黙示録的な見方を提示し、近い将来人生の原理が欲から徳に取って代わる時代が到来すると予測している［船井 一九九五、船井 二〇〇二も参照］。最終的に中牧は日本企業の「宗教的」要素が、株主を企業の所有者とする考え方などの多様な形式の経済原理主義に対する抵抗の源として役立ってきたし、今後も役立ちうるのだと主張する。中牧は、日本企業のこの側面は、企業の社会的責任の日本版の基礎に十分なりうるとしている［中牧 二〇〇六：一九八―二〇〇八］。

宗教学者の島薗進も、スピリチュアリティについての幅広い関心は資本主義への批判的な見方を生み出す可能性があるとみている［島薗 二〇〇〇、二〇〇七］。しかし島薗は中牧と異なり、こうした関心を日本特有のものと考えない。島薗の見方によれば、これは彼が「新霊性文化」と呼ぶ、スピリチュアリティへの関心を通した個人や私生活の変容や癒しの追求という、グローバルな現象の一部である［島薗 二〇〇七：四八―五〇、六三］。新霊性文化に対する島薗のアプローチは、ニューエイジ・スピリチュアリティやオカルティズムに対する他の、より主流のアプローチと重要な点で異なっている。島薗の見方では、「新霊性文化の勃興」は「社会の個人化」と「個人の宗教化」という同時的な動きに起因する［二〇〇七：三〇一―三〇六］。とりわけ島薗は新霊性文化をより広い日本の知的な歴史に位置づける。島薗は新霊性文化に影響を受けたり、このグローバルな現象に対して知的な正当化を与えようと積極的に擁護したりしてきた大衆的知識人が数多くいたと指摘する。(3) 島薗によれば、これら「霊性知識人」は冷戦後、広範な読者層を獲得した著作において、変革をもたらす批判の新しい源泉として日本や非西洋の宗教やスピリチュアルの伝統を提示することで、進歩的知識人に取って代わることに成功した［島薗 一九九六：二四八。加えてIvy 1995, Koschmann 1993も参照］。島薗はこうした知識人が一般向けの著作の書き手として成功を収めたことは、新霊性文化が日本文化に深く浸透したことを示しているという［島薗 一九九六：二六七］。島薗はこうした知識人が提示する批判的な見方がいかなるものかを明示的に示していないが、新霊性文化が資本主義に代わる生のモードになりうると示唆している(4)。

青木のトレーディング・チームの事例はこの両方の議論を実証するもののように見える。一方では、青木のもともとの目標は、物質的利得の追求のみではなく哲学的・精神的探求にももとづく、日本独自の金融のあり方を作りだすことにあった。青木の努力は、日本のトレーダーが欧米のトレーダーよりも道徳的に優れているという信念に基づく、ある種の文化主義的な想定を伴っていた。他方で、青木の野望は精神性に対するより広範で、大衆的な関心によって影響を受けていたのであり、青木自身、ウォール街の投資銀行家ですら盲目的に欲に駆り立てられているのではないと考えていた(5)。実際、ニューエイジ・スピリチュアリティは、ニューエイジ・ビジネス［Lau 2000］という意味でだけでなく、複雑性のような概念がビジネス経営理論、ニューエイジ的実践、そして科学的理論を同時につなぎとめているという点においても、ビジネスと緊密に結びついていた［Thrift 2005: 63-67］。

メアリー・プーヴィとマーク・シェルをはじめとする人文系の論者は、これらとは異なる観点から、歴史的かつ哲学的に、経済的なものと、社会的・文化的・神学的なものとの間に単純に境界線を引けないことを明らかにしてきた［Poovey 1998, Shell [1982] 1993a 参照。加えて Appadurai 2011, Comaroff and Comaroff 2000, Hirschman [1977] 1997, Maurer 2002b, 2005c, 2006b なども参照］。本書は別のルートを通って同じような結論に到達しようとする取り組みに見えるかもしれない。しかし、私の焦点は経済的なものと経済的でないものの間の隠れたつながりを暴き出すことにあるのではない。

本章の目的は、日本のビジネスの世界を、神秘的な疑似宗教やスピリチュアルな想像力と絡み合ったものとしてエキゾチックに描くことにも、島薗のように、スピリチュアリティとビジネスの収斂が世界規模で広まっていることをほのめかすことにもない。そうではなく、私の関心の中心は、相対的な視点に依拠するアービトラージという枠組みのなかで、経済的な概念・信念と、宗教的な概念・信念がどの程度まで並置されうるのかを検討することである。本章を貫く問いは以下の通りである。つまり、青木やほかの世界証券のトレーダーの精神的なことや地球外生命にかかわることへの関心が、どの程度まで彼らのアービトラージへの職業的な傾倒と、その拡張に関わる感性という観点から説明できるのか、ということである。これはアービトラージと同様に、二つの対立する見方を、将来的に収束すると予想しつつ保持するというある種の実験である。

この問いを実証的な具体性と深みを通じて探究するために、私は青木と多田の精神的なことや地球外生命にかかわることへの関心を、彼らの終点（市場の効率性、人生、資本主義の終点）を見ることへの傾倒と、金融取引と精神的探求の双方によって問題となる、そうした傾倒をとりまく曖昧さの観点から考察する。本章の実験は、ベイトソン［Bateson [1936] 1958］やスーザン・ハーディング［Harding 2000］、リーチ［Leach [1954] 1970］、マイケル・タウシグ［Tausig 1997］、エドゥアルド・

ヴィヴェイロス・デ・カストロ［Viveiros de Castro 1992］らによる、ある特定の場所固有のコスモロジーを援用して人類学的理論の限界を探る人類学的実験の長い伝統と異なるものではない。その目標は、青木と多田がアービトラージ、より一般的には金融によって培った感性が、彼らの個人的な夢と、精神的なことや地球外生命にかかわることへの知的関心を探求してきた仕方をどの程度まで説明するのか、あるいはそれと収束するのかを見定めることにある。言葉を変えれば、私の目的はアービトラージをアービトラージする可能性を探ることである。

私はいま収束を緩やかな意味で用いているが、これはジル・ドゥルーズとフェリクス・ガタリ、ブライアン・マスミらの哲学的著作によって影響を受けた人文学における情動的転回を意識している［例えば Deleuze and Guattari [1980] 1987, Massumi 2002 を参照］。とくに私が念頭においているのは政治学者のウィリアム・コノリーによるアメリカのキリスト教原理主義と経済原理主義の関係に関する分析である。そこで彼は、彼が「創発的因果関係」と呼ぶものの必要性を主張しようとする［Connolly 2005, 2008］。「政治においては、多様な要素が他の要素に浸透し、動的な合成物へと代謝する――かなりの程度融合された要素間の共振としての因果関係。ここにおいては、独立した要素の依存関係だった因果関係は、重合と相互包含の力に満ちた複雑体へと姿を変える。そこでは従来つながりのなかった、ないし緩やかにのみ結びついていた要素が、相互に折り重なり、曲がり、混ざり、乳化し、分解して、説明の古典的なモデルにうまく乗らない質的な複合体を作り上げる」［Connolly 2005: 870］。

コノリーの定式化は、マックス・ウェーバーが周知のようにその著作で探究した、因果律の問題化を思い起こさせる。『プロテスタンティズムの倫理と資本主義の精神』において、ウェーバーはプロテスタンティズムと近代資本主義を並置する。確かにウェーバーはプロテスタンティズムの倫理が近代資本主義の原因だと直接的に断定してはいない。せいぜい、「天職」という宗教的な概念が何らかの形で「適職」という世俗的な概念と労働倫理を生み出したと示唆しているだけである(6)[Swedberg 2005: 293]。ウェーバーの議論の正確な内容は激しい論争の的となってきたが、ウェーバーの方法論的な関心を支えているのは、因果律についての彼の複雑な理解の仕方であり、時にそれは「選択的親和性」という観点から表される(7)。

私がここで注目しているのは、そうしたつかまえにくい因果律が捉えようとする曖昧な連関や関係性、および曖昧さが説明を強力なものにするというパラドキシカルなあり方である。私は、曖昧さというものがある種の思い入れを要求し、また人間の合理性へのある種の希望を生み出すと主張したい[Battaglia 2006 も参照]。この後の記述は読者に、私が「経済的」と「非経済的」というカテゴリーを、あたかも因果律を通じて相互に結び付けられる別々の領域のように使用しているような印象を与えるかもしれない。だが私にはそのような意図はない。経済的なもの(ないし金融的なもの)と宗教的なもの(ないし精神的なもの)のカテゴリー的な対比は、アービトラージの操作において二つの潜在的に経済的に関連した資産ないしカネの流れを対置するという仕方の反復を意図してのものであり、この二つのカテゴリーの弁別を前提としたものではない。言い換えれば、こうしたカテゴリー的な構築物は、アービトラージ的な感性を自分の分析枠組に使うことへの私自身の関わりと、そうしたこだわりがどれほどまで持続可能であり、どのように消え去りうるのかを見定めようというのが私自身の努力の痕なのである。

出口無し

青木は事業計画を作成するにあたり、後継者である多田に助言を求めた。第4章で論じたように、多田は一九九九年に世界証券を去り、投資家の資金をプールし新興企業に投資する小さな投資ファンドに移っていた。二〇〇一年までに多田はビジネス・プランの経験豊かな評価者になっていた。多田は即座に、青木のビジネス・プランは潜在的投資家には魅力がないとはねつけた。「エクジット［出口戦略］がいけません」と多田は言った。言い換えれば、この計画は新規株式公開（IPO）について具体的な計画を提示していなかった。多田にとって青木の計画は漠然としすぎで、それゆえ投資提案書としてはリスクが高すぎた。

多田の批判を受けて、青木は笑った。「［多田にとって］株式公開……それが全て。彼がこの事業に懸念しているのは、医療法人は株式会社にできない。配当もできない。……自分の［多田の］関心事に入らない。エクジット・ポリシーありきだから……」（二〇〇一年八月）。

青木にとってこのプロジェクトは別の意味をもっていた。これは彼の「最後の夢」だったのだ。彼は単純にこのプロジェクトに非常にやりがいを感じていた。「これがあるから生きているというくらい」（二〇〇一年八月）。青木は一九九九年に世界証券を辞めてから厳しい状況にあった。彼は少しの間、信託業を専門とする世界証券の子会社の名目的な取締役を務めたが、すぐに辞めて新しく立ち上げられたインターネットベースの証券会社に入った。この会社に入った理由の一つは、彼が長い間、日本の証券市場における取引慣行を合理化することに関心をもっていたからだった。証券会社と機関投資家の間で私的に取引されていた地方債のように、証券に関しては公的な市場がない証券があった。青木の会社はそうした証券が公的に取引されるような匿名のオンライン環境を構築しようとした。しかし、大手の証券会社や市場関係者がこの会社がつくったオンライン市場への参加を拒んだとき、日本の金融市場を合理化しようという青木の新たな取り組みは潰えてしまった。

この挫折は金融のプロとしての青木にとって大変つらいものであったため、青木はしだいに金融に対する関心を失っていった。二〇〇一年の春、青木は過去三年にわたって赤字を出していたある資産管理会社の最高責任者になっていた。彼はその会社の再建を任せられていた。二〇〇一年八月に青木と会った時、彼はいつものように、まず彼の新しい仕事が焦点を合わせている金融の領域の現状についての短いレクチャーから会話を始めた。それ以前の二回はそれぞれ、日本における信託業の現状と、日本の地方債の現状のレクチャーが会話の端緒だった。今回の青木のレクチャーはアセット・マネジメントについてだった。彼は「日本の不幸のひとつは優秀な人材がアセット・マネジメントに行く環境を作ってこなかったことだ」と言ってレクチャーを締めくくった（二〇〇一年八月）。

しかし青木はすぐに、この新しい仕事にそれほど情熱を感じていないと付け加えた。そして「僕の『最後の夢』」は別のところにあると打ち明けた。そして「マーケットに対する興味は尽きないが、［人生の］最後にやることは違う」と続けた。青木の「最後の夢」は上に述べた、精神医学と催眠療法を組み合わせたクリニックをつくることだった。「何としても最後はこの仕事をやる。最後の仕事としてやり遂げたい」と青木は付け加えた。「［この資産運用会社を］健全化するために……全力を向けたい。[でも自分の心が]金融から離れていく[のを感じている]。金融でそれだけ自分の最後の仕事にしようと思えるものはない」(二〇〇一年八月)。

青木を催眠療法クリニック事業に乗り出させたのは、彼自身の一九七〇年代以来の日本の経済発展とその社会的帰結に対する観察だった。青木は一九六〇年代の学生運動を振り返って、「[その運動で賭けられていたのは]量の追求[経済的な繁栄という意味で]を求めるのか、[生活の]質を求めるのか。そういう選択の闘争だった。経済大国日本というとんでもない幻想[に行きついた]。あの時代に質を追求するチャンスがあった」と私に言った(二〇〇一年八月)。

青木は学生闘争の最後にはイデオロギー主導の運動に幻滅し、現実の社会を経験したいと思ったことを私に認めた。しかし彼は、一九七〇年代初頭に日本が量を選んだことで、現在、ひきこもり(一〇代の若者が他人と関わることを嫌がり自室に閉じこもるようになること)などの様々な深刻な社会問題に直面していると主張した。青木は、「今、これまでの形で解決できないものが出てきている。ここは[皆一緒になって社会を]変革しなくてはいけない」と言った(二〇〇一年八月)。青木は、日本に絶対に必要なのは新しい種類の催眠療法だと考えていた。言い換えれば、彼の「最後の夢」は、一九七〇年代初頭に彼自身がした選択を正す、資本主義のオルタナティブへの若き情熱をよみがえらせるための努力であった。彼にとってクリニックは、日本のもっとも差し迫った社会問題の一つである若者問題への効果的な解決策となるはずだった[Brinton 2011 や 玄田 二〇〇一、玄田・曲沼 二〇〇四、山田 二〇〇四などを参照]。

しかし多田の目から見ると、青木の見方は、市場をすでに去った人の見方なのであった。青木が催眠療法クリニックの経済的な利益に関心がないことがその証明だった。多田が出口の重要性を強調するのは、まさにアービトラージという考え方の表明であった。多田の見方では、表面上「無リスク」なアービトラージのように、提案している事業を行うのに投資を必要とするビジネス・プランは「後出しジャンケン」のようなもの、つまり外れのない賭けだった。アービトラージを実践する人は、出口が見えなければ、すなわち、そこから降りる（トーレディングのポジションを手仕舞うこと）可能性がなければ、ポジションを維持できないだろう。こうした推論からすると、青木の見方は根本的に異なっているように見えた。つまり、青木の考え方はある終わり＝目的からの、あるいは将来の収束点からの見方ではなく、すでに達してしまっている終わり＝目的にもとづくものだったのである。

青木にとって、出口をもつことに関わる多田の懸念、そして第4章で論じた「自己実現」という考え方への多田の個人的な関心は、彼の欧米の投資銀行文化への執着の表れ以外の何物でもなかった。

自己実現って何かわからない。この世の中で自己実現なんてあるかい？　そこは違う。……人間が仏教を勉強して悟りを開くことを求める。そして悟りなんか開けない［ことに気づく］。それと重なっている。自己実現とは何を意味しているのか？　そんなことができる世の中じゃない。そんなものできやしない。……［多田は］自己実現と言って一攫千金をねらっているだけ。財を作ってハッピー・リタイヤ。アメリカのハッピー・リタイア。それを自己実現だと言っている［に過ぎない］。……そんなのは自己実現ではない。

（二〇〇一年八月）

青木の多田への批判を支えているのは、信じることの本質に対する青木の深い懸念だ。青木は続けて、多田が金融の理論と技法を総体的に信頼していることを批判した。青木は、多田の過剰な信頼の例として、効率的市場仮説について論じたが、これは青木と部下のトレーダーが専門としたアービトラージ業務の基礎となるものである。もし投機家が市場の将来の方向への自分の見方にもとづいて賭けるとすれば、アービトラージの実践者は未来が何をもたらすかに関心をもたない。言い換えれば、アービトラージの感性を持つことは、賭け事をするという行為における信念とは異なる信念を持つことである。上述の通り、アービトラージ機会は無裁定という仮説的な状態――つまり価格の差がない状態――との関係で定義される。そしてアービトラージャーは、アービトラージ機会を探し利用することで市場を無裁定という状態にもっていこうとするのだとされる。こうした循環的な論理を支えているのは、仮定法的な信念である――つまり、アービトラージ（より厳密には無裁定という考え方）を信じている「かのように」ふるまうことである。

世界証券に設立されたデリバティブ・チームの軌跡を振り返るなかで、青木は一九八〇年代にニューヨークで、第1章で論じた「相対価値取引」という考え方に出会ったことを思い出した。ジョン・メリウェザーが相対価値取引について論じるのを聞いた時、青木は、日本の株価がもはやそれまでのように上がらないだろうから相対価値取引が日本でも必要となる、「そういう時代が来る」と思った（二〇〇一年八月）。この見立てを支えているのは、青木の、経済が成長し続けるという一般的な傾向のようなものを信じたりそれに賭けたりすることの限界への気づきである。

青木は、多田は行き過ぎだと考えていた――彼は本当にアービトラージと金融の論理を信じてしまったというのだ。彼のチームは量的方法と効率的市場仮説にもとづいてプログラム・トレーディングに打ち込んでいたが、青木の見方によれば、結局両者の限界に行き当たった。青木は私に、多田をはじめとする若いトレーダーには最初に市場の不可知性について強調しておいたと言った。「[彼らに言ったのは、]マーケットとのつきあい方を極めるということ」(二〇〇一年八月)。しかし青木は、自分が役員となって多田がチームのリーダーとなってから方針が変わった、と語った。そして、多田の指揮の下、チームは厳密な科学的推論を通じて、市場の究極的可知性をより強調するようになったことを示唆した。

もっと一般的な観点から言えば、青木のポイントは、何であれ単一の方法論を信じるべきではない、ということだ。「[この世界には]信じるに足りるものはない」、と青木は言う。

[みんな]何かを信仰しちゃう。信じちゃいけない。これは精神の世界も同じ。みんな信奉しちゃう。……森田療法が有効な人もいるし、そうでもない人もいる。[その有効性は]同じ人でも変わっていく。……[こういうふうに考えるようになったのは、]自分で失敗したから。[かつて]一つのものを信じて、あるときはよかったけれど、ひどい目にあった。[この世界に]信じるに足りるものはない。全てに距離を置いていないとだめという結論に達した。

(二〇〇一年八月)

ここで青木はニューヨークでのデリバティブ取引で損失をこうむったという苦い経験をほのめかした。

二〇〇〇年二月に世界証券の子会社でCEOをしていた青木を訪問した時、彼はオフィスの目立つ場所に掲げられているサイババの写真を私に示した。サイババは南アジアの聖者で、世界中にたくさんの信者のいる宗教的指導者である。彼はすぐにこの写真はサイババに会った人からもらっただけだと言い、弁解がましく「[自分は]サイババの信奉者でもない。そういう世界もあるかもしれないと考えるだけ」と言った。(8) そして青木は、高名な日本の禅僧である山本玄峰（一八六六―一九六一）による、無門慧開による、四八の禅の考案集「無門関」の注釈書について触れた。山本は無門関の冒頭にある「仏語為心宗、無門為法門。既是無門、且作麼生透。豈不見道、従門入者 不是家珍 従縁得者始終成壊」という文章を示しながら、禅宗ではひとはひとつの学派に固執しないと述べる。

この文章への注釈として、山本玄峰は以下のように述べる。

禅宗には門はないのじゃ。どこの宗旨でも、法華経では法華経八巻をよりどころとして、そうして題目は南無妙法蓮華経を唱える。真宗は三部経をよりどころとする。また華厳は華厳の四法界をよりどころとしておる。然るに禅宗にはよりどころはない。よりどころはめいめいの性根玉《しょうねったま》じゃ。……よりどころはめいめいの本智本能じゃから、それをやむを得ず曇らかしておる鏡を磨くのじゃ。

［山本 一九六〇：二―三］

青木が言いたかったのは、禅宗と同様、市場にアプローチする時には単一の見方にとらわれるのは避ける必要があるということだ。

しかし多田の見方からすれば、信じすぎているのは青木のほうであり、信じることは多田自身の世界との関わり方の様式ではなかった。多田自身、スピリチュアルなことやその他の超自然的なことにずっと関心をもっていた。彼は掌を通じて伝達されるといわれる力による癒し、レイキの実践を学んだことがあったし、それ以外の様々な癒しやリラクゼーションの仕方について学んでいた。特に多田は遠隔透視やUFO学など、時空間を超越する様々な技法についてたくさんの本を読んでいた。[9] 彼はヘミシンクとして知られる、人間の意識をコントロールするプロセスについてのテクニックを提供している組織モンロー・インスティテュートからCDを購入していた。このCDは、聴く人に、精神が覚醒したまま眠るという、チベット仏教の僧が何年も取り組んで実現できるのと同じ状態に到達することを可能にするのだという。この状態は表向き、過去を見ることと死者とのコミュニケーションを可能にするものである（二〇〇七年六月）。

しかし多田は、来世とUFO学についての彼の関心は宗教的なものというより純粋に科学的なもので、より広範な「真理の探求」の一部なのだと主張した（二〇〇七年六月）。多田のUFOや他の時空間を超越する現象についての関心は、彼が別種の終わりだと思ったもの――資本主義の終わり――と強い関係があった。彼の見方によれば、いったんUFOが飛ぶメカニズムが分かれば、資本主義のシステム全体は崩壊してしまうだろう。というのも資本主義は資源（とくにエネルギー資源）の希少性を中心に展開しているから、ということである。多田は、遠隔透視のようなテクニックは米軍やCIAによって実際に調査されており、そのトレーニング・マニュアルが公開されていると言った。多田は、アメリカは地球外生物から、石油無しでやっていけるためのさまざまなテクノロジー――UF

Oが浮いていられるのと同じテクノロジー――をすでに手にしている、と主張した[10]（二〇〇七年六月）。

青木も多田も、精神的な事柄や地球外生命に関わる事柄についてある曖昧さの感覚を保っていた。青木はいかなる信仰的な関わりも拒否すると明言していたが、金融的な世界と精神的な世界のあいだに、ある認識論的な並行性を見ていた。多田もこうした事柄に関わる様式としては信ずることを拒否していたが、金融、精神性、そして地球外生命をめぐる探究のあいだに収束点を求めることに没頭していた。

青木と多田の、精神的な事柄や地球外生命にかかわる事柄への曖昧なアプローチは、彼らがアービトラージにおいて涵養し維持しようとしてきたある種の曖昧さと共振する。第2章で論じたように、アービトラージャーである私の対話者たちにとってアービトラージは、現在のアービトラージ機会と、未来の、彼ら自身がその実現に手を貸すことになるアービトラージ機会のない無裁定の状態――アービトラージの終わり――の双方を視野に入れることを可能にする、仮説的な、あるいは「かのように」というような信仰にもとづくものであった。ある類似した曖昧な信仰が、金融の理論と技法へのトレーダーの傾倒と手を取り合って、人生の終わりや資本主義の終わりについての多様な見方を生み出してきたようであった。

青木と多田、それぞれの金融と精神的なものへの探求の関係はそれ自体も曖昧なものであった。青木と二〇〇〇年に話したとき、仏教と催眠療法をはじめとする宗教的精神的な現象への関心が彼の仕事とどう関わるかは全くはっきりとしていなかった。「家に帰ってみるとそういう世界［に没頭するが］、それがビジネスとどうつながっているのかわからない」（二〇〇〇年二月）。このことは青木がなぜ彼の「最後の夢」と彼の仕事を、いずれひとつになる世界としてではなくパラレル・ワールドとして捉えていたかを説明してくれる。多田にとってアービトラージへの関心は、精神性や地球外生命にかかわる事柄への関心と同様、ある種の真理の探求であり、そのなかで彼の関心は市場のメカニズムの理解に依拠していた。同時に、多田は時々、精神的探求を、利益を生む仕事に変えたいという欲望を口に出した。

この意味で、青木と多田の間の議論は、アービトラージがおびる二重写しの見方の別のかたちでの表れとして解釈できる。この二人のトレーダーの、精神性への相互の関心に基づく資本主義批判は、グローバル資本主義のただなかでの経済的なものと精神的なものの根本的に異なる出会い方を指し示す。両者のグローバル資本主義批判は、両者が既存の資本主義の可能性についての曖昧さの感覚を共有していることを示している。私の見方からすれば、彼らをつないでいたのは、二人の曖昧さへの持続的な関わりと、それに関連する、二つの対立する道筋、および将来のそれらの収斂についての見解である。

本章で提示した資料は、先に言及した、批判的想像力の源泉としてのスピリチュアリズムの可能性と限界についての島薗の観察とうまく合致する。青木の心理療法プロジェクトは、彼が金融の世界からの離脱の手前でとどまりながら、長年個人的に抱いてきた資本主義批判をより強いものにしている。同様に、多田の地球外生命への関心は、彼を陰謀論でしかないものへと導きつつも、彼に資本主義と人生の彼方にあるものを想像することを可能にするパラレル・ワールドの存在を示している。しかし結果として、両事例は、精神性を「マインド・コントロール」としても資本主義批判としても用いいない、いわゆるニューエイジ・スピリチュアリティあるいは新霊性文化のある特定の表れ方を照らし出している。

しかし、青木と多田という対照的な事例と、彼らの精神性への関心は、彼らが率いてきたトレーディング・チームの歴史に関する前の四つの章で提示した素材との関連においてのみ意義をもつ。この意味で、青木と多田の事例は、アービトラージとそれへの傾倒を延伸・拡張することで、彼らの精神性や地球外生命への関心を理解するための枠組みとして曖昧さを理解することの可能性を示している。青木と多田の間の議論はアービトラージ、そしてそれ以外の金融の理論や技法についても何も不変ではないことを思い出させてくれる。ここにあるのは、アービトラージャーたちの間の、何がアービトラージをアービトラージたらしめるのかについての継続的な議論だ(11)。

本章で私は、多田が論理的思考とアービトラージを「信じること」を青木が退けることについて論じてきた。青木はよいトレーダーであるためには何かを信じてはならないという。しかし、逆説的なことに、彼は、アービトラージはそれを信じている限りにおいてうまくいくとも言う。それに対し多田は、彼の論理的思考とアービトラージを「信じること」に対する青木の批判は、市場を出て行った者からの見方だと正しく指摘する。多田は自分の論理的思考とアービトラージへの「信仰」を、投機家の「信仰の飛躍」とは別物だと考えている。市場が不可知なものであるなかで、彼にとっては論理的思考とアービトラージだけが確実なものなのだ。言い換えれば、多田にとって信じることとは、トレーダーが、自分の行う取引を、投機だと見なしうると十分に知りながらも、あくまでアービトラージであって投機ではないのだと考えるなかに含まれるような信仰だ。

青木と多田の立ち位置の間の緊張関係は、アービトラージャーの世界との関わり方がはらむ、別種の二重の視点を示している。彼らにとってアービトラージは信じることと疑うことの共存にもとづいている。どちらかの極に近づくような動き（青木が多田の論理的思考の強調に見いだしたような）は、批判を招く。多田の逆批判も同じ論理に従っている。ここで見て取れるのは、アービトラージは、アービトラージへの条件付きの信仰と深い懐疑の間に位置する、関与の様式だということである。アービトラージャーはこうした曖昧さをアービトラージの可能性の条件だと考えている。とはいえこの相互批判は、彼らがアービトラージへの仮定法的な信仰を共有していることによってのみ可能になる。この信仰が消えるとき、この言い争いも消えるのだ。

アービトラージの終わり?

青木と多田はともに、日本の金融をめぐる状況の急速な変化と格闘していた。青木は次から次へと挫折を経験し、多田は経営状況のよくない企業を含んだ「第三者割当」のようなきわめて異論の多い投資実践に深く関わっていた。青木も多田も目の前の個人的な危機に心を奪われ、アービトラージをはじめとする金融の理論や技法はどんどんと後景に退いていった。二〇〇七年から二〇〇九年にかけての金融危機で、二人はますます、かつて習熟しようとしていたタイプの金融知識が役に立たないと感じるようになった。

青木の「最後の夢」は二〇〇五年までに深刻な障害に直面していた。青木に協力していた心理療法の専門家である笹島が発作で倒れたのだ。青木は二〇〇三年一二月に資産運用会社を辞め、小さな証券会社に移った。青木の新しい仕事は、不動産取引を含む投資スキームに関わるものだった。しかし青木は私に、二〇〇五年二月までに金融から足を洗うと決めていると言った。彼は自分が仏教でいう林住期（vânaprasthya すなわち森のなかに隠遁する時期）に入ったと考えた。彼は金融でのキャリアとともに、最後の夢も捨てようとした。「全部諦めようと思った」。しかし、結局、彼は金融の世界に残ることにした。「リタイアした人間に信頼はない」と青木は言った。二〇〇五年の春、彼は昔からの知人が経営している中規模の証券会社の自己資金投資部門に入った。「仕事をして社会の役に立っていこうという思いを今回はもちつづけられた。［二月に］もし辞めていたら、そういう思いもそこで潰えたんでしょう」（二〇〇五年六月）。青木にとって金融でのキャリアの終わりは彼の個人的な夢の終わりを意味していた。対立する二つの見方へのアービトラージ的な関与は維持されたようだった。

しかし青木は、二〇〇七年六月の昼食を取りながらの長い会話のなかで、ここ数年、遠隔透視能力で知られるある女性霊媒師に助けを求めてきたのだと打ち明けた。青木は一九九〇年代半ばに、笹島を介してその霊媒師と出会った。二〇〇一年にインターネット取引の会社が困難に陥った時、青木はその霊媒師を思い出し、電話をかけた。青木が状況を説明する前に、霊媒師は彼女の神に助言を求めると言った。そして青木に、その時彼が率いていた会社を諦めるよう言った。青木はその会社をたたむことを考えていたところで、虚を突かれた。青木は私に、その霊媒師がどうやって青木が仕事上直面していたトラブルを予見できたのかわからない、と言った。この経験によって青木は、その後、彼女により定期的に助言を求めるようになった。

青木が資産運用会社にリクルートされたとき、彼はふたたび霊媒師に電話した。彼女は青木に、この機会はそれほど実り多くないだろうが受けるように、と助言した。彼はそうした。彼はその資産運用会社を辞める直前に再び彼女に助言を求めた。霊媒師は即座に、青木が会社の誰かともめていることを見抜き、すぐに辞めて、その小規模な証券会社の職を受けるようにと言った。彼女は青木に、一つの機会を次に「つなげる」ことで進み続けることが必要なのだと言った。この助言で青木は気が晴れた。彼は「(この助言がなかったら)ずたずたにきづついていただろう」と言った(二〇〇七年六月)。新しい仕事のオファーがあるたび、彼は霊媒師に電話し、彼女は彼に、楽なものではないだろうが、そのオファーを受けるように、と言った。そして、しばらくの間気持ちが盛り上がるようなことは起きないが、機会が奪われることはないだろうと言った。青木は自分の人生を「仕事をつなぐ人生」だという(二〇〇七年六月)。だから青木は次々に仕事を受けるのをやめなかったのだ。青木の仕事と夢への意志を支えたのは、アービトラージと金融で培ってきた曖昧さの感性とそれに関わる収斂への可能性への感覚ではなく、霊媒師の後押し的な言葉だったのだ。

本書の冒頭のエピソードを思い出そう。二〇一〇年六月下旬に多田は、金融は「インチキ」であり、知識の間のアービトラージ――つまり、金融の本当の帰結を知らない人々をアービトラージすること――以外の何物でもないと断言した。多田はグローバル金融危機がアメリカのサブプライム住宅ローン市場の崩壊に端を発していることの意義についてコメントした言葉だった。多田のこの時の言葉には日本の非効率なシステムを「アービトラージする」という過去の強い意志を反映したものは何もなかった。彼自身を、アービトラージされる対象からアービトラージする積極的な行為主体へと変容するという可能性は消え失せていた。彼にとって、知識のアービトラージという意味での金融は、終わっていたのだ。

ある種の終わりを認めることは、別のタイプの終わりについての連想につながった。我々の会話は六本木のお気に入りのバーで交わされた。そのバーのもともとのオーナーはその年の前半に亡くなっていた。常連たちが愛情をこめて「ママ」と呼んでいたこの女性は、多田の私生活において重要な存在だった。彼がこのバーにはじめて行ったのは、彼の親しい女性の友人に連れられてのことで、投資銀行家であったこの友人はその数年後に自殺したのだった。新しいオーナーは、もとからこの店をひいきにしていて、そのまま店を続けた。しかし彼が出した料理を食べながら、多田も私も、「ママ」のきわだった上品さとホスピタリティがもう失われてしまったことをどれほど寂しく思っているのか、静かにおたがい打ち明け合った。

金、人生、そして死をめぐる、青木と多田の間の長い言い争いの軌跡は、金融に対する信仰——より正確には曖昧で仮定法的な信仰——がより広い部分で失われてしまったことを映し出している。彼らがかつて共有していたアービトラージの感性への傾倒は消えてしまった。仮定法的なものであったとはいえ、アービトラージへの信仰の喪失は、青木と多田に彼らの私生活や仕事における曖昧さの余地も失わせてしまったように見える。厳しい市況やグローバルな金融危機の影響に向き合うなかで、次第に彼らは自分たちを取り巻く社会の評価についてより決定論的になっていった。アービトラージの技法によってはっきりとした未来像とその不確かな信頼性という二重の見方をもてていたのだとすれば、アービトラージへの信仰の喪失は、何が既知で何が未知かについてのよりくっきりした見方を生み出したようである。

アービトラージの終わり、そして金融の終わりは、青木と多田以外の本書で取り上げてきた世界証券のトレーダーにも次第に明確なものになっていった。例えば、二〇〇七年六月、佐々木は過去の夢をこう振り返った。「夢をもちながらやっていた時期があった。……多田さんはあらゆるシミュレーションを可能にするような「その結果、市場と対話するトレーディング・マシーンを創り出せるような」環境をつくりだそうとしていた。皆そういうものを作りたいという感じで動いた」。

第1章で論じたように、佐々木は、日本のメガバンクの新しい職務で、デリバティブ取引の新しいチームをトレーニングすることで、彼の夢をもちつづけようとした。だが二〇〇七年までに佐々木は金融数学の論文を公表する夢を捨ててしまった。佐々木は私に、彼がかつて多田や他のトレーダーたちと共有していた夢が間違った方に向いていたことについて語るなかで、彼がかつての夢で求めていた、仕事と個人の知的生活とのある種の収斂は不可能であると分かったとほのめかした。これは部分的には、佐々木自身が日本の労働環境で見た変化のせいであった。佐々木は、日本の企業は社員の仕事と私生活を切り離そうとし始めていたと語った。

「バブル経済後、日本は」社会的に変わった。……日本の会社は昔は家族的なかんじだった。会社はプライベートにも入ってきた。「しかし今はもうそうじゃない」。昔はつまらない仕事を家に持ち帰るのがあたりまえだった。今はそれは情報の持ち出し「だと責められるだろう」。昔は他の部署の人も含めて［同僚の］住所録をもらって年賀状を出した。今は個人情報［で入手できない］。でも、プライベートの世界を会社の世界が分かれて楽になった。もろもろのものがあって世界が成立しているということ［を再認識した］。家で考えるべきことと仕事［で考えること］は違うということだ。

（二〇〇七年六月）

こうした分離の結果、佐々木は彼の知的エネルギーを、趣味の週末の数学の勉強へと転換した。佐々木は今でも社会に貢献するという夢はもっているが、彼の新しい夢は仕事から分断された。彼の野望は、彼自身のような勤め人が日々読書したり考えたりするのを「支援する」オープンソースのコンピュータ・プログラムの開発に向けられている。彼らが共有していた、比較可能な動き（価格、キャッシュフロー、仕事上および私的な知的関心など）の間の収斂を見いだそうというこだわりから生まれていた、アービトラージの感性と佐々木の過去の夢との間の共振は、消えてしまったようだ。

第2章と第3章で取り上げた、ヨーロッパの投資銀行で転換社債トレーダーをしていた田中は、二〇〇五年に退社を促された。彼がかつてジャズの即興演奏に例えた戦略は、転換社債市場ではうまくいかなくなっていた。二〇一〇年三月、過去を振り返って、田中は私に、自分がやっていたのは全然アービトラージではなかったと言った。彼の意見では転換社債の取引はむしろ、バスケットのエキシビジョン・チームであるハーレム・グローブ・トロッターズのパス回しのようなパフォーマンスなのだ。日本企業が発行する転換社債の市場は小さい。彼が数えたところ、市場にはわずか一〇〇人しか参加しておらず、ほとんどは投資銀行にいる自己売買トレーダーかヘッジファンドのトレーダーたちだった。二〇〇五年、転換社債は非合理的なほど高値がついた。トレーダーたちは「爆弾」（つまりある時点で誰にも売れなくなる）資産だと知りつつ、同じ社債をぐるぐる回すようになっていたと田中は言う。そして市場は突如崩壊し、田中は巨額の損失を被った。

田中は二年間次の仕事を見つけられなかった。結局彼は日本の証券会社に雇われ、株式部門の次長になった。転換社債市場での経験から、彼はアービトラージという考え方に幻滅していた。第2章で述べたように、田中はもともと自分が転換社債市場で関わっているのがアービトラージなのか投機なのか十分な確信がなかったが、今回はそこにあった曖昧さはなくなっていた。彼の見方では、アービトラージはフィクション以外の何物でもなかった。その代りに彼は投機を擁護しはじめ、株式部門の次長として、自分の自己資金取引の口座を持ち、それを使って投機家として株に賭けた。しかし二〇一〇年夏、会社は突如田中の口座を閉鎖し、彼のトレーダーとしてのキャリアは終わった。

他の人にとっては、アービトラージの終わりはもっと突然で、多少解放的なものだった。二〇一〇年三月、オプション・トレーダーの小山は会社の経営陣に、彼が管理してきたファンドを打ち切ると伝えられた。彼は退社したいか、アナリストとして別部門に移りたいかと聞かれ、答えを出すまでに二週間の猶予をもらった。彼は妻と将来について話し合った。妻は彼に、トレーダーとして働き続けたいかどうか聞いた。彼にはわからなかった。ある日彼は偶然、外国企業のオプション・トレーダーを講師とするワークショップ開催のメールを受け取った。突然彼は、そのオプション・トレーダーたちが自分より一〇歳かそれ以上若く、また一〇年以上にわたってオプション取引をしていることに気づいた。彼はそれまで全く年齢について考えたことはなかったが、トレーディングから引退すべきだという結論に達した。小山は「神の手」を感じたと私に言った（二〇一〇年四月）。彼のファンドの年間利益は四〜五パーセントで、このファンドのパフォーマンスの低さにストレスを感じていた。彼はファンドを閉じたかったが、自分自身でそのプロセスを始めることもできなかった。ファンドを閉じ、出資者に返金すると聞いたとき、小山はほっとした。彼の心の中のアービトラージャーは、自分では決心できなかったのだ。彼のアービトラージャーとしてのキャリアが唐突に終わるまで、アービトラージというメタファーを通して、彼の曖昧な信仰は持続していた。

おそらく世界証券のトレーダーの多くは、アービトラージという考え方と初めて出会い、それに興奮した時点ですでに、アービトラージの終点を予期していた。本書で繰り返し指摘したように、結局のところ彼らはアービトラージに「かのような」信仰しかもっていなかった。この意味で、アービトラージの終わりは避けがたかった。さらに、より一般的に言えば、アービトラージの実践者は、アービトラージが無裁定、つまりアービトラージの終点という考え方を前提としていることを知っている。アービトラージがもはや可能ではないという状況は驚くべきものではないが、しかし世界証券のトレーダーたちが最終的に自らを見出したのは、無裁定や市場効率性からは遠く離れた場所であった。ある観点からは、すべてはアービトラージのようだった。別の観点からは、アービトラージというものはなかった。そしてこの、二つの対立する視点を同時に視野に入れるということ自体が、アービトラージの一部だった。この見方を維持するには、アービトラージの感性への思い入れ、ないしそれを信じることが必要だった。しかしその可能性は、私の対話者たちにとっても私自身にとっても、急速に薄れていっていった。

第6章　アービトラージから贈与へ

世界証券のトレーダーたちにとって重要な発想の源となった『ヴェニスの商人』の分析を行った経済学者であり影響力のある知識人である岩井克人は、二〇〇〇年に刊行した『二一世紀の資本論』において、投機（スペキュレーション）と、その安定を覆していくような力を資本主義の中心に位置づけている。岩井は一九九〇年代後半に世界を揺るがせた世界規模の金融危機への応答としてこの本を書いているが、そこでまず一九九七年から一九九八年の東アジアの資本主義についての議論の重大な変化について検討している。岩井は一九九八年九月に起きたヘッジファンド、ロングターム・キャピタル・マネジメントの破綻は、東アジア経済に対する経済学者の見方を変えたと論じる。[1]「[ロングターム・キャピタル・マネジメントの崩壊ののち、] 金融危機の最大の要因を、東アジア経済の国内事情にではなく、世界中の金融市場のあいだで短期的な利益をもとめて資金をつぎつぎと移動していくヘッジファンドや国際投資銀行などの『投機活動』の行き過ぎに見いだすようになったのである。そして、それと同時に、それまで金融危機におおいに驚き、大いに戸惑っていたひとびとのあいだに、一種の安堵感がひろがりはじめたのである。経済学者であるひとも経済学者でないひともふくめてである。……その安堵感とは、金融危機をひきおこした真の『悪人』を直接名指すことができたことによる安堵感なのである。その『悪人』の名は、もちろん、『投機家』である」［岩井 二〇〇〇：一一］。

岩井はここでは文字通りのことを言いたいのではない。すなわち、彼の考えによれば、投機家は「スケープゴート」以外の何物でもないのだ。岩井は続けて、投機というものの本質について考察する。彼はケインズが『雇用・利子および貨幣の一般理論』で展開した、有名な美人コンテストのたとえに注目した。読者が読者全体の中の「平均的な意見」［Keynes [1936] 1997: 156］を選ぼうとする新聞の美人コンテストのように、投機は「予想の無限の連鎖」だとケインズは示唆する［岩井 二〇〇〇：二一］。ここから岩井は彼が「合理性のパラドクス」と呼ぶもの、つまり「個人の合理性の追求が社会全体の非合理性をうみだしてしまう」［二三］という傾向について論じる。岩井によれば、アジア通貨危機はそうしたパラドクスの数ある事例の一つに過ぎない。そして資本主義は投機の原則に基づいているので、資本主義は将来にもそうした危機を生み出し続けるだろうと、岩井は断言する［三三］。彼は金融デリバティブの発展は問題の原因ではなく、こうした永続的なプロセスの規模、射程、そして速度を増加させているだけだと主張する［二五―三一］。

ここですぐ岩井は読者に、一九九〇年代後半の金融危機のあとに「犯人」と同定されたデリバティブ・トレーダーは、市場経済の一般の参加者と必ずしも異なるわけではないことを思い出させる。彼の見方によれば、投機は、「安く買い、高く売る」［一一］ことであり、「市場経済にとってもっとも本質的な活動である」のだ［一三］。

岩井が、『ヴェニスの商人』の解釈において、価格差の利用——つまり、「安く買い高く売る」——を、商業資本主義の時代からの資本主義の基礎的な原理としてとらえていたことを思い出そう。そこにおいて岩井は、資本が自己増殖しようとするなかで異なる価値体系をいかに「媒介」するかに注目していた［岩井［一九八五］一九九二］。岩井は、二〇〇〇年の著作では、この同じ原理を**投機**と呼んだ。彼の見方によれば、市場経済に関わる人は投機家とならざるを得ない。「市場経済のなかでは、モノを生産することも、モノを消費することも、必然的に投機の要素をはらんでいる。……投機家とは、生産者や消費者に対立する異質な人種であるのではない。市場経済のなかで生産し交換し消費するすべての人間が、すでに全面的に投機家なのである。真の『悪人』はまさにわれわれ自身なのだ」［岩井二〇〇〇：一三］。

岩井の資本主義の理論にはアイロニックな傾向がある。彼の見方によれば、我々はみな投機家なのだから、我々は危機を生み出し続けることを避けられない。岩井は読者に、この「宿命」［六九］を認識し、受け入れるよう求めたが、それはかつての、資本主義による差異の搾取と抹消の結果としての、遠隔地交易商アントーニオの憂鬱に関する分析を思い出させる。

他方で、投機は金融資本への批判の主要な枠組みとして機能し続けている［Galbraith [1954] 1997, Harvey 1989, 2000, Henwood [1997] 1998, LiPuma and Lee 2004, Shiller [2000] 2001, Strange 1986 などを参照］。金融市場の批判的な研究がしつこく投機に焦点を当てていることは、世界証券のトレーダーや他の金融プロフェッショナルたちの、自分たちは投機家（スペキュレーター）ではなくてアービトラージャーだという主張への懐疑も含んでいる。この最終章では、世界証券のトレーダーによるアービトラージの哲学の拡張と、社会理論家による投機への批判的関与とを並置することで、アービトラージの実践者のアービトラージへの曖昧な信仰のより広い含意と、そうした信頼を資本主義の批判に向けて維持し続ける知的営為を解明しようとする。そのために、世界証券のトレーダーたちの読書リスト上の著作群に接近することで、彼らの知的営為をなぞるようにして、同時代の「考える主体」としての彼らと私を重ねてみたい。とくに、ここでは、岩井克人の著作に立ち戻り、彼の対話の相手である柄谷行人を紹介しよう[2]［柄谷・岩井 一九九〇］。文芸批評家であり哲学者である柄谷の著作は私の世代の日本の知識人のあいだに強い影響力をもっている。ここで試みたいのは、世界証券のトレーダーたちの考え方と私の考え方がどこで一致し、どこで分岐するのかを見定めることである。私はこれを、金融プロフェッショナルと、私のような人文社会科学者のあいだの可能な協働と対話の事例として提示する。そして、金融と人類学とそれぞれの方法論のあいだの関係について考察を加え、本書で表象し、捉えなおし、そして複製しようとしてきたアービトラージへの感性を用いて、そうした関係自体をアービトラージすることを試み、本書を締めくくる。

SALTO MORTALE

柄谷行人は、もともと一九九八年から二〇〇〇年にかけて連載され、英語でも二〇〇三年に『トランスクリティーク』として公刊された一連の論文において、資本主義への批判を再構築している。

柄谷はマルクスにしたがって、余剰価値の生産に信仰の瞬間――salto mortale あるいは「命がけの飛躍」――を見出し、そしてその瞬間に、対抗運動をさしはさむ機会を見いだしている。

岩井のグローバル資本主義に対するアイロニックな分析とは対照的に、柄谷は、ソ連崩壊後に共産主義を再建するためのプログラムを求めてカントとマルクスを読み直すという、より自覚的に規範的な課題に取り組む［島田・山城・柄谷 二〇〇〇］。『トランスクリティーク』において柄谷は、かつて資本主義の批判において慣習的に用いていたと自ら認める、脱構築《ディコンストラクション》やその他の理論的装置を退ける。その序文において、柄谷はマルクスを再考しようという衝動について詳しく述べる。

> 私が気がついたのは、ディコンストラクションとか、知の考古学とか、さまざまな呼び名で呼ばれてきた思考――私自身それに加わっていたといってよい――が、基本的に、マルクス主義が多くの人々や国家を支配していた間、意味をもっていたにすぎないということである。九〇年代において、それはインパクトを失い、たんに資本主義のそれ自体ディコンストラクティヴな運動を代弁するものにしかならなくなった。懐疑論的相対主義、多数の言語ゲーム（公共的合意）、美学的な「現在肯定」、経験論的歴史主義、サブカルチャー重視（カルチュラル・スタディーズなど）が、当初もっていた破壊性を失い、まさにそのことによって「支配的思想＝支配階級の思想」となった。今日では、それらは経済的先進諸国においては、最も保守的な制度の中で公認されているのである。(3)
> ［柄谷二〇〇四：七―八］

自身の理論的な方向性を再考するという柄谷の手口は、よく言われる資本主義のオルタナティブへの信念の喪失から発しているのではない［Harvey 2000］。むしろ、柄谷の知的な方向転換は、かつては資本主義に対するアイロニックな分析を生みだすのに用いられていた理論的装置を資本主義自体が流用することで、理論のもつ批判的な力が失われてしまったことに動機づけられている(4)。柄谷の努力は、批判を彼が「トランスクリティーク」と呼ぶもの、つまり「トランセンデンタル且つトランスポジショナルな」［柄谷 二〇〇四：二二］ものとしての批判を再構築することに向けられている。また柄谷は『トランスクリティーク』の序文において、「私は九〇年代に入って、特に考えが変わったわけではないが、スタンスが根本的に変わってきた。私は、理論は、たんに現状の批判的解明考察にとどまるのではなく、現実を変える何か積極的なものを提出しなければならない、と考えるようになった」［一〇］と述べている。とはいえ私の目的は、アイロニーの限界に気づいた柄谷やその他の人のプロジェクトを批判したり評価したりすることではない。むしろここでの私の目的は、批判の可能性に対する信念に基づく、ある種のユートピアの例を提示することにある。

柄谷のトランスクリティークの中心にあるのは、マルクスの価値形態論である。「価値形態における非対称的関係（商品と貨幣）は資本を生み出すが、同時にそこにそれを終息させる『トランスポジショナル』なモメントがあるということである。そして、それを活用することこそ、資本主義に対するトランスクリティークにほかならない」［四七］。柄谷は『資本論』の、価値の生産における信念の役割に関わる次のような文章にとりわけ注目する。「W-G。商品の第一変態または売り。商品体から全体への商品価値の飛躍は、私が別の所で言ったように（『経済学批判』）、商品の生命《いのち》がけの飛躍

[salto mortale]である。これに失敗すれば、商品のほうは打ちのめされはしないが、しかし商品所有者はおそらく打ちのめされる」(マルクス『資本論』第一巻第三章第二節a、鈴木鴻一郎他訳、岩波文庫、柄谷二〇〇四:二九五に引用)ここで柄谷は、「商品に価値があるかどうかは、このような交換の『命がけの飛躍』によってのみ確認される」[柄谷二〇〇四:二九五]と説明する。

ここで柄谷によるマルクスの言うsalto mortaleの解釈が正しいかどうかは私の議論にとって必ずしも重要なことでない。ここで重要な点は、柄谷の見方において、この「**命がけの飛躍**」の瞬間が、資本主義に介入する対抗運動のための機会を提示しているということである。とくに彼が議論するのは次の点である。「産業資本を存続させる剰余価値は原理的に、労働者総体が作った物を彼ら自身が買い戻すということにしかない。生産過程がどうであれ、流通過程において、剰余価値は実現されない。そこは、資本が売り手として『命がけの飛躍』をしなければならない場である」[四四三]。言い換えれば、「資本が自己増殖的であるために、一度必ず『売る』立場に立たねばならない」[三二三]。

この視点から柄谷は、消費者と労働者の運動を「価値形式における場所変換(トランスポジション)として見る」ことを主張する[四五〇]。

柄谷は「資本の自己増殖の運動は、いかなる危機を伴おうとも、自動的に止むことはない」[四五一]とした上で、この運動を止めるために、「生産—消費協同組合」を提唱し、さらに「協同組合のアソシエーションを拡大させるためには、資本に転化しないような代替通貨、そしてそれにもとづく支払い決済システムや資金調達システムが不可欠である」[四五二]と主張する。

最終的に柄谷は、彼が「アソシエーショニスト運動」と名付けたものを立ち上げるという彼自身の

「飛躍」をなし、この運動の基礎として地域通貨（Local Exchange Trading Systems: LETS）に目を向ける［四五三—四五五、柄谷二〇〇〇a も参照］。柄谷はこの考えに「一縷の望み」を見る［Karatani 2003 および柄谷二〇〇〇b］。柄谷は二〇〇〇年に、名高いポスト構造主義の哲学者である浅田彰やほかの思想家らとともに、NAM（ニュー・アソシエーショニスト・ムーブメント）を立ち上げる［柄谷二〇〇〇b］。『トランスクリティーク』はもともとこの運動に哲学的な基礎を与えようという彼の試みであった。だがNAMはその後数年で解散した。

　興味深いのは、柄谷がマルクスの価値形態論における「飛躍」の役割に注目していることである。柄谷によれば、マルクスを古典派の経済学者から隔てるのは、マルクスが商品を「綜合」として理解していることにある。「マルクスも、商品の使用価値と交換価値について語る。しかし、彼はそれを『綜合』として捉えている。いいかえれば、彼はその事態を『事前』から見たのだ。『事前』から見るとき、この綜合が達成される保証はない」［柄谷二〇〇四：二九一］。そして、柄谷は以下のように付け加える。「綜合的判断はつねにある飛躍をはらみ、危うい」［二九二］。ここにおいて柄谷はマルクスが商品交換において見たと柄谷が見立てる飛躍と、セーレン・キェルケゴールがキリスト教への信仰に見た飛躍を並置する[5]［二九三—二九四］。

　柄谷の見方では、資本の投機的な瞬間は別種の投機も要請する。そして、柄谷によればマルクスはそうした綜合を理解するのに必要な信仰の飛躍のアナロジーを通じて、商品に関わる信仰の飛躍を発見した。同様に、柄谷は資本主義を終わらせるという課題が、類似の投機的＝思弁的な飛躍を必要としていると考える。このことで今度は彼自身の別種の信仰の飛躍と投機（つまり「NAMの原理」に賭けること）につながるのだ［柄谷二〇〇〇b］。

岩井と柄谷の立場はユニークであり、同時にユニークではない。彼らはそれぞれ、古典派経済学――ジョン・メイナード・ケインズの『雇用、利益および貨幣の一般理論』［Keynes [1936] 1997］とカール・マルクスの『資本論』［Marx [1867] 1990］――の批判に立ち戻る。そしてともに、投機を批判の様式としながら同時に批判の標的に据える。柄谷の見方では、投機的な信仰の飛躍は、資本の再生産と同様、批判にとっても本質的なのである。彼らが共に持っているこの見方――つまり資本主義は終わりのない、あるいは永続的な運動だということ――は社会について理論を打ち立てようとする研究者たちに広く共有されている(6)［例えばWallerstein 1991］。岩井のアイロニックな姿勢は、一九八〇年代以降の資本主義批判において主流の立ち位置であり、柄谷のヒロイックなアクティヴィズムは左翼においてしだいにありふれた議論のモードになりつつある［例えばGraeber 2011］。

二〇〇七年から二〇〇九年にかけてのグローバルな金融危機を受けて、岩井と柄谷は彼らそれぞれの資本主義批判を見直した。一連のエッセイで、岩井はふたたびケインズの美人コンテストのアナロジーの妥当性を指摘し、現在の危機を資本主義の本質的な不安定性の表れとして捉えた。岩井はまた、現在の危機が、一九九七年から一九九八年の危機と比べて、人々のカネへの信頼を揺るがすという点でより深いところまで進んだと述べる。しかし結局のところ、岩井はこの危機が、一九二九年の大恐慌につづく、「第二の終わり」［Iwai 2011: 261］を示すにすぎず、自由放任資本主義の「真の終わり」［p. 262］ではないと考える。

この第二の終わりは本当に自由放任の真の終わりになりうるのだろうか？答えはおそらく「ノー」だ。人々の記憶は、とくに経済的な事柄については長続きしない。現在のグローバル経済危機によって巻き起こったすべての埃が落ちつき、より厳格な金融規制のルールと自由裁量型の財政・金融政策の助けで、グローバル資本主義はある程度の安定性を取り戻したなら、自由放任ドクトリンの信奉者は戻ってきて「見えざる手」に称賛を浴びせはじめるはずだ。歴史は繰り返すだろう、はじめは悲劇として、そして二回目もおそらく悲劇として。 [p. 261]

同様に、柄谷は、時に破滅的な危機に至る、資本（と国民国家）の「反復的構造」と資本主義の終わりのなさを強調する。そしてふたたびこの構造への対抗的な運動を取ろうとする［柄谷 二〇〇九］。これらの著作において、岩井も柄谷も、資本主義の終わりのなさについて強調する。

私は本書で、アービトラージの実践者たちの、アービトラージの終わりのなさとアービトラージの終わりの双方を先に見据えたふるまいを繰り返し描き、そしてそうしたふるまいの含意について考察してきた。アービトラージのもつ自己を抹消していこうとするあり方は、アービトラージを行う人たちの、終わりに向かうこの動きの認識を強化する。岩井や柄谷やほかの社会理論家にとっては、資本主義は永続運動の一形式であり、資本主義批判は同じように永遠に刷新可能な営為である。それと対照的に、私が本書で検討してきた世界証券のトレーダーたちは、つねに、彼らの専門的な仕事の終点が急ぎ足で近付いていることを意識していた。柄谷のプロジェクトが批判の可能性（つまり彼自身の仕事）を永続化しようとするものである一方で、世界証券のトレーダーたちは彼らにとっての「終わり」を想像してみることにきわめて積極的だった。これは、アービトラージに包まれた曖昧な信仰が、柄谷の言う信仰の飛躍と根本的に異なる点である。アービトラージの実践者はアービトラージ自体から一歩離れた所にいるのだ。

ここで佐々木が、のちに岩井が展開する投機の理論との対比で、岩井による『ヴェニスの商人』の解釈をアービトラージの理論として読んでいたことを思い出そう。本書を導く問いはこのようなものである——資本主義の原理を、投機と呼ぶのとアービトラージと呼ぶのとでは、どのような違いが生じるのだろうか？　さらに言えば、ひとが自分自身を投機家とみなすのとアービトラージャーと見なすのとで、どのような違いが生まれるだろうか？　そして、究極的には、資本主義の批判において、投機をモデルとするのではなく、アービトラージをモデルとすれば、それはいかなるものになるであろうか？投機が理論上、資本の永続的な動きを指し示すなら、アービトラージは、資本の動きの事例として永続的な反復可能性を示すと同時に、そうした動きの個人的・社会的な代償の事例としてその「終点」を指し示す。アービトラージが資本主義批判のモデルとして投機の代替物となりうる可能性は、この本質的なパラドクスにある。自己を抹消していくその傾向はおそらく、資本主義への関与の様態としての投機に対する、新鮮な代替物を提供する。

しかし、アービトラージの実践者たちのアービトラージについての考え方に関する私の観察においては、投機とアービトラージをそれほどはっきりと区別する必要はない。アービトラージを批判の様式として受け入れることは、その曖昧な信仰——次いでそれはアービトラージの概念としての根本的な不安定性と、そして（その実用的な有用性を損なうことなく）それ自体の否定をも示唆する——を受け入れることを意味する。これまで示してきたように、世界証券のトレーダーの多くにとって、アービトラージの感性は、アービトラージの終わりなき延伸可能性（他の場所でアービトラージをくりかえす可能性）とアービトラージの終点（それぞれのアービトラージという行為の始点であり終点である、「無裁定」――アービトラージ機会がない――という状態）とについての二重の見方に依拠している。これらのアービトラージへの二つの見方は共存し、相互に支え合っている。アービトラージはこの二重の見方を維持しようとする努力なしでは可能にならない。これはアービトラージを行う人たちの曖昧な信仰が要請する知的作業である。アービトラージの終点の曖昧さのおかげで、アービトラージャーたちは、彼ら自身の人生の目標や夢、ファンタジーをはじめとする様々な終わりや終点を想像することができる。こうした終わりや終点は、今度は、曖昧な仕方ででではあるが、彼ら自身のアービトラージへの思い入れを持続させる。

同様に、世界証券のトレーダーたちは、彼らのアービトラージの操作が投機の一種に過ぎないという可能性に気づいている。第2章で私はアービトラージと投機の関係性についての彼らの入り組んだ見方について検討した。一九八〇年代後半から一九九〇年代初め、株価指数のアービトラージの最盛期においてさえ、彼らはアービトラージと投機を区別しようとすることの難しさを認めていた。彼らはこの二つの間の微妙な境界線についてきわめてよく理解していたが、にもかかわらず彼らの取引がアービトラージであって投機ではないと主張した。

言い換えれば、資本主義の批評家が資本主義、そしてその批判という知的営為に投機のみを見いだしていたのに対し、アービトラージの実践者たちは彼らのアービトラージという操作のなかに、アービトラージと投機の双方を見ていたのである。私はこの二重の見方とその収斂可能性が、アービトラージを、単なる投機ではなく、アービトラージにするものであると論じてきた。さらに言えば、アービトラージは、それ自身の否定や消滅の可能性に開かれている限りにおいて可能なのだ。この意味で、世界証券のトレーダーたちが、アービトラージへの曖昧な信仰を維持するうえで直面するようになった困難と、様々な理由から彼らがアービトラージを最終的にやめてしまったことは、つねに曖昧な信仰自体のなかで予期されてきていたのである。

本書はアービトラージを行う人たちたちの、アービトラージの消滅（それぞれのアービトラージ操作が要請する無裁定という仮説的な状態ではなく、二〇〇七年から二〇〇九年にかけてのグローバルな金融危機、あるいはそれに関連したより私的な個人レベルの危機に伴うトレーダーたちの自己喪失感の強まり）への曖昧な信仰の可能性をあとづけようとする試みであった。私が目指したのはアービトラージの実践者自身による、アービトラージへの傾倒の軌跡において繰り返されてきた、予期と回顧を映しだすような記述を生み出すことにあった。

世界証券のトレーダーたちや金融プロフェッショナルたちのあいだでグローバルに共有された、ある時代の終わりについての感覚は、資本の絶え間なく創造し破壊する流れのなかのある一時点に過ぎないかもしれない。新しい世代の金融プロフェッショナルたちは新しいユートピア夢見る必要がある、ということを意味するだけなのかもしれない。しかしおそらくそれは本当に何かの終わりを知らせているのだ。これは資本主義の批判にとって、歴史が繰り返すのを見ようとする衝動を止め、自制する機会かもしれない。すべてはひとが世界に投機を見るかアービトラージを見るかにかかっている。そしてもしアービトラージの曖昧さを受け入れるなら、人は両方を見る。

本書において私はアービトラージ――金融において核となる考え方であり、理論的な構築物であり、戦略である――と、それが日本の金融市場と、ある日本の金融プロフェッショナルたちにもたらす具体的な影響についての分析を提示してきた。私の記述を繰り返しが多く、かつ入り組んだものにしたのは、私が、アービトラージやそれに関連する現象を探究する私自身の方法としてアービトラージを用いたためである。日本においてアービトラージを行うトレーダーがアービトラージの様々な要素を他の市場や人生の他の領域、あるいは他の時間的・歴史的状況に延伸する仕方を観察するなかで、私もまたアービトラージ（とその延伸可能性）を私の分析に延伸しようとしてきたのである。最後に人類学的な問題としての延伸可能性についての考察によって、本書を締めくくろう。

人類学と金融をアービトラージする

『フィナンシャル・タイムズ』のジャーナリストで、社会人類学者でもあるジリアン・テットは、ベストセラーになった二〇〇九年の著作『愚者の黄金』［テット 二〇〇九］において、クレジット・デリバティブとして知られる新しい金融派生商品の開発によって生み出された知的興奮を描き出している。デフォルト（債務不履行）リスクを取引可能な証券にパッケージし直す金融ツールであるクレジット・デリバティブはその後、二〇〇七年から二〇〇九年にかけての世界規模の金融危機の要因のひとつになった。テットは彼女の著書を、最初にクレジット・デリバティブをはじめた投資銀行家のグループのひとつであるJ・P・モルガンのデリバティブ・チームで「知的な面においてはゴッド・ファーザーの役割を果していた」［一二二］、ピーター・ハンコックについての語りから始める。「［ハンコックは］抜群に優秀な頭脳を持ち、金融のあらゆる分野の理解と実務に通じていた。周囲のあらゆる事態を複雑な知的パズルと考え特により効率的に資金を世界で動かすための理論を構築することを好んだ。部下についてはチームのパフォーマンスを最大限に高める方法を常に考えていた。何よりも好きだったのは、新しいアイデアのブレーンストーミングだ」［一二三］。

ハンコックは「利己的な短期的利益の追求ではなく、長期的視野に立った協調的考え方を促」すことで、実験的な精神と「チームワークの意識」を育てようとした［一二四］。ハンコックと彼のチームを駆り立てたのは、クレジット・デリバティブを通して経済が機能する仕方を変えようという「夢」だった。「クレジット・デリバティブによってJ・P・モルガンが、さらにあらゆる銀行が見事にリスクという重荷を調整できるようになり、長年のくびきから解放され、巨額の資金が動きだし、銀行業だけでなく経済を活性化する原動力となる」［八〇］。

しかし、テットの究極的な焦点は、この夢が最終的に世界規模の金融危機をどのように引き起こしたかにある。「ほかのあらゆるデリバティブと同様に、クレジット・デリバティブというツールはリスクをコントロールするする手段を提供するものであると同時に、リスクを増大するという機能もあった。すべてはどう使うか次第だ。後者こそ、ハンコックとその部下たちが追い求めた成果だった。一方、十年後に業界を席捲し、最終的に世界全体を金融危機に陥れることになったのは後者である」［四五］。

テットの見方によれば、出来事が後者の道筋をたどるのを助長したのは、金融プロフェッショナルや規制者たちのもつ、彼女が「サイロ・メンタリティ」（日本語では「『タテ割り』」主義」［三五五］）と名付けたものであった。アメリカ人類学会のニューズレター『人類学ニュース』に寄稿したエッセイで、テットは銀行員のサイロ・メンタリティを、彼女が社会人類学の博士課程の大学院生として調査したタジク人の村になぞらえている。「（タジクの村人のように）銀行員たちはしっかりと他から区別され、特有の文化的パターンと疑似言語（あるいはジャーゴン）をもつ集団としてふるまう。またタジクの村人のように、銀行員たちは概して堅い『サイロ』のなかで考えるように訓練され、その結果、彼らのシステム全体がどのように動いているかを見ることや、あるいは彼ら自身のレトリックや内的組織における矛盾を見いだすことが難しくなる」［Tett 2009: 6］。

テットは人類学的視点の今日的な意味は、こうした分析的な見方にだけではなく、より実際的な見方にもあると主張する。彼女の見方では、人類学は、「社会構造の様々な部分」［テット 二〇〇九：三五五］をつなごうという営為なのであり、金融市場とその規制についての現在の議論に、他とは違う貢献ができる――つまり、市場参加者のサイロ・メンタリティを乗り越えるという作業である。テットは『愚者の黄金』の終わりで、金融プロフェッショナルたちや彼らを観察する人々（経済学者、規制当局、その他）のあいだで「全体的」な見方が欠如していたことが現在の危機の原因だと述べる。「社会人類学が教えるのは、社会には真空状態または孤立した状態で存在するものは何もないということだ。対象が婚礼の儀式であろうと、トレーディングフロアーでの出来事であろうと、社会構造の様々な部分を結び付けようとする全体的な分析が欠かせない。……近年、規制当局、銀行関係者、政治家、投資家、そして報道関係者はすべて真に全体的な考え方をしてこなかった。それが我々全員に犠牲を強いることになった」[三五五]。彼女が言外に示すのは、金融プロフェッショナルは、より人類学的な、より包括的な見方を取り入れることによってサイロ・メンタリティから脱することができる、ということである。

私の本書での取り組みは、テットの、金融と金融市場の未来についての現在進行中の議論において人類学的、そして全体的な見方を取ることへの明示的で影響力のある呼びかけと響き合う。しかし、私の見方では、そうした全体的な見方のなかに何が含まれるかは単純な問題ではない。人類学的な全体論は、異種混淆的な起源をもち、一九二〇年代以降、より近年の人類学的なプロジェクトにおける部分性の称揚[例えばMarcus 1998, M. Strathern 1992]よりもはるか前から、激しい議論の主題となってきた[例えばBateson [1936] 1958, Benedict 1934]。

本書は、人類学の全体論についての逆説的により曖昧な見方に基づき、そのうえで金融プロフェッショナルたちにとっても、彼らを観察し批判する人々にとっても、より控えめで、しかしより現実的な目標を提供する。この全体論についての見方は、人類学のトピックの中でも最も活気があり、最も長きにわたって論じられている、贈与論に由来する。ここで問題なのは単に人類学という学問分野のなかの専門的な事柄ではない。むしろ、無知のもの、不可知のものへの人間の希望のありかと関わっている[Miyazaki 2004b, 2010b]。

本書で援用しようとする人類学的な全体論は、人類学の二人の創始者、ブロニスラフ・マリノフスキーとマルセル・モースによって提唱された類の全体論によって影響を受けている。マリノフスキーもモースも、経済学を批判するなかでそれぞれの全体論を表明しているが、彼らが書いた経済人類学の基礎的文献である、マリノフスキーの『西太平洋の遠洋航海者』とモースの『贈与論』は、根本的に異なる知的アジェンダを提示し、全体論について異なる見解を展開している。とはいえ私の見解では、両文献とも、全体論的なアプローチを援用するための方法として、深い曖昧さを前提に据えている［Osteen 2002 も参照］。

贈与という主題は金融市場から縁遠いものに聞こえるかもしれない、しかし贈与について省察する者は直ちに、与えるという行為がいかに巧妙なものになりうるかに気づく。人類学的な概念化において、贈与は人間経済のうちの小さな部分を表現するのではない。むしろ、それは人間の経済全体について特有の見方を表すのだ。

マリノフスキーとモースに遡る贈与の人類学の独創的な気付きのひとつに、贈与と商品とは、そして与えることと物々交換することとは、それぞれ簡単には区別されえないということがある。クラ交換――パプアニューギニア沿岸の島々のあいだの、貝殻の首飾りや腕輪のような儀礼的な物の循環――を、「民族学的事実の新しい類型」［Malinowski [1922] 1984: 510］として扱う際、マリノフスキーは神話と呪術に支えられたクラ交換と、より広範な他のもの、より日常的な交換の形式とが共存していることに注目する。さらに、「あらゆる種類の支払いや贈答品の完全な調査」［p. 176］において、マリノフスキーは「物々交換と単純な贈与のあいだにきわめて多くの変移や等級付けがあり、一方に取引、他方に贈与物の交換というように固定的な線を引くことは不可能である」［p. 176］と書いている。マリノフスキーの民族誌的分析の主たる効果は、与えることと物々交換することの間の、そして交換の日常的形式と呪術的形式の間の境界の曖昧化にある。

事実、贈与に関する中心的な人類学の洞察は商品に対する贈与の特殊性よりも、贈与の輪郭を確定することの不可能性にある。この不可能性は典型的には純粋贈与は可能かどうかという問いを通じて取り組まれてきた。贈与が負債を生み出し互酬的な行為を求める限りにおいて、純粋贈与は可能ではない［例えばLaidlaw 2000, Parry 1986］。クリス・グレゴリーらがずっと論じてきたように、贈与は純粋贈与という概念や、贈与と商品の明確な区別を前提とした見方からは理解することができない［例えばAppadurai 1986b, Gregory 1982, Parry 1986, Thomas 1991］。贈与と商品の境界はすぐに崩れるのだ。研究の長い蓄積は、贈与と市場やその他の取引との境界におけるさまざまな儀礼的・言語的操作に注目してきた［例えばKeane 2001を参照。Graeber 2001, Munn 1986も参照］。

今まで書かれた人類学の文献のなかでおそらくもっとも影響力をもつ、モースの『贈与論』においては、贈与というカテゴリーはそれ自体、最初から不可能なものとして措定されている［Derrida 1992］。モースはなぜ贈与は返礼されなければならないのかという問題を解くことに着手する。モースは、贈与というものは与え手の一部を伴い、それが今度は与え手のところに戻ることを要求するのだと主張する。もっと重要な点は、モースが贈与を全体的社会的事象として措定していることである。そこにおいては「あらゆる種類の制度が、同時に、かつ一挙に、表出されている。それは、宗教的な制度であり、法的な制度であり、倫理的な制度である――この場合、それは同時に政治的な制度でもあり、家族関係にかかわる制度でもある。それはまた、経済的な制度である――この場合、それは生産と消費の何らかの特定の形態を前提としている。あるいはむしろ、給付と分配の特定の形態を前提としていると言うべきかもしれない。その上さらに、これらの事象は審美的現象にも行き着くし、これらの制度は社会形態学的現象としてあらわれもするのである」［モース 二〇一四：五九―六〇］。マリノフスキーの、物々交換と贈与のあいだの「移行とグラデーション」の強調とそれほどたがわず、モースが特に注目するのは贈与の「ハイブリッドな」性格である――その内部に人格を含むモノとして、また利害関係があり、そして同時にないような行為として、など。ここでモースは贈与というカテゴリー自体の曖昧さを強調している。

マリノフスキーとモースの全体論はそれぞれの不完全性を批判されてきた。(7) しかし、マリノフスキーのプロジェクトをモースのそれと結びつけるのは、彼らの全体論への見解が生み出す際立った曖昧さであり、この点でマリノフスキーとモースは意図せざるかたちで、人間性への全体的な見方を提供するための方法を共有しているのである。(8) この曖昧さが、彼らに共通する贈与のカテゴリーへの分析的な傾倒に由来していることは重要である。この限定的な見方をとおしてのみ、彼らは拡大性と拡張性を見ることができたのである［Miyazaki 2006a, 2010a］。言い換えれば、彼らは、一連の鋭い分析的な対比（与えることと物々交換すること、贈与物と商品、贈与と契約など）が意図的に混同される、少しだけ引き延ばされた見方を通して、人間性の拡張された見方の兆候を提供しようとしたのである。これら人類学の創始者のプロジェクトの中心で作用しているのは不安定化の戦略だということができるだろう。皮肉なことに、全体的な見方は限定的な見方（つまり贈与）と、その限定性が維持できないことを示してみせることで、表現される必要があるのだ。言い換えれば、贈与の人類学は、贈与を、それが霧消する過程において明るみに出す実践なのだ。

マリノフスキーのクラ交換についての議論や、モースの贈与における人とモノの関係についての洞察のような、贈与についての人類学的洞察は、血液や臓器など人体の一部の寄付のような、与えることについての広い範囲の現代的な諸形態や、金融取引のような他の交換の諸形態に延伸されてきた。例えば、有名な編著『モノの社会的生活』の序章においてアルジュン・アパデュライはシカゴの商品先物取引と、マリノフスキーが研究したクラ交換を比較する。アパデュライの見方においては、この二つの「トーナメント」の形態のあいだには、「日常的な経済行動のエートスと対比的な競覇的で、ロマンチックで、個人主義的で、そしてゲーム的なエートス」[Appadurai 1986a: 50] の共有を含め、いくつかの領域において共通性がある。同様に、ひとは人類学的な負債についての理論を債務担保証券やその他の最近の、負債を取引可能な物に転換する金融技術の分析に延伸したくなるかもしれない [Graeber 2011]。しかし、贈与をより広い領域の現象に延伸しようという人類学的な衝動自体、金融のロジックに類似物を見出せると私は考える。

それゆえ、本書の分析は、市場と非市場の交換が連続したり断絶したりする具体的な場面ではなく、贈与についての洞察を金融市場に**延伸しようとする衝動**にこそ焦点を当てている。この衝動は、贈与することと自体が延伸の原理に基づいている、というマリノフスキーとモースの仕事以来よく知られた観察の複製物といえるかもしれない。贈与の延伸性に関する民族誌的事例は、島々の間のクラの交換システムについてのマリノフスキー自身の観察から、よく知られたモースのハウ——贈与を導き、その後与え手のもとに戻る「贈与の霊」——についての議論、ナンシー・マンのクラ交換のパートナーの「時空間的」経験、さらにはアンドリュー・ストラザーンやマリリン・ストラザーンらによる、相互に関連づけられた交換という出来事の分析に至るまで幅広い［Merlan and Rumsey 1991, Miyazaki 2005a, 2006a, 2010a, Munn 1986, 1990, A. Strathern 1979, M. Strathern 1988］。こうした延伸可能性にこそ、人類学者が贈与において見いだしてきた人間性の全体論的な見方の兆しがあるのだ。

本書において、私はアービトラージがもたらす際立った種の延伸可能性を描き出そうとしてきた。このアービトラージの延伸可能性は、ちょうど贈与の延伸可能性がいつも贈与としての分析・理論・概念という考えに翻訳されるように、分析の別のレベルにおけるカテゴリーの延伸可能性に翻訳される。いずれのケースにおいても見いだされる延伸可能性は、贈与が契約の概念の歴史［モース 二〇一四］あるいは知的交流［Sahlins 1972］に延伸されてきたように、延伸可能である。

振り返れば、本書はモースの贈与についての研究を金融の地平において再現しようという試みであった。私はそれを、モースの贈与や資本主義についての洞察を金融の分析に延伸することによってではなく、モースの贈与についての議論において――モースの研究が人類学や哲学やほかの学問分野において議論されてきた仕方においてのみならず――明示的にも暗示的にも見いだせる延伸の論理と延伸可能性の感覚を、アービトラージにおける延伸の論理と並置することによって行ってきた。私はこのことを、贈与に関する先行研究群の延伸可能な傾向を複製することを避けるため、本文においては暗黙的にのみ行った。

これは確かにやや「抽象的な」企てである。私は延伸可能性に、アービトラージの感性と同様に贈与の人類学における複数のレベルの分析において言及している。この、贈与の人類学を支える装置ないし技法への注目は、その着想を、マリリン・ストラザーンによる、モースを批判し、贈与を様々な種類の分析的効果を生み出すという課題に用いるという長年にわたる試みに負っている。『贈与のジェンダー』が力強く示しているようにストラザーンは、贈与物と商品の二項対立のような人類学的な道具（「慣習」ないし「美的な制約」）を再活用して、「人類学的な分析が、それ自身の美的制約の中で、どのようにラディカルに異なるように流れうるか」［H. Miyazaki 2009: 195］を示そうとする。ストラザーンの弟子であったアナリサ・ライルズはこの分析的な感性を、法的技法や理論のような他のツールに延伸してきた［Riles 2010, 2011］。本書において私は、金融の特定の道具や技法にそうした注意を向けることの持つ力の一端を示そうとしてきた。焦点を合わせたのは、アービトラージと贈与の間の関係性と、両者を区別する延伸可能性の違いであった。

こうした贈与とアービトラージの理解はテットが「サイロ・メンタリティ」と呼んだものに対して、彼女とは異なる人類学的な取り組みを指し示す。トレーダーを規制当局に結び付け、金融を経済及び社会的生活の他の側面と結びつけることで、金融市場の全体論的な見方を提示しようとする代わりに、私は「サイロ」的な考え方の周辺で何が起きているかに注目することを提案する。テットが描く、ピーター・ハンコックと彼の同僚が共有していた夢はその好例である。彼らの夢は、しばしばウォール街の投資銀行に帰属される、一種の短期的な論理的思考［Ho 2009を参照］を上回るものだった。より具体的には、テット自身が述べているように、ハンコックのチームは彼らの銀行の異なる部署をまたいで「横方向に」考えようともしていた。サイロ・メンタリティは、知的な興奮が生じたところへ飛び火して延伸され、チームへの忠誠心の感覚を活用し、一つの夢が共有されるに至った。こうしたサイロ的な考え方の内部でのいくぶんか延伸的で延伸可能な効果は、チームの革新を進めたのである。

それゆえ本書の目標は、贈与への注目が人類学の拡大的な考えや想像力をかきたてたのと同じような仕方で、上述のようなサイロ・メンタリティが拡大的で延伸可能な考えや想像力の源としていかに役立ちえたかについての証拠を見つけることにある。本書は、金融市場の包括的な見方（テットがこの語を使った意味で）を提示することを目指すものではない。その代りに、取引の周辺で作動するある種のサイロ的な考え方と、その延伸によって可能になりまた増幅される本質的な曖昧さを追おうとしてきた。この意味で、本書は、少しだけ広い探究の射程を提示するが、それは金融取引と投資という実践の中核に位置する曖昧さや、それに伴う拡大的で延伸的な考えへの注意深い着目によって可能になっている。本書はそうした曖昧さや延長可能性を、具体的な事例を通して思い出させようとするものとして企図された。そうした曖昧さこそが拡大的な考えや想像力のありかなのである(9)［Law 2004］。私は金融プロフェッショナルたちのサイロ思考が、狭く定義された金融やマーケットを超える延伸的な思考や想像力を生み出している具体的な事例に着目してきた。具体的には、金融の理論と技法の礎石であるアービトラージという特定のサイロ思考である。こうした事例は事態を根本的にひっくり返す契機にはならないかもしれないが、ここにこそ、より広い話し合い、対話、そして協働にさえ向かう潜在的可能性があるというのが私の主張である。

ダグラス・ホームズとジョージ・マーカスは、ホームズによる中央銀行について人類学的調査にもとづいた、一連の実験的なエッセイにおいて、「専門知の領域に分け入るための手段」としての「パラ・エスノグラフィック」というカテゴリーを提唱している［Holmes and Marcus 2005: 241］。パラ・エスノグラフィックとは「官僚的なエートスによって支配された実践のなかの、ある種邪道で周辺的な社会的思考――『逸話的なもの』や『誇大宣伝』『直感』のようなジャンルに入るもの――である」[p. 237]。本書はホームズとマーカスの導きに従って、金融の世界への似たような入り口を探ってきた。私の入り口はパラ・エスノグラフィックそのものではないが、アービトラージのような金融の理論と技法に内在するある種の概念的な延伸可能性と拡大性であり、それが長らく贈与のような重要な人類学概念のものだとされてきた延伸可能性や拡大性と類似していると考える。アービトラージと贈与の延伸可能性との間にある並行関係は、ある人びとには次なるアービトラージの潜在的な標的に見えるかもしれない。

本書は、一連の比較可能な視座を提示してきた。つまり、アービトラージと投機、普遍化の論理（貨幣、金融、合理性）と特殊化の論理（学習をはじめとする日本の組織知についての文化的な論理）、そしてアービトラージと贈与、である。ひとがそこにアービトラージ機会を見いだすかどうかは、そのひとがアービトラージを信じるかどうか、より厳密に言えば、アービトラージの曖昧さとそれに伴う延伸可能性を信じるかどうかにかかっている。

ここにおいて私は贈与の延伸可能性とアービトラージの延伸可能性を、その区別が崩壊してしまうという見方（両者をアービトラージする見方と言ってもよい）によって対置している。もしマリノフスキーとモースの贈与のカテゴリーの延伸――それぞれ、純粋な贈与から物々交換へ、そして贈与から契約の概念へ――が、贈与と商品の間の区別を、まさにその区別という枠組みのなかで溶解させる試みならば、本書もまた、世界証券のトレーダーによるアービトラージのカテゴリーの様々な延伸についての私自身の記述のなかで、アービトラージというものを溶解させる効果を生んできたように見える。

しかしこうした延伸の諸形式のなかには根本的な差異がある。贈与の延伸可能性が贈与をほとんど永遠の回帰点、そして理論的な着想とそれに伴うヒューマニズムの無尽蔵の源として残しておくのに対して、アービトラージの延伸可能性は、アービトラージの可能性を認識するのに必要な種の信仰とともにアービトラージが消滅するに任せる。アービトラージはそれ自体が可能となる機会を抹消しようとしているのだから当然なのだが、別の視点から見れば、アービトラージとアービトラージ機会はそもそも存在しない。

しかし、贈与というカテゴリーの延伸可能性が人類学に保証しているように見える人間の経済の実体性〔Polanyi [1944]1957, 1957 参照。加えて Dalton 1961, Gudeman 2001 も参照〕と、アービトラージというカテゴリーの延伸可能性が保証しているように見える金融市場の仮想性〔Carrier and Miller 1998b〕には、何かしら自明で、素朴で、無謀なものが潜んでいるようだ。おそらくそれは興奮と夢であり、それなしでは、本書も含めて、いかなる延伸もそもそもありえない。だからこそ、そうした興奮がしばしば様々な悪夢を生み出すにもかかわらず、思考や想像力や人間性をいくぶんか延伸し回復する場として、金融の論理とその延伸可能性がおびる興奮を再評価する可能性がある。

金融についてのこの延伸拡張された見方は、トレーダーたちの職業上および私的な知的軌跡において、金融の内的でも外的でもないある種の親近感を見つけ出すための空間を開く。確かに世界において金融プロフェッショナルたちのユートピア的な夢が持ってしまった、あまりにも大きく、しばしば呆気にとられるほど広大で不均等な影響力を理解し批判することは重要である。しかし私はこの空間においてこそ、トレーダーたちと彼らを規制しようとする人たち、そして金融プロフェッショナルたちと経済学者や人類学者のように彼らを客観的に観察しようとする人たちの間の、さらに言えば、繰り返される金融危機において人生が大いに左右される考える主体としての我々皆の間の、対話が可能になると考える。この意味で、私の記述は夢が悪夢に変わる物語ではなく、一つの夢が他の夢を潜在的に呼び起こす物語であると言える［Miyazaki 2004b も参照］。

世界証券のトレーダーのアービトラージとアービトラージの感性の延伸の軌跡は、金融取引の周辺における、思考の広がりや多様性を示すものであった。そうした思考の認識は次に、金融と金融市場の未来についての話し合いについての異なる枠組みを要請する。序章で言及したジョージ・ソロスの資本主義批判、また本章で言及したジリアン・テットの記述におけるJ・P・モルガンのデリバティブの専門家たちの思考は、内省的で再帰的な思考がいかに金融の世界において規範となっているのかを示している。本章の柄谷行人による資本主義批判の読解において私は、私の専門分野に少し近い分野で金融市場での私の対話者のものと並行的な、読解と反省の実践に関わろうとしてきた。

二〇一〇年七月、青木は私が東京で行ったアービトラージについての講演に参加した。その数日後、青木は佐々木と夕食をとり、二人はアービトラージとアービトラージのもつ感性についての私の分析について意見を交わした。彼らはなぜアービトラージが人類学者を引き付けたのか思案した。そして青木と佐々木はアービトラージの哲学的な含意について議論し始めた。青木の見方では、アービトラージは異なる価値システムの間の差異とその抹消についての「一般理論」を提示するものであった。アービトラージ同様、異なる文化や宗教的価値観は媒介されうるし、それだから異なる価値システムから来た人々はお互いを理解しうる。佐々木は少し意見を異にしていて、アービトラージは差異そのものを正しく評価する方法を提供するのだと論じた。彼の意見では、アービトラージの実践者たちは継続して新しい種の差異を探している限りにおいて、アービトラージ可能な差異がどこかに存在しているに違いないことを前提としている。それゆえアービトラージはそれ自体のなかに既知の差異を抹消する性向と、未知の差異を探し求める性向の両方を含んでいる。佐々木の視点からは、アービトラージの根底にあるのは、差異の存在は「自然」な状態であり、「人類の活力の源泉」であるという意識を涵養する可能性である（二〇一一年八月）。

青木と佐々木の議論はアービトラージに本質的な二重の見方を効果的によみがえらせた――つまり、彼らがかつてのアービトラージの実践において維持しようと努めていたアービトラージの終わりのなさと、その終点を同時に見すえることである。しかし本書を結ぶにあたってもっと重要なことは、青木と佐々木がアービトラージという考え方を、彼らが人類学的な問いだと見なしたこと、つまり文化的で宗教的な差異に関連する問いに結び付けようとした仕方である。これは単に、アービトラージのような金融の理論と技法への傾倒が、狭義の金融や市場を越える思考や想像力の着想の源となりうるということかもしれない。実際、金融の論理に内在的な思考や想像力の、一見すると奔放な広がりや延長可能性は、金融の理論や技法を我々の共通の未来へと再統合するために欠かせない基礎なのである。

とはいえ私にとって個人的にもっと重要だったのは、青木と佐々木の、私が彼らに抱いた関心を理解しようとする友好的な努力であった。会話のなかで、彼らは金融と人類学を効果的にアービトラージしたが、そのことは我々の長年の友情を明るみに出した。これは温かく、心を安らがせるような出来事だった。結局のところ、彼らの、そして私自身の、アービトラージという金融の技法と論理への傾倒を維持してきたのは、彼ら同士の、そして彼らと私の間の関係への思い入れだったのかもしれない。

金融人類学への序章

（1）　こうした競合的な時間の形式についての民族誌的な関心は人類学においてよく見られるものである［Gell 1992, Greenhouse 1996, Guyer 2007, Miyazaki 2004b, 2006a, Munn 1990, 1992, Robbins 2001］。典型的には、分析の焦点は、相互に交わる時間性のあいだの緊張関係や、ある特定のアクターによるそうした緊張を緩和しようとする創造的な試みに向けられる［日本に関する人類学から何人か挙げるとすれば、Bestor 2001, Kelly 1986, Miyazaki 2003, Yoneyama 1999］。

（2）　ここで私は、研究対象者自身がその世界を解釈し、分析し、モデル化し、理論化しようとする営為を理解とする人類学的な試みに関して、古典的なものと相対的に新しいものとをひとまとめにしている。人類学者はつねにある程度まで当事者の知識の型式や内容に関心をもってきたが、私がここで考えている試みは、人類学者と対話者の知識実践の並行性や近接性に対して明示的に注意を向けるものである［Bateson [1936] 1958, Leach [1954] 1979, M. Strathern 1988］。クリフォード・ギアツの解釈人類学は、解釈というものを、我々自身が暮らす世界についての共有する日常的な問題に何とか答えを見いだそうとする仕方だと捉えている［Geertz 1973］。ジョージ・マーカスによる、人類学の知識生産をもっと協働的にしようという試みもまた、人類学者とその研究対象者が問題と方法を共有しているという想定に依拠している［Marcus 1998, 2007］。

（3）　ブラック・ショールズ式は経時的なオプション価格付けについての式であり、オプションが原資産の取引によって正確にヘッジされうるという前提にもとづいて価格を決定する［Black and Scholes 1973 その他 Bernstein [1992]1993: 215-223, MacKenzie 2006: 127-138 も参照］。

（4）　金融についてのローカルなコンテクストを踏まえた説明は、グローバルな概念とイデオロギーのもつ、普遍的であり普遍化していくような力に対する異議申し立てを意図するものである。例えばトーマス・ローレンによる日本の地方銀行についての研究は、金融制度を文化的価値観との関わりで分析しようという初期の試みの一つである［Rohlen 1973, 1974］。同様に、エレン・ハーツは上海証券取引所の立ち上げ期の人類学的研究において、「株式熱」が上海の人々にとっていかなる意味をもつかについて厚い解釈を提示している［Hertz 1998: 71］。ハーツは上海の株式熱とアメリカやその他の市場での投機バブルとその崩壊とを比較し、上海の投機熱を中国の都市生活における様々な種類の「熱」との関わりで理解するよう提案している。

熱は、中国の都市社会の個人と集団の間の関係の特定の概念化に表現が与えられる瞬間である。……その強意の形式において、熱は力——（毛沢東や関羽のカルトに見られるような）善をなす力と、（清朝の妖術パニックに見られるような）人を傷つける力の双方——の神話的な概念化をふまえている。……熱によって、「平民」の間の差異は一時的に消え、「人民」を結び付ける共通性が儀礼的に浮かび上がる。熱は封建的生産体制を特徴づける「人民」と「国家」の間の対になった階級区分を実演する。［p. 81］

ここでハーツは、上海の株式市場バブルに付随する、ある特異な象徴的な意味を力強く示している。

（5）　こうした思考の道筋は、マリリン・アイヴィー、ヴィクター・コシュマン、酒井直樹らが展開してきた日本研究という地域研究的な枠組みに対する批判からそれほど隔たっていない［Ivy 1995, Koschmann 1996, Sakai 1997 などを参照］。しかし、私の関心は、普遍的に見える金融のロジックと、ある時代に特有に見える日本文化のロジックがどの程度まで代替的な説明枠組として現われるか、つまり、分析においてアービトラージ可能なものなのか、を探ることにある（第5章と6章を参照）。

（6）　これについてイマニュエル・ウォーラーステインの「ブッデンブローク家的現象」（トーマス・マンの一九〇一年の小説『ブッデンブローク家の人々』にちなむ）——そこでは「豊かな家の栄華の社会的パターンが、偉大な企業家から経済的な地盤固め、芸術のパトロンを経て、とうとう今日では退廃的な道楽者か快楽主義的・理想主義的落ちこぼれへと至るという、典型的な変遷の道筋が示される」［Wallerstein 1991: 137］——と比較してみると興味深い。このつながりに私の注意を引いてくれたハイアン・リーに感謝する。

（7）　私の世界証券への訪問は私の高校の後輩の父によって手配された。私ははじめ金融派生商品開発部門のトップに紹介されたが、その人が今度は私を多田に紹介したのである。

（8）　一九八〇年代の「ニューアカデミズム」についてのヴィクター・コシュマンの議論を参照［Koschmann 1993］。

（9）　日本の金融市場における知的興奮の役割についての本書の着目は、シルヴィア・ヤナギサコのイタリアの家族経営ビジネスにおける「感情」への注目と共鳴している。「ブルジョワ「経済的」活動は、あらゆる文化的に意味のある活動と同じように、それ自体歴史的に状況依存的な文化的プロセスである感情によって刺激され、可能になり、そして制約される」［Yanagisako 2002: 11］。

第1章

（1）　二人のソロモン・ブラザーズのトレーダーによる相対価値取引については三上・四塚［二〇〇〇］を参照。

（2）　岩井克人は一九七二年年にＭＩＴで博士号を取得、一九八一年に東京大学経済学部の教官に就任するまではイェール大学で教鞭を執っていた。著書には『不均衡動学』［Iwai 1981］、『貨幣論』［岩井 一九八三］、『二一世紀の資本主義論』［岩井二〇〇〇］、『会社は誰のものか』［岩井 二〇〇五］などがあるが、『ヴェニスの商人の資本論』［岩井［一九八五］一九九二］はとりわけ大きな反響を起こした。

（3）　岩井は『ヴェニスの商人』から以下の二節を引いている。

まったくどうしてこんなに憂鬱なのかなあ。われながらいやになるよ、君たちだって付き合いきれんだろうさ。

だがこの憂鬱ってやつ、どこで見つけてきたものやら、どうして捕まえてきたものやら、その素材たるや何、その生国たるやどこ、わからんのだよねえ。
おかげでこのとおり心ここにあらざる間抜けの奴《ヤツコ》、己自身を知ろうにもその正体は五里霧中。［一・一］
ぼくには世間は世間、それだけのことだ、グラシアーノ、ただ世間は舞台だからね、だれでも一役勤めなきゃならん、ぼくは憂鬱の役を演ずる。［一・一］

以下、本書において『ヴェニスの商人』からの引用はすべて大場建治訳［シェイクスピア 二〇〇五］によっている。

（4） 経済学者ヘンリー・ファーナムは著書『シェイクスピアの経済学』で次のように論じている。「『（ヴェニスの）商人』は単なる高利貸への批判以上のものを含んでいる。ここで展開されているのは、経済学における極端な自由放任主義についての議論でもある。シャイロックはある重要な一節で、『利得はほむべきかな、盗みさえしなければな』［一・三］と言っている。いわば彼は、夜警国家の立場を代表しているのである。巧妙なペテンが聖なる祝福を受けることは道徳的に問題ない。それが刑法を犯しているのでなければ」［Farnam 1931: 7］。

（5） スティーブン・メンツによれば「シェルのアプローチにあるリスクは、メタファーとしての交換と文字通りの交換を混同し、他方で前近代の文化において貨幣と人間を記述するために用いられていた言葉に付着していた余分な意味を無視してしまうという点にある。近代初期における経済の学の探求には常に複数の言説の痕跡が現れているものだ」（Mentz 2003: 179］。メンツによるシェルに対する批判は、文芸批評における経済学の概念の使用に関する経済学者ジャック・アマリグリオとデヴィッド・ルシオのコメントに依拠している［Amariglio and Ruccio 1999 参照。加えて Osteen and Woodmansee 1999: 12 も参照］。

（6） 岩井は戯曲から次の一節を引いている。

船が一隻トリポリに行っている、もう一隻はインド諸島。それに取引所での話では三隻目がメキシコ、四隻目が

イングランド、ほかにもあちこちとやたらに投機を散らばしているな。　［一・三］

（7）　ここで岩井は、以前シャイロックのことを金貸しだとして罵ったアントーニオがなぜ金を借りに来たのか、と問うシャイロックに対するアントーニオの応答を引用している。

これからもわたしはお前をそのように呼ぶだろう、唾を吐きかけるだろう、足蹴にもするだろう。
金を貸してくれるというのなら、友人に貸すとは
思うな、かりにも友情が、子を産まぬ金を友人に貸して、
利息という子を取ったためしがあるか。
それよりもお前の敵に貸すと思え。敵ならば、
万が一期限を守ることができなかったならば大きな顔で
違約金を取り立てられるだろう。　［一・三］

（8）　岩井はバッサーニオの言葉を引いている。

ベルモントにだね、豊かな遺産に恵まれた女性がいる、
美人だ、美人という以上に美人なのは
その美しい人柄だ。あるときぼくはその人の目から
声なき恋の挨拶を受け取った。
名前はポーシャ……
もとより彼女の魅力は広い世界にくまなく、いずこの岸からも灘たる求婚者たちが、東西南北四辺の風を帆に孕ませて
続々と現れる、彼女の横顔にゆれる

金髪はすなわち黄金の羊毛、
ベルモントの住まいはあまた冒険のイアソンたち。
ああアントーニオ、このぼくに彼らと
肩を並べるだけの資力があったならなあ、
ぼくには絶対ものにできる予感があるんだ、
きっと幸運をつかみ取ってみせるとも。　［一・一］

（9）　「しかるをもって肉を切り取る用意をせよ。
血は流すなよ、それに少なくても多くてもいかん、
肉は正確に一ポンド。一ポンドより
多く取っても少なく取っても、よいか、それが、
本おわずかの軽重の差、
たとえ微量の一スクループルの、そのまた二十分の一の差であっても、いや秤の目盛が
髪の毛一本の差でぶれようものなら
その身は死刑、全財産は没収」。　［四・一］

（10）　岩井はこの裁判における交換と、ジェシカとロレンツォの駆け落ちを「ユダヤ人社会とキリスト教社会という二つの共同体のあいだの錬金術的な交換のふたつのヴァリエイション」［岩井［一九八五］一九九二：四二］として並置している。

（11）　岩井はバッサーニオに対するポーシャの評価に注目している。

バサーニオさま、わたくしはあなたのご覧のままの、
ただそれだけの娘でございます。わたくしひとりのためでしたら、
これ以上の自分を望むなど、

そんな高望みはいたしません。でも
あなたのために、今のわたくしよりも百倍も立派でありたい、
千倍も美しくありたい、万倍も財産家でありたい。

［三・二］

ラルス・エングルによれば「この戯曲において、信用と負債、支払いと利益のパターンは、監査役のレポートのように正確に描かれている。そしてこのパターンを形作り、そこから利益を得ているのはシャイロックでもアントーニオでもなく、ポーシャその人である」［Engle 1986: 37］。

(12)「利潤が差異から生まれるのならば、差異は利潤によって死んでいく。……差異を媒介するとは、すなわち差異そのものを解消することなのである。資本主義とは、それゆえ、つねに新たな差異、新たな利潤の源泉としての差異を探し求めていかなければならない。それは、いわば永久運動的に運動せざるをえない」［岩井［一九八五］一九九二：六七―六八六］。

(13) ウォルター・コーエンは、シェイクスピアの戯曲の中で、『ヴェニスの商人』はもっとも多様な解釈を生み出してきたと指摘している。コーエンは、この戯曲が要請しているのは、「解釈することではなく、何がそれを解釈することを難しくしているかを発見し、それが一六世紀後半のイングランドの生活におけるある問題の兆候を示していると見ることであるものとして見ること。」［Cohen 1982: 767］だという。この問題を解明するために、コーエンはこの戯曲をイングランドとイタリアの両方の文脈に置く。アントーニオとシャイロックは中世的な封建主義と資本主義をそれぞれ代表しているというような、イングランドの経済史的観点からのよくある解釈に対して、コーエンはヴェネツィアの歴史からすれば「気前の良い商人でありキリスト教徒であるアントーニオと、しまり屋のユダヤ人金貸しのシャイロックの間の敵対心は、隆盛する資本主義と落日の封建主義の間の対立ではなく、むしろその逆のことを示している。これは、ヨーロッパで広く見られた、ユダヤ的な疑似封建的財政主義と、ローカルなブルジョアジーによる商業主義の間の闘争の一例として見られるかもしれない。そしてそうした対立では普通地元の力が勝つことになる」［p.771; Netzloff 2003 も参照］。

この戯曲についての経済的な解釈の主流の見方をひっくり返すことで、コーエンはそこに内在している決して折り

合いがつかない矛盾に光を当てる。「『ヴェニスの商人』の中で、イギリスの歴史は資本主義の恐怖を喚起し、一方でイタリアの歴史はその恐怖を鎮める。その一つが問題だとすれば、もう一つはそれに答え、それを包摂し、さらにそれを超越するものであり、戯曲はそこへ向かって突き進む」[Cohen 1982: 772]。だが、コーエンの議論の中心は、「(戯曲の) こうした表向きの動き、すなわち弁証法的な超越は、そのインスピレーションの主たる源泉であり、中心的な主題のひとつである社会的対立に相応しいものではない。『ヴェニスの商人』に優れているところがあるとすれば、それは、皮肉なことに、核となるところに、その劇中の一連の行為で提起されるジレンマに完全に満足がいくような解決法を提供することに失敗しているという点にある」[p.775; Danson 1978 も参照]。

(14) 同様に、二〇世紀初頭、東京の新興の株式取引所では、異なる決済日の同じ証券の間の価格差から、鞘取りと同じ方法で利益を上げていた株式仲買業者も存在していた[山一証券株式会社社史編纂委員会 一九九八:一九―二〇]。

(15) 同じように、経済学者マハムード・A・エル=ガマル(もイスラム金融の歴史を「シャリーアのアービトラージ」として記述している[El-Gamal 2006]。エル=ガマルは、「形式」への注視あるいはアナロジカルな思考を、「実体」への注視や経済合理性と対置させて、アービトラージと関連付けている[El-Gamal 2006: xii, 20-25 参照。加えて Maurer 2006b: 26-27 も参照]。同じように科学史家フィリップ・ミロウスキは、アービトラージについてそれが経済においても科学においても測定法として機能していると言っている。「市場において、多くの商品の価格は他の商品の価格との比較において示される。物理学において定数は他の定数との関係によって定義される。市場における重要な変数は利益である。そして科学的測定におけるそれは誤差である。市場において、どんなに遠回りしようと、商品の一連の取引において、最初と最後に取引される商品の数的な相対価格が同一であれば、交換にアービトラージ機会は存在しないことになる」[Mirowski 1994: 567]。

(16) スティーブン・グードマンは、フレドリック・バルトの古典的論文「ダルフールにおける取引の領域」をアービトラージについての研究として捉えている。この論文でバルトは、ポール・ボハナンがアフリカ経済の分析の中で定式化した「交換の領域」という枠組みに取り組んでいる[Bohannan 1955 参照。加えて Guyer 2004 も参照]。異なる二つの領域の間の価値のズレを狙った起業家活動が増大することに注目して、バルトは次のように論じる。「起業家たちは価値のズレが最大となる経済システムに活動を集中し、そしてこれらのズレから利益を得ることができるように複数の取引の間をつなごうとする」［Barth [1967] 2000: 158］。グードマンはバルトの記述を次のように解釈する。「現金利益を確保しようとするローカルの起業家たちは、自分たちのプロジェクトにコストのかからない労働力を動員しようとする。彼らは（伝統的なやり方で）自分の農園で働く労働者たちに、その労働力で作ったミレットから醸造したビールを提供していた。しかし起業家たちは、安価なミレットを購入し、安い労働力を使ってミレットよりも高い商品作物の栽培を行なう。ある一つの領域が、他の領域の価値を下げることによって成長し、利益は戦略的な交換や、異なる経済領域の間のアービトラージから得られる」［Gudeman 2001: 142, n20］。グードマンのアービトラージについての議論は、シュンペーターの起業家精神についての議論を経由した、利益、イノベーション、そして蓄積についての広い議論の文脈の中に位置づけられる。ここでのグードマンの前提は「アービトラージャーはイノベーターではなく、リスクと報酬の計算をするものである。イノベーターは価値を生み出すが、アービトラージャーは計算を通してこの価値の一部を集めるのである」［p.107］。より最近では、ジェーン・ガイアーが、ナイジェリアにおける支払いのスケジュールの例を挙げて、技術的に法的な「形式性」によって可能になる「一時的なアービトラージ」の広範な実践に注目している［Guyer 2004: 163-164］。

（17）　様式の問題についての民族誌的な注目は一般的なものになりつつある。例えばジェームズ・ファーガソンはザンビアの銅鉱山の事例において、彼の研究のテーマを「社会経済的変化が経済的下降とが出会い生じる混乱どのように概念化され、語られ、そして経験されるその様式」であるとしている［Ferguson 1999: 21］。

（18）　本書の記述は、アービトラージの概念が用いられる多様な用途、アービトラージの概念が異なったコンテクストで獲得する多様な意味、そしてアービトラージを用いる人の職業上の、個人的な、そして知的な軌跡の帰結を追っていくが、それはアルジュン・アパデュライやその他の論者が展開してきた「モノの社会的生活」のアプローチを想起させるだろう［Appadurai 1986b 所収の諸論文、とりわけ Kopytoff 1986 を参照］。しかし私がここで意図しているのはそうした理論的な枠組みを特定の事例に当てはめることではなく、むしろアービトラージの実践者の一人である佐々木の知の様式に密着して、彼が作成したハンドアウトの形成をなぞるということにある。

第2章

（1）　これは一九八九年三月に大阪証券取引所に導入され、一九九〇年九月に改訂された決済ルールに従ったものである［大阪証券取引所　二〇一一も参照］。

（2）　「二番底を探る展開か、日経平均、史上八番目の下げ幅――下値のメド三万七〇〇〇円も」『日本経済新聞』（一九九〇年一月二三日一六面）も参照。「株価急落、裁定取引、下げ拍車――先物・現物、リスク管理が課題」（『日本経済新聞』一九九〇年二月二二日三面）、「プログラム売買が下げ加速　東証、意外なもろさ」（『朝日新聞』一九九〇年二月二二日九面）、「活発化する裁定取引（一）―（六）」（『日本経済新聞』一九九〇年二月二三日二〇面、二月二四日一六面、二月二七日二〇面、二月二八日二〇面、三月一日二〇面、三月二日一四面）、「株価大揺れに投資家あ然　ため息と恨み節の兜町」（『朝日新聞』一九九〇年二月二七日三面）、「日経平均、史上二番目の下げ――終値二八〇〇〇円割れ寸前」（『日本経済新聞』一九九〇年四月三日一面）などを参照。宮崎（一九九二：二〇〇―二〇一、二〇四―二一一）も参照。

（3）　日本における株価指数裁定取引をめぐる論争について、金融経済学の大家でありノーベル賞受賞者であるマートン・ミラーは次のようにコメントし、海外の会社が日本の高額な手数料をアービトラージしていると指摘した。

> 証券仲介業者が株式を売買する手数料のコストがより高い場合に限り、普通株の取引手数料は、株価指数先物の取引手数料よりも高いことが想定される。しかし日本のＭＯＦ（大蔵省）が株式売買手数料を高いままに固定し仲介業者カルテルを維持しているおかげで、株式のリスク分散型ポートフォリオを組んだり、それを調整するために顧客にかかるコストは、先物に比べて、現在のアメリカのレベルである三、四倍どころか、三〇―五〇倍にもなっている。つまり海外の顧客にはより割高になっているのだ。しかしもちろん東京証券取引所の会員となっている海外のアービトラージ業者にとってはそういうわけではない。会員は手数料を支払うことなく直接株式を買うことができ、また日本の一般投資家に先物を売ることでリスクヘッジすることもできる。理論的な現物価格の上にかなりのプレミアムを乗せて計算される先物契約は、日本人の投資者にとっては、取引手数料を満額支払う直接の株式購入に比べまだ買い得なのである。
> ［M. Miller 1997: 31-32］

（4） ハルはその教科書の改訂版において、アービトラージの定義から「リスクのない」という語を削った。しかしその定義の全体のニュアンスは変わっていない。「アービトラージとは、同時に二つかそれ以上の市場における取引に参加することによって利益を確保することである」［Hull 2000: 14］。

（5） アービトラージと投機について、そのリスクへのアプローチという側面から対置し比較することは、金融市場についての著作において長い間行われてきたことである。例えば一九世紀の終わりにヘンリー・クロスビー・エメリーは、「少なくとも証券の場合においては、アービトラージは投機とはまったく異なる。仮に同時に両方の価格を実際に知るならば、一つの価格において買って、もう一つの価格において売るということにはリスクがなく、それは投機とは呼ばない。単なる交換である」［Emery 1896: 138］。同様にマックス・ウェーバーもアービトラージを厳密な計算に基づいた取引であり、それゆえ理念的にはリスクがない取引だと特徴づけている。「『アービトラージャー』は、ある特定の瞬間より安く買える場所で買い、同時により高く売れるところで売ることによって利益を得ようとする。それゆえに彼のビジネスは数字計算の純粋な例である。厳密な計算が行なわれていればそこにリスクはない。しかし、求めている利益と取引の量を比較してみると、相対的に利益のチャンスは控えめである」［Weber [1924] 2000: 344-345］。対照的に投機は「純粋で単純な計算の一例ではない。それゆえその成功が特定の財の価格が期待したとおりに変化することにかかっているのである。そして投機者はそこに潜在的にかかわってくる様々な状況の変化も勘案に入れなければならない」［Weber [1924] 2000: 345］。

（6） 例えば、組織化された証券取引の提唱者は、投機が価格を安定させ取引所での取引をヘッジ目的の取引にも有用なものにするという議論することによって、投機をギャンブルから区別した［例えば Crump 1874, Huebner 1910, 1911 を参照］。ギャンブルと投機の違いについては長い論争がある［Brenner 1990: 90-112, de Goede 2005: 47-85, Lurie 1979 などを参照］。

（7） ＬＣＴＭの取引戦略に関するいくつかの異なる擁護論についてのニュアンスに富んだ議論については、デ・フーデ［de Goede 2005: 135-137］やマッケンジー［MacKenzie 2006: 218-242］を参照。

（8） ここではボラティリティは、ある転換社債の原資産である株式について将来的に予期される価格の変動の指標として機能する。ボラディリティの計算は、転換社債のアービトラージにおける重要な過程の一つである。

(9) リーチの仕事は、構造機能主義社会人類学における社会システムの類型化への批判の一部を構成している。「社会人類学における均衡理論はいったんは正当化されたが、それは現在ドラスティックな修正を必要としているというのが私の意見である。もはやわれわれは固定化されたシステムの類型論を立ち上げようとすることだけで満足することはできない」[Leach [1954] 1970: 284-285]。リーチは、そうではなく「実際の社会はすべて時間的過程の中にある」[p.5] と見て、このダイナミズムを捉えようとした。「人類学者は、形而上学的な一般化を退け、変化の渦中にある社会システムの分析のための方法論を展開することが可能であると考えている」[p.285]。この目的を果たすために、リーチはハンス・ファイヒンガーの著作『かのように』の哲学」[Vaihinger [1924] 2000] を引き、構造機能主義から派生する生態的なモデル化のモードについて、それらが「かのような」モデルにあたるのかどうかを検討する議論を、再展開する。「社会システムは自然に安定的であるとは必ずしも限らないという率直な認識は、構造に捉われた社会人類学者にすべての伝統的な分析の道具を捨てろと迫るものではない。というのは、科学的フィクションを使い続けること自体は正当化されることだからである」[Leach [1954] 1970: 285]。言い換えるならば、リーチにとって、これらのフィクショナルなモデルは、社会を動的なプロセスとして描き出すという目的のための、単なる手段に過ぎなかった [Riles 2004a, 2010, 2011]。

(10) 信じることと疑うことがデリケートに関係していることは驚くべきことはない。ターニャ・ルーマンが現代の妖術実践についての民族誌の中で書いているように、人々は呪術を、それが本質的に非合理的であると知っていながら、信じている [Luhmann 1989]。おなじように、アービトラージャーはアービトラージという取引手法を支えているある種の合理性について、それを信じることが非合理的であると知りながら、信じている。

(11) ここで私が特に着想を得たのは、一九七〇年代後半から一九八〇年代前半の日本の地方において合理性の追求とノスタルジアが相互に関連しながら生成され共存した過程に関するウィリアム・ケリーのエレガントな分析である [Kelly 1986]。

(12) 多くのトレーダーが青木の市場観を継承していたが、青木に言わせれば、そのうちの幾人かはそれを拡張しすぎたという(第5章を参照)。

（13）　トレーダーの個人情報を守るために当該記事を引くことは控える。

（14）　青木や佐々木、その他の業界内部の人々による抵抗にもかかわらず、一九九〇―一九九二年にかけて一連の規制法案が施行された。先物取引で要求される証拠金は一九九〇年八月二四日に九パーセントから一五パーセントに、一九九一年一月三一日には一五パーセントから二〇パーセントに、さらに同年六月二七日には二〇パーセントから二五パーセントに、最終的に同年一二月一八日に三〇パーセントまで上げられた。しかし皮肉なことに、この時期は日経２２５先物市場にとってはもっとも投機的な取引が行なわれた期間となった。一九九一年の日経２２５先物契約の取引件数は二一六四万三千件に上り、取引の額面は五三六兆七三〇〇億円に上った（このデータは、一九九八年一〇月に大阪証券取引所から提供された情報に依っている）。さらに株価指数先物は継続的に高値を付け、多くのトレーダーの見方からすれば、アービトラージ機会に溢れていたという［東京証券取引所　二〇〇二：六六五―六六七］。

（15）　「指数の選択、市場に任せよ　人為的な移行は弊害招く　蠟山昌一大阪大教授に聞く」『日本経済新聞』一九九二年一二月二三年三面）。

（16）　同記事参照。

（17）　スティグリッツは著書『フリーフォール』を以下のように書いて締めくくっている。「我々は［金融危機を］市場と国家、個人と共同体、人間と自然、手段と目的の間のバランス感覚を立て直す機会と捉えるだろうか。今、我々は、それぞれの個人が自らの大志を満たし、自分の可能性を生かせるような、共有した理念と価値のために生きる市民を作ることができるような、そして長期的に必ず要請されるような敬意をもって、我々の惑星に向き合う共同体を作ることができるような、そういう社会を作り出す機会を与えられている」［Stiglitz 2010: 296-297］。

（18）　曖昧さと曖昧にする技法については多くの人類学的分析が蓄積している［Battaglia 1997, Brenneis 1986, Keane 1997, Miyazaki 2004a, 2004b などを参照］。

第３章

（１）　例えばシカゴのデリバティブ・トレーダーについての文化人類学的研究で、ケイトリン・ザルームは、トレーダーたちの「疑似宗教的な」ディシプリンという概念への傾倒に注目する。

ディシプリンは倫理的なシステムであり、かつ利益を上げる戦略である。それは市場に深く関与することと市場に説明責任を負うこと双方の方法である。トレーダーはディシプリンを維持することで、市場において行動することの危険を和らげる。……市場との関係において謙虚であるためには、成功は危険なものになり得ることを認識しなければならない。市場についての格別の知識や市場の秘儀へのアクセスがあることを主張すれば、その報いを受けることになる。市場と関わる自己の能力に対する基本的な自信と、復讐を引き起こすような傲慢さの間には微妙な区別がある。ディシプリンを身につけたトレーダーは、市場が傲慢なトレーダーの稼ぎを奪い去ることを知っている。損失はディシプリンが崩れることへのペナルティなのだ。[Zaloom 2006: 139]

（2）　この本の続編でシュワッガーは以下のように書いている。「ディシプリンが決定的であることについて、二つの基本的な理由がある。一つ目は、効果的なリスク・コントロールを維持するうえでの必要条件であること。二つ目は、取引の内容を予測して選択せず、手順通りに進めていくにはディシプリンが必要だということ。[迷ったとき]あなたはほぼ必ず間違った方を選ぶだろう。なぜか?それは気楽な方を選ぶだろうからだ。……最後に言っておくが、自分が悪いトレーディングの癖から免れえないことを忘れるな――あなたがなしうる最良のことは、そうした癖が表に出ないようにすることだ。気を抜いたり不注意になったりするとすぐ、そうした癖は戻ってくるだろう」[Schwager [1992]2005: 466]。

（3）　世界証券がシカゴ先物市場で素早く立場を確立することに成功した背景には、若く精力的なトレーダーだった石田の存在があった。石田は一九八三年から一九八四年にかけてニューヨークで青木の下で働き、シカゴに異動した後は一九九〇年まで世界証券のシカゴにおける業務において中心的な役割を果たした。石田は二〇〇一年九月に私に、以前の東京証券取引所でのフロア・トレーダー（場立ち）の経験のおかげで、シカゴ商品取引所のピットでは楽に取引を行うことができた、と語った。形式ばらず気さくな石田はアメリカ生活を楽しんでおり、地元シカゴのトレーダーたちと親しくなることで世界証券の参入を容易にすることができた。

（4）　日本企業が新しい経営モデルとなった一九九〇年代、日本の経済力を支えているのは学習への注目だと言われた。日本企業の目に見える成功は、知識を経営の焦点とするようにシフトすることの必要性の証拠として使われた［Drucker 1971, Nonaka and Takeuchi 1995 などを参照。加えて Abegglen and Stalk 1985: 119-147 も参照］。影響力をもった著作『知識創造企業』において、野中郁次郎と竹内弘高は日本企業における知識生産プロセスを理論化し、「知識創造スパイラル」という概念を発展させ、「外在化」と「内在化」をつうじて暗黙知が形式知へと翻訳される仕方に注意を引く［Nonaka and Takeuchi 1995, see also Nonaka, Konno, and Toyama 2001: 14］。

（5）「ソロモン・ブラザーズのトレーダーに三一四五万ドル支給される」『ニューヨーク・タイムズ』紙一九九七年四月八日版（www.nytimes.com/1997/04/08/business/salomon-trader-was-paid-31.45-million.html）二〇一一年一月五日アクセス。

（6）レイヴとウェンガーは「学習者は不可避的に実践共同体に参加し、知識やスキルの習得は新参者にその共同体の社会文化的な実践へ十全に参加するように進ませる」［Lave and Wenger 1991: 29］という。彼らが「実践共同体」と呼ぶものに学習を位置づけようとするこの議論においては、「学習とは社会的実践の統合的かつそれと不可分の側面である」［p.5］という考えが最終的な主張である。言語人類学者のウィリアム・ハンクスがレイヴとウェンガーの理論にコメントしているように、彼らの見方においては「学習とは社会的世界に存在するための仕方であり、世界を知るためのやり方ではない」［Hanks 1991: 24］。

（7）人的資源管理に関する日本とアメリカのスタイルの総体的な収斂への多様な反応と帰結についての説明として、ジャコビー［Jacoby 2005］を参照。

（8）これは文化本質主義者による、おなじみの具象化のプロセスである――つまり、あるプロセスを日本社会の象徴として具象化し、それを時代遅れのものとして退けるのだ［Thomas 1991 などを参照］。もちろん、日本企業のビジネス戦略はもっと複雑で多様である［特に Aoki 1988, 1994 を参照］。しかし私のここでの焦点は、欧米の考え方を模倣し革新するという日本のビジネス戦略についての一般的な捉え方が、ある日本の経済的アクターたちにとっての具体的な活動のモデルとして使われていることである。

（9）一九八五年以後、東京証券取引所での株式取引はしだいにコンピュータ化されていったが、一九九九年までは部分的に機械化されたにすぎなかった［東京証券取引所 二〇〇二：六〇九―六一四、八一八―八二六］。例えば、一九九〇年代半ばまで、証券会社のトレーダーは、取引所の取引および価格情報システムへの直接的なアクセスを十全には持ちえなかった。

(10) 私はこの推測について独自に立証することはできない。

(11) カレン・ホーはウォール街の「文化」についての研究のなかで、ウォール街での仕事の時間的な側面に注目している。具体的には、ウォール街の投資銀行員が自分たちの職の安定性について誤認していることを、市場において彼らが支持する株主価値を上げるための人員整理という観点からではなく、市場のサイクルの観点から検討している。彼女が考察しているのは、ある種の現在主義が、ウォール街における機敏さと高額の報酬システムを強調する文化と、未来志向性の欠如からどのように生じているかということである。

第4章

(1) 多田は金利を二パーセントと想定していた。

(2) これは比較のために、ただ純粋に仮定したシナリオである。多田はこのシナリオについて、具体的なことはまったく何も考えていなかった。

(3) こうした世間の風潮は、二〇〇〇年代初期、小泉純一郎首相が彼の個人的人気に後押しされながら、郵便・郵便貯金事業の民営化を強行に推進したとき頂点を迎えた。二〇〇一年から二〇〇六年までの小泉政権下で、新自由主義は、独特の個人主義と、改革にともなう「痛み」の集団的容認をとおした日本の再生というイメージと明確に結び付けられていた［Miyazaki 2002 参照］。

(4) カレン・ケルスキーが欧米企業に勤める日本人女性を描いた人類学的研究は、職業をもつ日本人女性がつねに終身雇用から除外され、ずっと自分たちのことを強い個人の特徴、例えばリスク負担や自己責任など、を体現する存在として定義してきたと示唆している［Kelsky 2001］。

(5) 現在、機械あるいはアルゴリズム取引が広く用いられているという意味では、多田の夢は現実のものになっている。トレーディング・マシーンという多田と同じ夢を一九九〇年代初期に追い求めた佐々木は、二〇一〇年、彼の銀行で、エネルギー効率がよりよく地球にやさしい機械取引システムを開発しようとしていた（二〇一〇年八月）。

（6）　二〇〇五年二月、ライブドア・グループは、ニッポン放送株のうち約三五パーセントを取得し、ニッポン放送の筆頭株主となった［日本経済新聞社 二〇〇五：一四―一八］。リーマン・ブラザーズはライブドアの転換社債と引き換えに、八〇〇億円を提供することに合意していた。ライブドアの最終目標はフジテレビの経営支配であった。村上ファンドは二〇〇四年秋までにニッポン放送株の約一六パーセントを所有しており、ニッポン放送の主要株主を目指してライブドアが買い付けをした際に、どうやらライブドアと共同歩調をとっていたらしい［二五―二六、一四五―一四九］。これに対し、ニッポン放送は、新株予約権を発行し、フジ産経グループが取得すると発表した［七八―八〇］。ライブドアとフジ産経はその後和解し、業務提携した［一二五―一二七］。堀江は自社株を市場に売りながら、ライブドアの収益を粉飾したとされる。堀江の逮捕に続き、村上も二〇〇六年六月にインサイダー取引で逮捕された。かつてニッポン放送の主要株主だった村上ファンドは、ライブドアを支援し、その後、ライブドアのラジオ局経営権獲得計画から利益を得たと言われている［例えば大鹿［二〇〇六］二〇〇八参照］。

（7）　多田はよく、私たちの会話が、彼にとって人生の選択を「客観的に」評価できる良い機会になると語った。多田の客観性への関心は、彼が話のなかで繰り返し論理的思考の重要性を強調することと共鳴する。やや類似する点について、人類学者のルース・ベハーは、彼女の対話者として登場するエスペランサという人物から、「彼女の告白を救世者として聞く僧侶のような地位」を与えられたと説明している［Behar 1990: 253］。ベハーの対話者は免罪を求めたが、多田と私の会話は、過去の決定を再評価し、知識を方向転換する機会を多田に与えたといえるかもしれない。

第5章

（1）　「境界性パーソナリティー障害――リストカット・摂食障害・高い自殺リスク」（『日本経済新聞』二〇一一年一月一四日夕刊七面）など参照。この報告によれば、未遂を含めた自殺行動の六割が境界性パーソナリティ障害によると考えうるという。

（2）　デヴィッド・カーシュ、ブレント・ゴルドファーブ、アジ・ゲラは、ベンチャー資本家の資金提供に関する意思決定へのビジネス・プランの効果性について異議を唱えている［Kirsch, Goldfarb, and Gera 2009］。

（3）　島薗の見方によれば、こうした「霊性知識人」には人類学者の岩田慶治、哲学者の梅原猛、ユング派精神分析の河合隼雄、経済人類学者の栗本慎一郎、宗教学者の中沢新一が含まれる［島薗 一九九六：二五〇］。

（4） 宗教人類学者であり気鋭の霊性知識人である樫尾直樹はさらに進み、意識の拡張のパーソナルな探究が社会性と社会の本質の根本的な変化への触媒となりうると示唆する［樫尾 二〇一〇aや樫尾 二〇一〇b参照。堀江 二〇〇九も参照］。

（5） ロジャー・ジャネリとダウニー・イムは韓国の巨大財閥の研究において、韓国における儒教と資本主義の関係を、「文化的理解と物質的利益の確保あるいは追求のあいだの相互的支持の関係の多様なあり方」の観点から分析している［Janelli and Yim 1997: 123］。

（6） 日本の高名な歴史家である大塚久雄によるマックス・ウェーバーの『プロテスタンティズムの倫理と資本主義の精神』についての議論も参照［大塚 一九六六、一九九四］。

（7） リチャード・スウェドバーグによれば、「もっとも一般的な解釈は……、ウェーバーは二つの社会的事実ないし精神構造が相互に関係している、ないし相互にひかれあっている――両者の間に直接ないし単純な因果律が立てえないとしても――という事実を表現するさいに『選択的親和性』を用いた」［Swedberg 2005: 83］。

（8） 信者のあいだでは、サイババの奇跡的な力を直接目撃することが、信仰が深まるのに大きな役割を果たす［Klass 1991: 121-122, 146-153］。

（9） 多田は遠隔透視についての多くの著作に加え、ジョセフ・マクモニーグルの透視についての著作『未来を透視する』［McMoneage 1998（邦訳二〇〇六）］を英語で数年前に読んでいた。多田はまたＵＦＯに関する信頼できる情報源として、ジャン＝ジャック・ヴラスコとニコラ・モンティジアニの著作［二〇〇八］を私に勧めもした。

（10） 終末論的でありつつ楽観的な地球外生命への関与の様々な事例として、バタリア［Battaglia 2006］を参照。

（11） ビル・マウラーは「イスラーム金融は……決して、リバー［利息］を回避するための多様で時に矛盾する取り組みの集合ではなく、議論や主張のかたちだけではなく、契約の形式や取引において例示されるような、リバー自体についての議論なのである［Maurer 2006b: 101］と述べる。イスラームにおける「議論」の固有の重要性は別にしても［例えばFischer and Abedi 1990］、マウラーの洞察はここで述べている問題と関連性が高い。

第6章

（1）　岩井によれば、一九九一年のソビエト連邦の崩壊は経済学徒にとって「世界がまさに『アダム・スミスの時代』になった」［岩井 二〇〇〇：五］ことを意味した。例えば、岩井は一九九三年の「東アジアの奇跡」についての世界銀行報告書［World Bank 1993］を引用するが、そこでは東アジア諸国の経済的成功はその「『市場友好的』な政策」に帰されうるとしている［岩井 二〇〇〇：七、World Bank 1993: 10 参照］。ついで彼は一九九七年のアジア通貨危機後の東アジア経済についての言説における最初の変化に目を向ける。

二〇世紀の世紀末を突如襲ったこの金融危機に、ひとびとは驚き、そして戸惑った。とりわけ深く驚き、深く戸惑ったのは、アダム・スミスを父と仰ぐ経済学者たちであった。なぜならば、その広範さと深刻さと急激さは、アダム・スミスが描いた市場経済の姿とあまりにもかけ離れているからである。

社会主義が崩壊し、世界はすでにアダム・スミスのものであるはずなのに、なぜ、市場の「見えざる手」は円滑にはたらいてくれないのだろうか？

東アジアで金融危機が勃発した当初は、それまで東アジアの「市場友好的」政策を賞めそやしていた多くの経済学者は、今度はその原因を東アジア経済に残りつづけている「市場敵対的」な制度や政策にもとめようとした。じっさい、アダム・スミスの教えに忠実にしたがうならば、もし現実の経済が不均衡であったり不安定であったりしているならば、それはほんらい円滑にはたらくべき市場の「見えざる手」が、なんらかの理由で束縛されているからなのである。それは、非合理な慣習や制度によって市場そのものが未発達であるか、政府の恣意的な介入や規制によって市場がゆがめられているからだということになる。［岩井二〇〇〇：九］

（2）　柄谷行人は一九四一年生まれの文芸批評家・哲学者である。著作には『日本近代文学の起源』［一九八〇］、『隠喩としての建築』［一九八三］、『トランスクリティーク』［二〇〇四］などがある。

（3）　一九九〇年に出版された岩井との共著である『終わりなき世界』を思い出しながら、柄谷は一九九九年四月に行われた座談会において次のように発言している。

［岩井との対話は］事実上、ソ連崩壊の時期にやったものですね。その段階では、ソ連的な国家資本主義がふつうコミュニズムあるいは社会主義として考えられていたけれども、コミュニズムはそんなところにあるのではなくて、むしろ、それは世界資本主義の進展を通して出てくるものなんだ、ということを言いたかったんだと思います。しかし、ソ連の崩壊と湾岸戦争の後で、世界資本主義をアイロニカルに肯定するという立場は、そのアイロニーを失ったと思うんです。それはたんなる［グローバル資本主義の］肯定になってしまった。例えば、その段階でそれまでデリダやドゥルーズが持っていた批判性が失われたと思う。もちろん、ドゥルーズやデリダはそのことをよくわかっていたからこそ、マルクス主義者であることを表明し始めたわけで……。いずれにせよ八〇年代までにラディカルな意味を持っていた思想が九〇年以降その意味を失ったわけで、そういう段階で、僕はあらためてマルクスについて考え直さざるを得なくなった。［島田・山城・柄谷二〇〇〇：五三］

（4）　これはまさに、リュック・ボルタンスキーとイヴ・シャペッロ、ダグラス・ホームズとジョージ・マーカス、ナイジェル・スリフトらがそれぞれ（別の仕方で別の理論的目的のためにではあるが）注目する、いわゆるニューエコノミーにおける知の条件である［Boltanski and Chiapello [1999]2005, Holmes and Marcus 2005, Thrift 2005 などを参照］。

（5）　しかし、マット・トムリンソンが指摘するように、キェルケゴールの「飛躍」の概念化は、人間の行為主体性と神の行為主体性の間の不明瞭な緊張関係に孕まれる、キリスト教の信仰におけるパラドクスの影響を受けている［Tomlinson 2010: 756, n4］。

（6）　一九九〇年の共著『終わりなき世界』において柄谷と岩井は、岩井が『ヴェニスの商人』の解釈のなかで示した、資本主義は新しい空間的・概念的・時間的地平において差異を探し、抹消し続けることで、それ自体の終わりを先送りにする「永久運動」の一形式だという指摘を繰り返す［岩井［一九八五］一九九二：六八］。この著名な二人の日本の知識人の資本主義の本質についての対話は、ソ連が崩壊しグローバル資本主義が勝利しようとしているとの認識が広がった時期に行われた。しかしその対話で、岩井と柄谷は今進行している出来事は何も新しいことではないと主張した。彼らの見方では、商業資本主義の時代から、資本主義はつねにあらゆる種類の差異を利用し、あらゆる種類の境界を抹消してきた。それゆえ、社会主義レジームの崩壊は、資本の運動において繰り返されるこのパターンの反復でしかないと彼らは論じる。

（7） バラバラの諸部分を全体にまとめることの不可能性については例えばグレゴリー・ベイトソンの『ナヴェン』［Bateson [1936] 1958］、マリノフスキーの研究についての批判についてアネット・ワイナーの研究［Weiner 1976］、モースの全体的社会的事実についての批判としてはジェーン・フェイジャンズ、フレッド・マイヤーズ、テレンス・ターナーらの研究を参照［Fajans 1993, Myers 2001, Turner 1989］。

（8） 『西太平洋の遠洋航海者』において、マリノフスキーは、彼が「新たな人間主義」と名付けた旗印の下、経済を民族誌的調査の重要な対象として視野に入れる［Malinowski 1922. 加えて Young 2004: 547 も参照］。マリノフスキーは一九二二年の『エコノミカ』誌掲載の論文「民族学と社会の研究」で、「魅力的なものも醜いものも、センセーショナルなものもありふれたものも同様に……現地人の生活のあらゆる側面を研究することの必要性」［Malinowski 1922: 217］を主張する。彼にとって、経済は社会生活の最も単調な、最もありふれた側面であり、その時まで人類学者がほとんど無視してきた側面であった。

（9） 一見すると閉鎖的で過剰に規定された空間のなかに予期しない開放空間を見いだすことについてのこの種の主張は、批判理論においてよく見られたものであった。例えば、多くの現在進行中の提案は、資本主義が明るみに出した突破口に注目することで、グローバル資本主義を内側から打倒することを目指している。こうした提案はフレデリック・ジェームソンらの、大衆文化のただなかにあるユートピア的な内容を暴露するものから［Jameson 1991 を参照］、日本の大衆文化の観点からの類似の取り組みとして Ivy 1995: 243-247, Robertson 1998, Treat 1996: 284-285 などを参照］、マイケル・ハートとアントニオ・ネグリらによるグローバル化自体のレトリックのなかの解放の潜在的可能性に着目するものまである［Hardt and Negri 2000, Karatani 2003 を参照。加えて Coronil 2000, Turner 2002: 76-77 も参照］。ここでは曖昧さはそうした開放空間の共通の印として見なされている。

参考文献

Abegglen, James C., and George Stalk. 1985. *Kaisha, the Japanese Corporation*. New York: Basic Books.

Abolafia, Mitchel Y. 1996. *Making Markets: Opportunism and Restraint on Wall Street*. Cambridge, Mass.: Harvard University Press.

Adachi, Tomohiko, and Motonari Kurasawa. 1993. "Stock Futures and Options Markets in Japan." In *Japanese Capital Markets: New Developments in Regulations and Institutions*, ed. Shinji Takagi, 403–425. Oxford: Blackwell.

Aitken, Robert. 1990. *The Gateless Barrier: The Wu-Men Kuan (Mumonkan)*. San Francisco: North Point Press.

Allison, Anne. 1994. *Nightwork: Sexuality, Pleasure, and Corporate Masculinity in a Tokyo Hostess Club*. Chicago, Ill.: University of Chicago Press.

Amariglio, Jack, and David F. Ruccio. 1999. "Literary/Cultural 'Economies,' Economic Discourse, and the Question of Marxism." In *The New Economic Criticism: Studies at the Intersection of Literature and Economics*, ed. Martha Woodmansee and Mark Osteen, 381–400. London: Routledge.

Aoki, Masahiko. 1988. *Information, Incentives, and Bargaining in the Japanese Economy*. Cambridge, U.K.: Cambridge University Press.

———. 1994. "The Japanese Firm as a System of Attributes: A Survey and Research Agenda." In *The Japanese Firm: The Sources of Competitive Strength*, ed. Masahiko Aoki and Ronald Dore, 11–40. Oxford: Oxford University Press.

Appadurai, Arjun. 1986a. "Introduction: Commodities and the Politics of Value." In *The Social Life of Things: Commodities in Cultural Perspective*, ed. Arjun Appadurai, 3–63. Cambridge, U.K.: Cambridge University Press.

———, ed. 1986b. *The Social Life of Things: Commodities in Cultural Perspective*. Cambridge, U.K.: Cambridge University Press.

———. 2011. "The Ghost in the Financial Machine." *Public Culture* 23(3): 517–539.

Auden, W.{ths}H. 1991. "Brothers and Others." In *The Merchant of Venice: Critical Essays*, ed. Thomas Wheeler, 59–78. New York: Garland.

Banta, Martha. 1993. *Taylored Lives: Narrative Productions in the Age of Taylor, Veblen, and Ford*. Chicago, Ill.: University of Chicago Press.

Barth, Fredrik. (1967) 2000. "Economic Spheres in Darfur." In *Entrepreneurship: The Social Science View*, ed. Richard Swedberg, 139–160. Oxford: Oxford University Press.

Bateson, Gregory. (1936) 1958. *Naven: A Survey of the Problems Suggested by a Composite Picture of the Culture of a New Guinea Tribe Drawn from Three Points of View*. 2nd ed. Stanford, Calif.: Stanford University Press.

Battaglia, Debbora. 1997. "Ambiguating Agency: The Case of Malinowski's Ghost." *American Anthropologist* 99(3): 505–510.

———, ed. 2006. *E.T. Culture: Anthropology in Outerspaces*. Durham, N.C.: Duke University Press.

Beck, Ulrich. 1992. *Risk Society: Towards a New Modernity*. London: Sage Publications.

Behar, Ruth. 1990. "Rage and Redemption: Reading the Life Story of a Mexican Marketing Woman." *Feminist Studies* 16(2): 223–258.

Benedict, Ruth. 1934. *Patterns of Culture*. Boston: Houghton Miffin.

Benston, Alice N. 1991. "Portia, the Law, and the Triparitite Structure of *The Merchant of Venice*." In *The Merchant of Venice: Critical Essays*, ed. Thomas Wheeler, 163–194. New York: Garland.

Bernstein, Peter L. 1992. *Capital Ideas: The Improbable Origins of Modern Wall Street*. New York: Free Press.

Bestor, Theodore. 2001. "Supply-Side Sushi: Commodity, Market, and the Global City." *American Anthropologist* 103(1): 76–95.

Beunza, Daniel, Iain Hardie, and Donald MacKenzie. 2006. "A Price is a Social Thing: Towards a Material Sociology of Arbitrage." *Organization Studies* 27(5): 721–745.

Beunza, Daniel, and David Stark. 2004. "Tools of the Trade: The Socio-Technology of Arbitrage in a Wall Street Trading Room." *Industrial and Corporate Change* 13(2): 369–400.

———. 2005. "How to Recognize Opportunities: Heterarchical Search in a Trading Room." In *The Sociology of Financial Markets,* ed. Karin Knorr-Cetina and Alex Preda, 84–101. Oxford: Oxford University Press.

Black, Fischer S., and Myron Scholes. 1973. "The Pricing of Options and Corporate Liabilities." *Journal of Political Economy* 81(3): 637–654.

Boesky, Ivan F. 1985. *Merger Mania: Arbitrage: Wall Street's Best Kept Money-making Secret*. Ed. Jeffrey Madrick. New York: Holt, Rinehart and Winston.

Bohannan, Paul. 1955. "Some Principles of Exchange and Investment among the Tiv." *American Anthropologist* 57(1): 60–70.

Boltanski, Luc, and Ève Chiapello. 2005. *The New Spirit of Capitalism*. Trans. Gregory Elliott. London: Verso.

Borovoy, Amy. 2009. "Japan as Mirror: Neoliberalism's Promise and Costs." In *Ethnographies of Neoliberalism,* ed. Carol Greenhouse, 60–74. Philadelphia: University of Pennsylvania Press.

Bourdieu, Pierre. 1963. "The Attitude of the Algerian Peasant toward Time." In *Mediterranean Countrymen: Essays in the Social Anthropology of the Mediterranean,* ed. Julian Pitts-Rivers, 55–72. Paris: Mouton.

Brenneis, Donald. 1986. "Shared Territory: Audience, Indirection and Meaning." *Text* 6: 339–347.

Brenner, Menachem, Marti G. Subrahmanyam, and Jun Uno. 1991a. "Arbitrage Opportunities in the Japanese Stock and Futures Markets." In *Japanese Financial Market Research,* ed. William T. Ziemba, Warren Bailey, and Yasushi Hamao, 439–465. Amsterdam: Elsevier Science.

———. 1991b. "Stock Index Futures Arbitrage in the Japanese Markets." In *Japanese Financial Market Research,* ed. William T. Ziemba, Warren Bailey, and Yasushi Hamao, 411–438. Amsterdam: Elsevier Science.

Brenner, Reuven (with Gabrielle A. Brenner). 1990. *Gambling and Speculation: A Theory, a History, and a Future of Some Human Decisions*. Cambridge, U.K.: Cambridge University Press.

Brinton, Mary. 2011. *Lost in Transition: Youth, Work, and Instability in Postindustrial Japan*. Cambridge, U.K.: Cambridge University Press.

Butler, Judith. 2010. "Performative Agency." *Journal of Cultural Economy* 3(2): 147–161.

Bushe, Gervase R., and Abraham B. Shani. 1991. *Parallel Learning Structures: Increasing Innovation in Bureaucracies*. Reading, Mass.: Addison-Wesley.

Callon, Michel. 1998a. "An Essay on Framing and Overflowing: Economic Externalities Revisited by Sociology." In *The Laws of the Markets,* ed. Michel Callon, 244–269. Oxford: Blackwell.

———. 1998b. "Introduction: The Embeddedness of Economic Markets in Economics." In *The Laws of the Markets,* ed. Michel Callon, 1–57. Oxford: Blackwell.

———. 2005. "Why Virtualism Paves the Way to Political Impotence: A Reply to Daniel Miller's Critique of *The Laws of the Markets*." *Economic Sociology European Electronic Newsletter* 6(2): 3–20.

———. 2010. "Performativity, Misfires and Politics." *Journal of Cultural Economy* 3(2): 163–169.

Callon, Michel, Yuval Millo, and Fabian Muniesa, eds. 2007. *Market Devices*. Malden, Mass.: Blackwell.

Carrette, Jeremy, and Richard King. 2005. *Selling Spirituality: The Silent Takeover of Religion*. London: Routledge.

Carrier, James G., and Daniel Miller. 1998a. "Introduction." In *Virtualism: A New Political Economy,* ed. James G. Carrier and Daniel Miller, 1–24. Oxford: Berg.

———, eds. 1998b. *Virtualism: A New Political Economy*. Oxford: Berg.

Choy, Timothy. 2011. *Ecologies of Comparison: An Ethnography of Endangerment in Hong Kong*. Durham, N.C.: Duke University Press.

Cohen, Walter. 1982. *The Merchant of Venice* and the Possibilities of Historical Criticism. *ELH* (English Literary History) 49(4): 765–789.

Cole, Robert E. 1979. *Work, Mobility, and Participation: A Comparative Study of American and Japanese Industry*. Berkeley: University of California Press.

Comaroff, Jean, and John L. Comaroff. 2000. "Millennial Capitalism: First Thoughts on a Second Coming." *Public Culture* 12(2): 291-343.

Comaroff, John L., and Jean Comaroff. 1992. *Ethnography and the Historical Imagination*. Boulder, Colo.: Westview.

Connolly, William E. 2005. "The Evangelical-Capitalist Resonance Machine." *Political Theory* 33(6): 869–886.

———. 2008. *Capitalism and Christianity, American Style*. Durham, N.C.: Duke University Press.

Coronil, Fernando. 2000. "Towards a Critique of Globalcentrism: Speculations on Capitalism's Nature." *Public Culture* 12(2): 351–374.

Cox, John, and Mark Rubinstein. 1985. *Options Markets*. Englewood Cliffs, N.J.: Prentice-Hall.

Crump, Arthur. 1874. *The Theory of Stock Exchange Speculation*. 3rd ed. London: Longmans, Green, Reader and Dyer.

Dalton, George. 1961. "Economic Theory and Primitive Society." *American Anthropologist* 63(1): 1–25.

Danson, Lawrence. 1978. *The Harmonies of The Merchant of Venice*. New Haven, Conn.: Yale University Press.

Dattel, Eugene R. 1994. *The Sun That Never Rose: The Inside Story of Japan's Failed Attempt at Global Financial Dominance*. Chicago, Ill.: Probus.

de Goede, Marieke. 2005. *Virtue, Fortune and Faith: A Genealogy of Finance*. Minneapolis: University of Minnesota Press.

Deleuze, Gilles, and Félix Guattari. (1980) 1987. *A Thousand Plateaus: Capitalism and Schizophrenia*. Trans. Brian Massumi. Minneapolis: University of Minnesota Press.

Derrida, Jacques. 1992. *Given Time: I. Counterfeit Money*. Chicago, Ill.: University of Chicago Press.

Dore, Ronald. 1983. "Goodwill and the Spirit of Market Capitalism." *British Journal of Sociology* 34(4): 459–482.

———. 1997. "Japan's Reform Debate: Patriotic Concern or Class Interest? Or Both?" *Journal of Japanese Studies* 25(1): 65–89.

Dower, John W. 1999. *Embracing Defeat: Japan in the Wake of World War II*. New York: W.W. Norton.

Draper, John W. 1935. "Usury in *The Merchant of Venice*." *Modern Philology* 33(1): 37–47.

Drucker, Peter F. 1971. "What We Can Learn from Japanese Management." *Harvard Business Review,* March–April, 110-122.

Dybvig, Philip H., and Stephen A. Ross. 1987. "Arbitrage." In vol. 1 of *The New Palgrave: A Dictionary of Economics,* ed. John Eatwell, Murray Milgate, and Peter Newman, 100–106. London: Macmillan Press.

El-Gamal, Mahmoud A. 2006. *Islamic Finance: Law, Economics, and Practice*. Cambridge, U.K.: Cambridge University Press.

Elster, Jon. 2000. *Ulysses Unbound: Studies in Rationality, Precommitment, and Constraints*. Cambridge, U.K.: Cambridge University Press.

Elyachar, Julia. 2005. *Markets of Dispossession: NGOs, Economic Development, and the State in Cairo*. Durham, N.C.: Duke University Press.

Emery, Henry Crosby. 1896. Speculation on the Stock and Produce Exchanges of the United States. Studies in History, Economics and Public Law, vol. 7, no. 2. New York: Columbia University.

Endlich, Lisa. (1999) 2000. *Goldman Sachs: The Culture of Success*. New York: Touchstone.

Engle, Lars. 1986. "{hrs}'Thrift Is Blessing': Exchange and Explanation in *The Merchant of Venice*." *Shakespeare Quarterly* 37(1): 20–37.

Ewald, François. 1991. "Insurance and Risk." In *The Foucault Effect: Studies in Governmentality,* ed. Graham Burchell, Colin Gordon, and Peter Miller, 197–210. Chicago, Ill.: University of Chicago Press.

Fackler, Martin, 2010. "Japan Goes From Dynamic to Disheartened." *New York Times,* October 16, 2010, http://www.nytimes.com/2010/10/17/world/asia/17japan.html?_r=1&ref=martinfackler, accessed June 6, 2012.

Fajans, Jane. 1993. "Introduction." In *Exchanging Products: Producing Exchange* (Oceania Monographs 43), ed. Jane Fajans, 1–13. Sydney: Sydney University Press.

Fama, Eugene. 1970. "Efficient Capital Markets: A Review of Theory and Empirical Work." *Journal of Finance* 25: 383–417.

Farnam, Henry W. 1931. *Shakespeare's Economics*. New Haven, Conn.: Yale University Press.

Ferguson, James. 1999. *Expectations of Modernity: Myths and Meanings of Urban Life on the Zambian Copperbelt*. Chicago, Ill.: University of Chicago Press.

Fischer, Michael M.J., and Mehdi Abedi. 1990. *Debating Muslim : Cultural Dialogues in Postmodernity and Tradition*. Madison, Wisconsin: University of Wisconsin Press.

Fisher, Melissa S. 2010. "Wall Street Women: Engendering Global Finance in the Manhattan Landscape." *City and Society* 22(2): 262–285.

Fisher, Melissa S., and Greg Downey, eds. 2006. *Frontiers of Capital: Ethnographic Reflections on the New Economy*. Durham, N.C.: Duke University Press.

Fourcade-Gourinchas, Marion, and Sarah L. Babb. 2002. "The Rebirth of the Liberal Creed: Paths to Neoliberalism in Four Countries." *American Journal of Sociology* 108(3): 533–579.

Friedman, Milton. 1953. *Essays in Positive Economics*. Chicago, Ill.: University of Chicago Press.

Frost, Peter J., Larry F. Moore, Meryl Reis Louis, Craig C. Lundberg, and Joanne Martin, eds. 1985. *Organizational Culture*. Beverly Hills, Calif.: Sage.

Frost, Peter J., Walter R. Nord, and Linda A. Krefting, eds. 2004. *Managerial and Organizational Reality: Stories of Life and Work*. Upper Saddle River, N.J.: Pearson Education.

Galbraith, John Kenneth. (1954) 1997. *The Great Crash 1929*. Boston: Houghton Mifflin.

Geertz, Clifford. 1973. *The Interpretation of Cultures*. New York: Basic Books.

———. 1979. "Suq: The Bazaar Economy in Sefrou." In *Meaning and Order in Moroccan Society: Three Essays in Cultural Analysis*, ed. Clifford Geertz, Hildred Geertz, and Lawrence Rosen, 123–313. Cambridge, U.K.: Cambridge University Press.

Gell, Alfred. 1992. *The Anthropology of Time: Cultural Constructions of Temporal Maps and Images*. Oxford: Berg.

Gerlach, Michael. 1992. *Alliance Capitalism: The Social Organization of Japanese Business*. Berkeley: University of California Press.

Graeber, David. 2001. *Toward an Anthropological Theory of Value: The False Coin of Our Own Dreams*. New York: Palgrave.

———. 2011. *Debt: The First 5,000 Years*. New York: Melville House.

Greenhouse, Carol. 1996. *A Moment's Notice: Time Politics Across Cultures*. Ithaca, N.Y.: Cornell University Press.

———. 2010. "Introduction." In *Ethnographies of Neoliberalism,* ed. Carol Greenhouse, 1–10. Philadelphia: University of Pennsylvania Press.

Gregory, Chris A. 1982. *Gifts and Commodities*. London: Academic Press.

Gudeman, Stephen. 2001. *The Anthropology of Economy*. Malden, Mass.: Blackwell.

Guyer, Jane. 2004. *Marginal Gains: Monetary transactions in Atlantic Africa*. Chicago, Ill.: University of Chicago Press.

———. 2007. "Prophecy and the Near Future: Thoughts on Macroeconomic, Evangelical and Punctuated Time." *American Ethnologist* 34(3): 409-421.

Hanks, William F. 1991. "Foreword." In *Situated Learning: Legitimate Peripheral Participation*, by Jean Lave and Etienne Wenger, 13-24. Cambridge, U.K.: Cambridge University Press.

Hardie, Iain. 2004. "The Sociology of Arbitrage: A Comment on MacKenzie." *Economy and Society* 33(2): 239–254.

Harding, Susan F. 2000. *The Book of Jerry Falwell: Fundamentalist Language and Politics*. Princeton: Princeton University Press.

Hardt, Michael, and Antonio Negri. 2000. *Empire*. Cambridge, Mass.: Harvard University Press.

Harrison, J. Michael, and David M. Kreps. 1979. "Martingales and Arbitrage in Multiperiod Securities Markets." *Journal of Economic Theory* 20(3): 381–408.

Harrison, J. Michael, and Stanley R. Pliska. 1981. "Martingales and Stochastic Integrals in the Theory of Continuous Trading." *Stochastic Processes and Their Applications* 11(3): 215–260.

Harrison, Paul. 1997. "A History of an Intellectual Arbitrage: The Evolution of Financial Economics." *History of Political Economy* 27 (supplementary issue): 172–187.

Harvey, David. 1989. *The Condition of Postmodernity: An Enquiry into the Origins of Cultural Change*. Oxford: Blackwell.

———. 2000. *Spaces of Hope*. Berkeley: University of California Press.

———. 2005. *A Brief History of Neoliberalism*. Oxford: Oxford University Press.

Hayek, Friedrich A. (1948) 1980. *Individualism and Economic Order*. Chicago, Ill.: University of Chicago Press.

Hein, Laura. 2004. *Reasonable Men, Powerful Words: Political Culture and Expertise in Twentieth-Century Japan*. Washington,

D.C.: Woodrow Wilson Center Press.

Henwood, Doug. (1997) 1998. *Wall Street: How It Works and for Whom*. London: Verso.

Hertz, Ellen. 1998. *The Trading Crowd: An Ethnography of the Shanghai Stock Market*. Cambridge, U.K.: Cambridge University Press.

Herzfeld, Michael. 1997. *Cultural Intimacy: Social Poetics in the Nation-state*. New York: Routledge.

Hirschman, Albert O. (1977) 1997. *The Passions and the Interests: Political Arguments for Capitalism Before Its Triumph*. Princeton, N.J.: Princeton University Press.

Ho, Karen. 2009. *Liquidated: An Ethnography of Wall Street*. Durham, N.C.: Duke University Press.

Holmes, Douglas. 2009. "Economy of Words." *Cultural Anthropology* 24(3): 381–419.

Holmes, Douglas, and George Marcus. 2005. "Cultures of Expertise and the Management of Globalization: Toward the Refunctioning of Ethnography." In *Global Assemblages: Technology, Politics, and Ethics as Anthropological Problems*, ed. Aihwa Ong and Stephen Collier, 235–252. Malden, Mass.: Blackwell.

Huebner, S.S. 1910. "Scope and Functions of the Stock Market." *Annals of the American Academy of Political and Social Science* 35(3): 1–23.

———. 1911. "The Functions of Produce Exchanges." *Annals of the American Academy of Political and Social Science* 38(2): 1–35.

Hull, John C. 1997. *Options, Futures, and Other Derivatives*. 3rd ed. Upper Saddle River, N.J.: Prentice Hall.

———. 2000. *Options, Futures, and Other Derivatives*. 4th ed. Upper Saddle River, N.J.: Prentice Hall.

Hull, John C., and Alan White. 2010. "Ratings Arbitrage and Structured Products." Working paper, University of Toronto. http://www.rotman.utoronto.ca/~hull/DownloadablePublications/RatingsCriteria.pdf. Accessed November 14, 2010.

Ito, Hideshi. 1996. "The Economics of the 'Company Man.'" *Japanese Economics Studies* 24(6): 29-55.

Ivy, Marilyn. 1993. "Formations of Mass Culture." In *Post-war Japan as History*, ed. Andrew Gordon, 239–258. Berkeley: University of California Press.

———. 1995. *Discourses of the Vanishing: Modernity, Phantasm, Japan*. Chicago, Ill.: University of Chicago Press.

Iwai, Katsuhito. 1981. *Disequilibrium Dynamics: A Theoretical Analysis of Inflation and Unemployment*. New Haven, Conn.: Yale University Press.

———. 2011. "The Second End of Laissez-Faire: The Bootstrapping Nature of Money and the Inherent Instability of Capitalism." In *New Approaches to Monetary Theory: Interdisciplinary Perspectives,* ed. Heiner Granssmann, 237–266. London: Routledge.

Jacoby, Sanford M. 2005. *The Embedded Corporation: Corporate Governance and Employment Relations in Japan the United States*. Princeton, N.J.: Princeton University Press.

Jameson, Fredric. 1991. *Postmodernism, or, The Cultural Logic of Late Capitalism*. Durham, N.C.: Duke University Press.

Janelli, Roger L., and Dawnhee Yim. 1997. "The Mutual Constitution of Confucianism and Capitalism in South Korea." In *Culture and Economy: The Shaping of Captalism in East Asia,* ed. Timothy Brook and Hy V. Luong, 107–124. Ann Arbor: University of Michigan Press.

Johnson, Chalmers. 1984. *MITI and the Japanese Miracle: The Growth of Industrial Policy, 1925–1975*. Berkeley: University of California Press.

Karatani, Kojin. 2003. *Transcritique on Kant and Marx*. Trans. Sabu Kohso. Cambridge, Mass.: MIT Press.

Karatzas, Ioannis, and Steven E. Shreve. 1988. *Brownian Motion and Stochastic Calculus*. New York: Springer-Verlag.

Katz, Richard. 1998. *Japan: The System That Soured: The Rise and Fall of the Japanese Economic Miracle*. Armonk, N.Y.: M.E. Sharpe.

Keane, Webb. 1997. *Signs of Recognition: Powers and Hazards of Representation in an Indonesian Society*. Berkeley: University of California Press.

———. 2001. "Money Is No Object: Materiality, Desire, and Modernity in an Indonesian Society." In *The Empire of Things: Regimes of Value and Material Culture,* ed. Fred R. Myers, 65–90. Santa Fe, N.M.: School of American Research.

———. 2010. "Minds, Surfaces, and Reasons in the Anthropology of Ethics." In *Ordinary Ethics: Anthropology, Language, and Action,* ed. Michael Lambek, 64–83. New York: Fordham University Press.

Kelly, William W. 1986. "Rationalization and Nostalgia: Cultural Dynamics of New Middle-class Japan." *American Ethnologist*

13(4): 603–618.

———. 1998. "Learning to Swing: Oh Sadaharu and the Pedagogy and Practice of Japanese Baseball." In *Learning in Likely Places,* ed. John Singleton, 265–285. New York: Cambridge University Press.

Kelsky, Karen. 2001. *Women on the Verge: Japanese Women, Western Dreams*. Durham, N.C.: Duke University Press.

Kestenbaum, David. 1999. "Death by the Numbers." *Science*, n.s., 283 (5406): 1244–1247.

Keynes, John Maynard. (1936) 1997. *The General Theory of Employment, Interest, and Money*. Amherst, N.Y.: Prometheus Books.

Kirsch, David, Brent Goldfarb, and Azi Gera. 2009. "Form or Substance: The Role of Business Plans in Venture Capital Decision Making." *Strategic Management Journal* 30(5): 487–515.

Klass, Morton. 1991. *Singing with Sai Baba: The Politics of Revitalization in Trinidad*. Prospect Heights, Ill.: Waveland.

Knorr-Cetina, Karin. 1981. *The Manufacture of Knowledge: An Essay on the Constructivist and Contextual Nature of Science*. Oxford: Pergamon.

Knorr-Cetina, Karin, and Urs Bruegger. 2000. "The Market as an Object of Attachment: Exploring Postsocial Relations in Financial Markets." *Canadian Journal of Sociology/Cahiers canadiens de sociologie* 25(2): 141–168.

———. 2002. "Global Microstructures: The Virtual Societies of Financial Markets." *American Journal of Sociology* 107(4): 905–930.

Knorr-Cetina, Karin, and Alex Preda, eds. 2005. *The Sociology of Financial Markets*. Oxford: Oxford University Press.

Koike, Kazuo. (1991) 1996. *The Economics of Work in Japan*. Tokyo: LTCB International Library Foundation.

Kondo, Dorinne K. 1990. *Crafting Selves: Power, Gender, and Discourses of Identity in a Japanese Workplace*. Chicago, Ill.: University of Chicago Press.

Kopytoff, Igor. 1986. "The Cultural Biography of Things: Commoditization as Process." In *The Social Life of Things: Commodities in Cultural Perspective,* ed. Arjun Appadurai, 64–91. Cambridge, U.K.: Cambridge University Press.

Koschmann, J. Victor. 1993. "Intellectuals and Politics." In *Post-war Japan as History,* ed. Andrew Gordon, 395–423. Berkeley: University of California Press.

———. 1996. *Revolution and Subjectivity in Postwar Japan*. Chicago, Ill.: University of Chicago Press.

Krugman, Paul. 2008. *The Return of Depression Economics and the Crisis of 2008*. London: Penguin.

Laidlaw, James. 2000. "A Free Gift Makes No Friends." *Journal of the Royal Anthropological Institute*, n.s., 6 (4): 617–634.

Latour, Bruno. 1987. *Science in Action: How to Follow Scientists and Engineers through Society*. Cambridge, Mass.: Harvard University Press.

———. 1993. *We Have Never Been Modern*. Trans. Catherine Porter. Cambridge, Mass.: Harvard University Press.

Latour, Bruno, and Steve Woolgar. (1979) 1986. *Laboratory Life: The Construction of Scientific Facts*. 2nd ed. Princeton, N.J.: Princeton University Press.

Lau, Kimberly J. 2000. *New Age Capitalism: Making Money East of Eden*. Philadelphia: University of Pennsylvania Press.

Lave, Jean, and Etienne Wenger. 1991. *Situated Learning: Legitimate Peripheral Participation*. Cambridge, U.K.: Cambridge University Press.

Law, John. 2004. *After Method: Mess in Social Science Research*. Oxon, U.K.: Routledge.

Leach, Edmund. (1954) 1970. *Political Systems of Highland Burma: A Study of Kachin Social Structure*. London: Athlone Press.

Lee, Benjamin, and Edward LiPuma. 2002. "Cultures of Circulation: The Imaginations of Modernity." *Public Culture* 14(1): 191–213.

Lépinay, Vincent-Antonin. 2007a. "Decoding Finance: Articulation and Liquidity around a Trading Room." In *Do Economists Make Markets? On the Performativity of Economics*, ed. Donald MacKenzie, Fabian Muniesa, and Lucia Siu, 87–127. Princeton, N.J.: Princeton University Press.

———. 2007b. "Parastic Formulae: The Case of Capital Guarantee Products." In *Market Devices*, ed. Michel Callon, Yuval Millo, and Fabian Muniesa, 261–283. Malden, Mass.: Blackwell.

———. 2011. *Codes of Finance: Engineering Derivatives in a Global Bank*. Princeton, N.J.: Princeton University Press.

Lewis, Michael. 1989. *Liar's Poke : Rising through the Wreckage on Wall Street*. New York: Norton.

———. 1999. "How the Eggheads Cracked." *New York Times Magazine*, January 24.

LiPuma, Edward, and Benjamin Lee. 2004. *Financial Derivatives and the Globalization of Risk*. Durham, N.C.: Duke University Press.

Lowenstein, Roger. 2000. *When Genius Failed: The Rise and Fall of Long-Term Capital* Management. New York: Random House.

Luhmann, Tanya. 1989. *Persuasions of the Witch's Craft: Ritual Magic in Contemporary England*. Cambridge, Mass.: Harvard University Press.

Lurie, Jonathan. 1979. *The Chicago Board of Trade, 1859-1905: The Dynamics of Self-Regulation*. Urbana, Ill.: University of Illinois Press.

Lynch, Michael. 1985. *Art and Artifact in Laboratory Science: A Study of Shop Work and Shop Talk in a Research Laboratory*. London: Routledge and Kegan Paul.

MacKenzie, Donald. 2001. "Physics and Finance: S-Terms and Modern Finance as a Topic for Science Studies." *Science, Technology, and Human Values* 26(2): 115–144.

———. 2003a. "An Equation and Its Worlds: Bricolage, Exemplars, Disunity and Performativity in Financial Economics." *Social Studies of Science* 33(6): 831–868.

———. 2003b. "Long-Term Capital Management and the Sociology of Arbitrage." *Economy and Society* 32(3): 349–380.

———. 2006. *An Engine, Not a Camera: How Financial Models Shape Markets*. Cambridge, Mass.: MIT Press.

———. 2009. *Material Markets: How Economic Agents Are Constructed*. Oxford: Oxford University Press.

MacKenzie, Donald, and Yuval Millo. 2003. "Constructing a Market, Performing Theory: The Historical Sociology of a Financial Derivatives Exchange." *American Journal of Sociology* 109(1):107–145.

MacKenzie, Donald, Fabian Muniesa, and Lucia Siu, eds. 2007a. *Do Economists Make Markets? On the Performativity of Economics*. Princeton, N.J.: Princeton University Press.

———. 2007b. "Introduction." In *Do Economists Make Markets? On the Performativity of Economics,* ed. Donald MacKenzie, Fabian Muniesa, and Lucia Siu, 1–19. Princeton, N.J.: Princeton University Press.

Mahathir, Mohamed, and George Soros. 1997. "Mahathir vs. Soros." *Far Eastern Economic Review,* October 2, 32.

Malinowski, Bronislaw. 1922. "Ethnology and the Study of Society." *Economica* 6: 208–219.

———. (1922) 1984. *Argonauts of the Western Pacific: An Account of Native Enterprise and Adventure in the Archipelagoes of Melanesian New Guinea*. Prospect Heights, Ill.: Waveland.

March, James G. 2010. *The Ambiguities of Experience*. Ithaca, N.Y.: Cornell University Press

March, James G., and Johan P. Olsen. 1976. *Ambiguity and Choice in Organizations*. Bergen, Norway: Universitetsforlaget.

Marcus, George E. 1998. *Ethnography through Thick and Thin*. Princeton, N.J.: Princeton University Press.

———. 2007. "Ethnography Two Decades After Writing Culture: From the Experimental to the Baroque." *Anthropological Quarterly* 80(4): 1127–1145.

Markowitz, Harry M. 1999. "The Early History of Portfolio Theory: 1600–1960." *Financial Analysts Journal* 55(4): 5–16.

Marx, Karl. (1867) 1990. *Capital: A Critique of Political Economy*. Vol. 1. Trans. Ben Fowkes. London: Penguin.

Massumi, Brian. 2002. *Parables for the Virtual: Movement, Affect, Sensation*. Durham, N.C.: Duke University Press.

Maurer, Bill. 1995. "Complex Subjects: Offshore Finance, Complexity Theory, and the Dispersion of the Modern." *Socialist Review* 25 (3/4): 113–145.

———. 1999. "Forget Locke? From Proprietor to Risk-bearer in New Logics of Finance." *Public Culture* 11(2): 365–385.

———. 2002a. "Anthropological and Accounting Knowledge in Islamic Banking and Finance: Rethinking Critical Accounts." *Journal of the Royal Anthropological Institute* 8(4): 645–667.

———. 2002b. "Repressed Futures: Financial Derivatives' Theological Unconscious." *Economy and Society* 31(1): 15–36.

———. 2003a. "Please Destabilize Ethnography Now: Against Anthropological Showbiz-as-Usual." *Reviews in Anthropology* 32: 159–169.

———. 2003b. "Uncanny Exchanges: The Possibilities and Failures of 'Making Change' with Alternative Monetary Forms." *Environment and Planning D: Society and Space* 21(3): 317–340.

———. 2005a. "Due Diligence and 'Reasonable Man,' Offshore." *Cultural Anthropology* 20(4): 474–505.

———. 2005b. "Finance." In *Handbook of Economic Anthropology,* ed. James G. Carrier, 176–193. Cheltenham, U.K.: Edward

Elgar.
———. 2005c. *Mutual Life, Limited Islamic Banking, Alternative Currencies, Lateral Reason*. Princeton, N.J.: Princeton University Press.
———. 2006a. “The Anthropology of Money.” *Annual Review of Anthropology* 35: 15–36.
———. 2006b. *Pious Property: Islamic Mortgages in the United States*. New York: Russell Sage Foundation.
McMoneagle, Joseph. 1998. *The Ultimate Time Machine: A Remote Viewer's Perception of Time, and Predictions for the New Millennium*. Charlottesville, VA: Hampton Roads Publishing.
Mentz, Steven R. 2003. “The Fiend Gives Friendly Counsel: Launcelot Gobbo and Polyglot Economics in *The Merchant of Venice*.” In *Money and the Age of Shakespeare: Essays in New Economic Criticism*, ed. Linda Woodbridge, 177–187. New York: Palgrave Macmillan.
Merlan, Francesca, and Alan Rumsey. 1991. *Ku Waru: Language and Segmentary Politics in the Western Nebilyer Valley, Papua New Guinea*. Cambridge, U.K.: Cambridge University Press.
Miller, Daniel. 1998. “Conclusion: A Theory of Virtualism.” In *Virtualism: A New Political Economy*, ed. James G. Carrier and Daniel Miller, 187–215. Oxford: Berg.
———. 2002. “Turning Callon the Right Way Up.” *Economy and Society* 31(2): 218–233.
Miller, Merton H. 1997. *Merton Miller on Derivatives*. New York: John Wiley and Sons.
Mirowski, Philip. 1994. “A Visible Hand in the Marketplace of Ideas: Precision Measurement as Arbitrage.” *Science in Context* 7(3): 563–589.
Mitchell, Timothy. 2002. *Rule of Experts: Egypt, Techno-politics, Modernity*. Berkeley: University of California Press.
Miyazaki, Hirokazu. 2000. “Faith and Its Fulfillment: Agency, Exchange and the Fijian Aesthetics of Completion.” *American Ethnologist* 27(1): 31–51.
———. 2003. “The Temporalities of the Market.” *American Anthropologist* 105(2): 255–65.
———. 2004a. “Delegating Closure.” In *Law and Empire in the Pacific: Fiji and Hawai'i*, ed. Sally Merry and Donald Brenneis,

239–259 . Santa Fe, N.M.: School of American Research Press.

———. 2004b. *The Method of Hope: Anthropology, Philosophy, and Fijian Knowledge*. Stanford, Calif.: Stanford University Press.

———. 2005a. "From Sugar Cane to 'Swords': Hope and the Extensibility of the Gift in Fiji." *Journal of the Royal Anthropological Institute* 11(2): 277–95.

———. 2005b. "The Materiality of Finance Theory." In *Materiality,* ed. Daniel Miller, 165–181. Durham, N.C.: Duke University Press.

———. 2006a. "Documenting the Present." In *Documents: Artifacts of Modern Knowledge*, ed. Annelise Riles, 206-225. Ann Arbor: University of Michigan Press.

———. 2006b. "Economy of Dreams: Hope in Global Capitalism and Its Critiques." *Cultural Anthropology* 21(2): 147–172.

———. 2007. "Between Arbitrage and Speculation: An Economy of Belief and Doubt." *Economy and Society* 36(3): 397–416.

———. 2009. Review of *Kinship, Law and the Unexpected: Relatives Are Always a Surprise,* by Marilyn Strathern. *Journal of the Royal Anthropological Institute,* n.s., 15 (1): 195–196.

———. 2010a. "Gifts and Exchange." In *The Oxford Handbook of Material Culture Studies,* ed. Dan Hicks and Mary Beaudry, 246–264. Oxford: Oxford University Press.

———. 2010b. "The Temporality of No Hope." In *Ethnographies of Neoliberalism,* ed. Carol Greenhouse, 238–250. Philadelphia: University of Pennsylvania Press.

Miyazaki, Hirokazu, and Annelise Riles. 2005. "Failure as an Endpoint." In *Global Assemblages: Technology, Politics and Ethics as Anthropological Problems,* ed. Aihwa Ong and Stephen Collier, 320–331. Malden, Mass.: Blackwell.

Munn, Nancy. 1986. *The Fame of Gawa: A Symbolic Study of Value Transformation in a Massim [papua New Guinea) Society.* Cambridge, U.K.: Cambridge University Press.

———. 1990. "Constructing Regional Worlds in Experience: Kula Exchange, Witchcraft and Gawan Local Events." *Man*, n.s., 25(1): 1–17.

———. 1992. "The Cultural Anthropology of Time: A Critical Essay." *Annual Review of Anthropology* 21: 93–123.

Murphy, John. 1986. *Technical Analysis of the Futures Markets: A Comprehensive Guide to Trading Methods and Applications*. New York: New York Institute of Finance.

Myers, Fred R. 2001. "Introduction: The Empire of Things." In *The Empire of Things: Regimes of Value and Material Culture*, ed. Fred R. Myers, 3–61. Santa Fe, N.M.: School of American Research Press.

Nadauld, Taylor D., and Shane M. Sherlund. 2009. "The Role of the Securitization Process in the Expansion of Subprime Credit." Finance and Economics Discussion Series, Divisions of Research & Statistics and Monetary Affairs, Federal Reserve Board, Washington, D.C., www.federalreserve.gov/pubs/feds/2009/200928/200928pap.pdf. Accessed November 14, 2010.

Nakanishi, Hiroshi. 2002. "Japanese Relations with the United States." In *The Golden Age of the U.S.-China-Japan Triangle, 1972–1989*, ed. Ezra F. Vogel, Yuan Ming, and Tanaka Akihiko, 164–188. Cambridge, Mass.: Harvard University Asia Center.

Neftci, Salih N. 2000. *An Introduction to the Mathematics of Financial Derivatives*. 2nd ed. San Diego, Calif.: Academic Press.

Netzloff, Mark. 2003. "The Lead Casket: Capital, Mercantilism, and *The Merchant of Venice*." In *Money and the Age of Shakespeare: Essays in New Economic Criticism*, ed. Linda Woodbridge, 159–176. New York: Palgrave Macmillan.

Newman, Karen. 1987. "Portia's Ring: Unruly Women and Structures of Exchange in *The Merchant of Venice*." *Shakespeare Quarterly* 38(1): 19–33.

Nocera, Joe, 2009. "Propping Up a House of Cards," *New York Times*, February 27, 2009, www.nytimes.com/2009/02/28/business/28nocera.html, accessed October 30, 2010.

Nonaka, Ikujiro, Noboru Konno, and Ryoko Toyama. 2001. "Emergence of 'Ba': A Conceptual Framework for the Continous and Self-transcending Process of Knowledge Creation." In *Knowledge Emergence: Social, Technical, and Evolutionary Dimensions of Knowledge Creation*, ed. Ikujiro Nonaka and Toshihiro Nishiguchi, 13–29. New York: Oxford University Press.

Nonaka, Ikujiro, and Hirotaka Takeuchi. 1995. *The Knowledge-Creating Company: How Japanese Companies Create the Dynamics of Innovation*. New York: Oxford University Press.

O'Barr, William M., and John M. Conley. 1992. *Fortune and Folly: The Wealth and Power of Institutional Investing*. Homewood, Ill.: Business One Irwin.

Ochs, Elinor, and Lisa Capps. 1996. "Narrating the Self." *Annual Review of Anthropology* 25: 19–43.

Ong, Aihwa. 2006. *Neoliberalism as Exception: Mutations in Citizenship and Sovereignty*. Durham, N.C.: Duke University Press.

Osteen, Mark. 2002. "Introduction: Questions of the Gift." In *The Question of the Gift: Essays across Disciplines,* ed. Mark Osteen, 1-41. London: Routledge.

Osteen, Mark, and Martha Woodmansee. 1999. "Taking Account of the New Economic Criticism: An Historical Investigation." In *The New Economic Criticism: Studies at the Intersection of Literature and Economics,* ed. Martha Woodmansee and Mark Osteen, 3–50. London: Routledge.

Parry, Jonathan. 1986. "The Gift, the Indian Gift and the 'Indian Gift.'{hrs}" *Man,* n.s., 21 (3): 453–473.

Parsons, Talcott. 1937. *The Structure of Social Action: A Study in Social Theory with Special Reference to a Group of Recent European Writers*. New York: McGraw-Hill.

Pettet, E.{ths}D. (1945) 1969. "*The Merchant of Venice* and the Problem of Usury." In *Shakespeare, "The Merchant of Venice": A Case Book,* ed. John Wilders, 100–113. Nashville, Tenn.: Aurora.

Pickering, Andrew. 1995. *The Mangle of Practice: Time, Agency, and Science*. Chicago, Ill.: University of Chicago Press.

Polanyi, Karl. (1944) 1957. *The Great Transformation: The Political and Economic Origins of Our Time*. Boston: Beacon.

———. 1957. "The Economy as Instituted Process." In *Trade and Market in the Early Empires: Economies in History and Theory,* ed. Karl Polanyi, Conrad M. Arensberg, and Harry W. Pearson, 243–270. New York: Free Press.

Poovey, Mary. 1998. *A History of the Modern Fact: Problems of Knowledge in the Sciences of Wealth and Society*. Chicago, Ill.: University of Chicago Press.

———. 2008. *Genres of the Credit Economy: Mediating Value in Eighteenth- and Nineteenth-century Britain*. Chicago, Ill.: University of Chicago Press.

Preda, Alex, 2009. *Framing Finance: The Boundaries of Markets and Modern Capitalism*. Chicago: University of Chicago Press.

RECOF Corporation. 2010. "M&A Markets in 2009." *RECOF Newsletter,* February 15. www.recof.co.jp/column/pdf/20100215.pdf. Accessed November 16, 2010.

Riles, Annelise. 2000. *The Network Inside Out*. Ann Arbor: University of Michigan Press.

———. 2001. "Encountering Amateurism: John Henry Wigmore and the Uses of American Formalism." In *Rethinking the Masters of Comparative Law,* ed. Annelise Riles, 94–126. Oxford: Hart.

———. 2004a. "Property as Legal aKnowledge: Means and Ends." *Journal of the Royal Anthropological Institute* 10(4): 775-795.

———. 2004b. "Real Time: Unwinding Technocratic and Anthropological Knowledge." *American Ethnologist* 31(3): 392–405.

———, ed. 2006. *Documents: Artifacts of Modern Knowledge*. Ann Arbor: University of Michigan Press.

———. 2010. "Collateral Expertise: Legal Knowledge in the Global Financial Markets." *Current Anthropology* 51(6): 795–818.

———. 2011. *Collateral Knowledge: Legal Reasoning in the Global Financial Market*. Chicago, Ill.: University of Chicago Press.

Robbins, Joel, 2001. "Secrecy and the Sense of an Ending: Narrative, Time, and Everyday Millenarianism in Papua New Guinea and in Christian Fundamentalism." *Comparative Studies in Society and History* 43(3): 525-551.

Robertson, Jennifer. 1998. *Takarazuka: Sexual Politics and Popular Culture in Modern Japan*. Berkeley: University of California Press.

Rohlen, Thomas. 1973. "{hrs}"Spiritual Education' in a Japanese Bank." *American Anthropologist* 75(5): 1542–1562.

———. 1974. *For Harmony and Strength: Japanese White-Collar Organization in Anthropological Perspective*. Berkeley: University of California Press.

———. 1992. "Learning: The Mobilization of Knowledge in the Japanese Political Economy." In *Cultural and Social Dynamics,* vol. 3 of *The Political Economy of Japan*, ed. Shumpei Kumon and Henry Rosovsky, 321–363. Stanford, Calif.: Stanford University Press.

Rohlen, Thomas, and Gerald LeTendre. 1996. "Introduction: Japanese Theories of Learning." In *Teaching and Learning in Japan,* ed. Thomas Rohlen and Gerald Le Tendre, 1–15. New York: Cambridge University Press.

Roitman, Janet. 2005. *Fiscal Disobedience: An Anthropology of Economic Regulation in Central Africa*. Princeton: Princeton University Press.

Rosenbluth, Frances M. 1989. *Financial Politics in Contemporary Japan*. Ithaca, N.Y.: Cornell University Press.

Ross, Stephen A. 2005. *Neoclassical Finance*. Princeton, N.J.: Princeton University Press.

Rubenfeld, Jed. 2001. *Freedom and Time: A Theory of Constitutional Self-government*. New Haven, Conn.: Yale University Press.

Sahlins, Marshall. 1972. *Stone Age Economics*. New York: Aldine.

Sakai, Naoki. 1997. *Translation and Subjectivity*. Minneapolis: University of Minnesota Press.

Schaede, Ulrike. 1991. "The Development of Organized Futures Trading: The Osaka Rice Bill Market of 1730." In *Japanese Financial Market Research*, ed. William T. Ziemba, Warren Bailey, and Yasushi Hamao, 339–366. Amsterdam: Elsevier Science.

Schumpeter, Joseph A. (1934) 1983. *The Theory of Economic Development: An Inquiry into Profits, Capital, Credit, Interest, and the Business Cycle*. Trans. Redvers Opie. New Brunswick, N.J.: Transaction.

———. (1942) 1975. *Capitalism, Socialism and Democracy*. New York: Harper and Row.

Schwager, Jack D. (1992) 2005. *The New Market Wizards: Conversations with America's Top Traders*. New York: Collins Business.

Scott, William O. 2004. "Conditional Bonds, Forfeitures, and Vows in *The Merchant of Venice*." *English Literary Renaissance* 34(3): 286–305.

Sen, Amartya. 1977. "Rational Fools: A Critique of Behavioral Foundations of Economic Theory." *Philosophy and Public Affairs* 6(4): 317–344.

Sharp, Ronald A. 1986. "Gift Exchange and the Economies of Spirit in *The Merchant of Venice*." *Modern Philology* 83(3): 250–265.

Shell, Marc. (1982) 1993a. *Money, Language, and Thought: Literary and Philosophical Economies from the Medieval to the Modern Era*. Baltimore: Johns Hopkins University Press.

———. (1982) 1993b. "The Wether and the Ewe: Verbal Usury in *The Merchant of Venice*." In *Money, Language, and Thought: Literary and Philosophical Economies from the Medieval to the Modern Era*, 47-83. Baltimore: Johns Hopkins University Press.

Shiller, Robert J. (2000) 2001. *Irrational Exuberance*. New York: Broadway Books.

Shleifer, Andrei, and Robert W. Vishny. 1997. "The Limits of Arbitrage." *Journal of Finance* 52(1): 35–55.

Shore, Chris, and Susan Wright. 1999. "Audit Culture and Anthropology: Neo-Liberalism in British Higher Education." *Journal of the Royal Anthropological Institute*, n.s., 5(4): 557–575.

Skodol, Andrew E., John G. Gunderson, Bruce Pfohl, Thomas A. Widiger, W. John Livesley, and Larry J. Siever. 2002. "The Borderline Diagnosis I: Psychopathology, Comorbidity, and Personality Structure." *Biological Psychiatry* 51(12): 936–950.

Smith, Robert J. 1983. *Japanese Society: Tradition, Self and the Social Order.* Cambridge, U.K.: Cambridge University Press.

Sokol, B.J. 1992. "*The Merchant of Venice* and the Law Merchant." *Renaissance Studies* 6(1): 60–67.

Soros, George. (1987) 2003. *The Alchemy of Finance*. Hoboken, N.J.: John Wiley and Sons.

———. 1998. *The Crisis of Global Capitalism: Open Society Endangered*. New York: Public Affairs.

———. 2009. *The Crash of 2008 and What It Means: The New Paradigm for Financial Markets*. New York: Public Affairs.

Spinosa, Charles. 1994. "The Transformation of Intentionality: Debt and Contract in *The Merchant of Venice*." *English Literary Renaissance* 24(2): 370–409.

Stewart, Kathleen. 1996. *A Space on the Side of the Road: Cultural Politics in an "Other" America*. Princeton, N.J.: Princeton University Press.

Stiglitz, Joseph. 2010. *Freefall: America, Free Markets, and the Sinking of the World Economy.* New York: W.W. Norton.

Strange, Susan. 1986. *Casino Capitalism*. Oxford: Blackwell.

Strathern, Andrew J. 1979. "Gender, Ideology and Money in Mount Hagen." *Man,* n.s., 14(3): 530–548.

Strathern, Marilyn. 1988. *The Gender of the Gift: Problems with Women and Problems with Society in Melanesia*. Berkeley: University of California Press.

———. 1992. *Reproducing the Future: Anthropology, Kinship and the New Reproductive Technologies*. Manchester: Manchester University Press.

———. 2000. *Audit Cultures: Anthropological Studies in Accountability, Ethics and the Academy.* London: Routledge.

Swedberg, Richard. 2005. *The Max Weber Dictionary: Key Words and Central Concepts*. Stanford, Calif.: Stanford University Press.

Taussig, Michael. 1997. *The Magic of the State*. New York: Routledge.

Taylor, Mark C. 2004. *Confidence Games: Money and Markets in a World without Redemption*. Chicago, Ill.: University of Chicago Press.

Tett, Gillian. 2009. "Icebergs and Ideologies: How Information Flows Fuelled the Financial Crisis." *Anthropology News* 50(7): 6–7.

Thomas, Nicholas. 1991. *Entangled Objects: Colonialism, Exchange and Material Culture in the Pacific*. Cambridge, Mass.: Harvard University Press.

Thrift, Nigel. 2005. *Knowing Capitalism*. London: Sage.

Tomlinson, Matt. 2010. "Compelling Replication: Genesis 1:26, John 3:16, and Biblical Politics in Fiji." *Journal of the Royal Anthropological Institute*, n.s., 16(4): 743–760.

Traweek, Sharon. (1988) 1992. *Beamtimes and Lifetimes: The World of High Energy Physicists*. Cambridge, Mass.: Harvard University Press.

Treat, John Whittier. 1996. "Yoshimoto Banana Writes Home: The *Shojo* in Japanese Popular Culture." In *Contemporary Japan and Popular Culture,* ed. John Whittier Treat, 275–308. Honolulu: University of Hawaii Press.

Tsutsui, William M. 1998. *Manufacturing Ideology: Scientific Management in Twentieth-century Japan*. Princeton, N.J.: Princeton University Press.

Turner, Terence S. 1989. "A Commentary [on T.O. Beidelman's 'Agonistic Exchange: Homeric Reciprocity and the Heritage of Simmel and Mauss']." *Cultural Anthropology* 4: 260–264.

———. 2002. "Shifting the Frame from Nation-state to Global market: Class and Social Consciousness in the Advanced Capitalist Countries." *Social Analysis* 46(2): 56–80.

United States Congress. 1987. "Program Trading: Public Policy Aspects of Index Arbitrage." A Report Prepared for the Use of the Subcommittee on Oversight and Investigations of the Committee on Energy and Commerce, U.S. House of Representatives, June. Washington, D.C.: U.S. Government Printing Office.

Vaihinger, Hans. (1924) 2000. *The Philosophy of "As If": A System of the Theoretical, Practical, and Religious Fictions of Mankind*. Trans. Charles Kay Ogden. London: Routledge.

Viveiros de Castro, Eduardo. 1992. *From the Enemy's Point of View: Humanity and Divinity in an Amazonian Society*. Trans. Catherine V. Howard. Chicago, Ill.: University of Chicago Press.

Wallerstein, Immanuel. 1991. "The Bourgeois(ie) as Concept and Reality." In *Race, Nation, Class: Ambiguous Identities*, by Etienne Balibar and Immanuel Wallerstein, 135–152. London: Verso.

Weber, Max. (1922) 1978. *Economy and Society*. Ed. Guenther Roth and Claus Wittich. Trans. Ephraim Fischoff, et al. Berkeley: University of California Press.

———. (1924) 2000. "Commerce on the Stock and Commodity Exchanges" [Die Börsenverkehr]. Trans. Steven Lestition. *Theory and Society* 29(3): 339–371.

———. (1930) 1992. *The Protestant Ethic and the Spirit of Capitalism*. Trans. Talcott Parsons. London: Routledge.

Weiner, Annette. 1976. *Women of Value, Men of Renown: New Perspectives in Trobriand Exchange*. Austin: University of Texas Press.

Westney, D. Eleanor. 1987. *Imitation and Innovation: The Transfer of Western Organizational Patterns to Meiji Japan*. Cambridge, Mass.: Harvard University Press.

Wilkins, Alan L. 1989. *Developing Corporate Character: How to Successfully Change an Organization Without Destroying It*. San Francisco, Calif.: Jossey-Bass.

World Bank. 1993. *The East Asian Miracle: Economic Growth and Public Policy*. New York: Oxford University Press.

Yamagishi, Toshio, Karen S. Cook, and Motoki Watabe. 1998. "Uncertainty, Trust, and Commitment Formation in the United States and Japan." *American Journal of Sociology* 104(1): 165–194.

Yanagisako, Sylvia Junko. 2002. *Producing Culture and Capital: Family Firms in Italy*. Princeton, N.J.: Princeton University Press.

Yoneyama, Lisa. 1999. *Hiroshima Traces: Time, Space, and the Dialectics of Memory*. Berkeley: University of California Press.

Young, Michael. 2004. *Malinowski: Odyssey of an Anthropologist, 1884–1920*. New Haven, Conn.: Yale University Press.

Zaloom, Caitlin. 2006. *Out of the Pits: Trading and Technology from Chicago to London*. Chicago, Ill.: University of Chicago Press.

日本語文献

青木昌彦　二〇一一『コーポレーションの進化多様性：集合認知・ガバナンス・制度』谷口和弘訳、ＮＴＴ出版

アヴリル、フィリップ　二〇〇〇『日本のエクイティデリバティブ』シグマベイスキャピタル
アカロフ、ジョージ・A、シラー、ロバート・J　二〇〇九『アニマルスピリット――人間の心理がマクロ経済を動かす』山形浩生訳、東洋経済新報
飯田経夫・水野隆徳　一九九八『金融敗戦を超えて』東洋経済新報社
石井至　二〇〇〇『フィナンシャル・エンジニア：金融工学の担い手たち』講談社
岩井克人（一九八五）一九九二『ヴェニスの商人の資本論』筑摩書房
岩井克人　二〇〇六『二十一世紀の資本主義論』筑摩書房
岩井克人　二〇〇三『会社はこれからどうなるのか』平凡社
岩井克人　二〇〇五『会社はだれのものか』平凡社
岩井克人　二〇〇八「自由放任は第二の終焉」日本経済新聞　二〇〇八年一〇月二四日
岩井克人・佐藤孝弘　二〇〇八『M&A国富論――「良い会社買収」とはどういうことか』プレジデント社
ヴラスコ、ジャン・ジャック、ニコラ・モンティジアニ　二〇〇八『UFOは……飛んでいる――フランス政府機関の観察と研究』OVNI研究会（福田ゆき・野田香里・畠山哲子・佐伯若菜）訳、宝島社
ヴォーゲル、エズラ・F　一九七九『ジャパン・アズ・ナンバーワン――アメリカへの教訓』広中和歌子・木本彰子訳、TBSブリタニカ
内田茂男　一九九五『日本証券史』第三巻、日本経済新聞社
大阪証券取引所　二〇一一『日経225先物取引のすべて』大阪証券取引所
大鹿靖明　二〇〇六『ヒルズ黙示録――検証・ライブドア』朝日新聞社
大下英治　一九九八『小説　日本買収――巨大外資に呑みこまれる日』祥伝社
大塚久雄　一九六六『社会科学の方法――ウェーバーとマルクス』岩波書店
大塚久雄　一九九四『社会科学と信仰と』みすず書房
大前研一　一九九八『金融危機からの再生：日本的システムは対応できるか』プレジデント社
岡本享・並木厚憲・高橋由里・福井純「問われる自分の『値段』」『週刊東洋経済』一九九八年九月一二日、九六―九八

樫尾直樹　二〇一〇『スピリチュアリティ革命：現代霊性文化と開かれた宗教の可能性＝Spiritual Revolution』春秋社
樫尾直樹　二〇一〇b『スピリチュアル・ライフのすすめ』文藝春秋
柄谷行人　一九八〇『近代文学の起源』講談社
柄谷行人　一九八三『隠喩としての建築』講談社
柄谷行人　二〇〇〇a『可能なるコミュニズム』太田出版
柄谷行人編　二〇〇〇b『原理――NAM』太田出版
柄谷行人　二〇〇四『トランスクリティーク――カントとマルクス』（定本　柄谷行人集3）、岩波書店
柄谷行人　二〇〇九「国家と資本――反復的構造は世界的な規模で存在する」『朝日ジャーナル』（『週刊朝日』緊急増刊）二〇〇九年四月三〇日、二七―二九
柄谷行人・岩井克人　一九九〇『終りなき世界：九〇年代の論理』太田出版
刈屋武昭　二〇〇〇『金融工学とは何か――「リスク」から考える』岩波書店
ギアツ、クリフォード　一九九九「われわれの思考はいま――現代における思考の民族誌」『ローカル・ノレッジ：解釈人類学論集』梶原景昭ほか訳、二五八―二八六頁、岩波書店。
国村道雄　一九九〇「裁定取引は株価暴落を加速しなかった――必要なことは先物価格への機敏な対応」『エコノミスト』六八（一三）：二二―二五
ケインズ、ジョン・メイナード　二〇〇八『雇用、利子、および貨幣の一般理論』上、間宮陽介訳、岩波書店
玄田有史　二〇〇一『仕事のなかの曖昧な不安：揺れる若年の現在』中央公論新社
玄田有史・曲沼美恵　二〇〇四『ニート：フリーターでもなく失業者でもなく』幻冬舎
コックス、ジョン・ルービンシュタイン、マーク　一九八八『オプション・マーケット――新しい金融取引の理論と実際』、谷川寧彦、吉田康、高橋洋一、仁科一彦訳、HBJ出版局
小林和子　一九九三『証券』日本経済評論社
今野浩　二〇〇〇『金融工学の挑戦――テクノコマース化するビジネス』中央公論新社
斎藤貴男　一九九七『カルト資本主義――オカルトが支配する日本の企業社会』文藝春秋

シェイクスピア、ウィリアム　二〇〇五『ヴェニスの商人』大場建治訳、研究社
島薗進　一九九六『精神世界のゆくえ――現代世界と新霊性運動』東京堂出版
島薗進　二〇〇〇「現代宗教と公共空間――日本の状況を中心に」『社会学評論』五〇（四）：五四一―五五五
島薗進　二〇〇一『ポストモダンの新宗教――現代日本の精神状況の底流』東京堂出版
島薗進　二〇〇三『「癒す知」の系譜――科学と宗教のはざま』吉川弘文館
島薗進　二〇〇七『スピリチュアリティの興隆――新霊性文化とその周辺』岩波書店
島田雅彦・山城むつみ・柄谷行人　二〇〇〇「共同討議　世界資本主義からコミュニズムへ」柄谷行人編『可能なるコミュニズム』五一―八七頁、太田出版
シュワッガー、ジャック・D　二〇〇一『マーケットの魔術師――米トップレーダーが語る成功の秘訣』横山直樹監訳、パンローリング
ソロス、ジョージ　二〇〇八『ソロスは警告する――超バブル崩壊＝悪夢のシナリオ』徳川家広訳、講談社
立花隆　二〇〇〇『臨死体験』文藝春秋
辻内琢也　二〇〇四「ポストモダン医療におけるモダン――補完代替医療の実践と専門職化」近藤英俊・浮ヶ谷幸代編『現代医療の民族誌』一八三―二二四頁、明石書店
テット、ジリアン　二〇〇九『愚者の黄金――大暴走を生んだ金融技術』平尾光司監訳・土方奈美訳、日経新聞出版社
東京証券取引所　二〇〇二『東京証券取引所五〇年史』東京証券取引所
中牧弘允　二〇〇六『会社のカミ・ホトケ――経営と宗教の人類学』講談社
日本経済新聞社　一九九九『新資本主義が来た――二一世紀勝者の条件』日本経済新聞社
日本経済新聞社編　二〇〇五『真相ライブドアvs. フジ：日本を揺るがした七〇日』日本経済新聞社
野口拓朗　一九九八「あなたの値段はいくら？――転職市場がする判断　会社の棄て方」『アエラ』一九九八年二月九日、二一―二四頁
藤原泰子　一九九八「自分の値段」『朝日新聞』（西部）一九九八年九月十六日、二三面
船井幸雄　一九九五『エゴからエヴァへ：地球が変わる・人類が変わる』ＰＨＰ研究所

船井幸雄　二〇〇二『断末魔の資本主義』徳間書店
堀江宗正　二〇〇九『歴史のなかの宗教心理学：その思想形成と布置』岩波書店
堀江貴文　二〇〇四『稼ぐが勝ち：ゼロから一〇〇億、ボクのやり方』光文社
マーフィー、ジョン・J　一九九〇『先物市場のテクニカル分析』日本興業銀行国際資金部訳、きんざい
前川亜由美　二〇〇八「日本企業のM&A動向――活発化する海外奇病買収」『みずほリサーチ』二〇〇八年一二月、一〇―一二
マクモニーグル、ジョー　二〇〇六『未来を透視する』中島理彦訳、ソフトバンククリエイティブ
三上芳宏・四塚利樹　二〇〇〇『ヘッジファンド・テクノロジー：金融技術と投資戦略のフロンティア』東洋経済新報社
水野隆徳　一九九八『米国金融メジャーの日本占領』実業之日本社
宮崎広和　二〇〇二「改革と希望――証券トレーダーの転職」小馬徹編『カネと人生』二六八―二八〇頁、雄山閣
宮崎義一　一九九二『複合不況――ポスト・バブルの処方箋を求めて』中央公論社
モース、マルセル　二〇一四『贈与論他二篇』森山工訳、岩波書店
蝋山昌一編　一九九七『証券市場読本』東洋経済新報社
山一證券株式会社社史編纂委員会　一九九八『山一證券の百年』山一證券
山岸俊男　一九九八『信頼の構造――こころと社会の進化ゲーム』東京大学出版会
山下竹二　一九八七『株式市場の科学』中央公論社
山田昌弘　二〇〇四『希望格差社会――「負け組」の絶望感が日本を引き裂く』筑摩書房
山本玄峰　一九六〇『無門関提唱』大法輪閣
吉本佳生　二〇〇〇『金融工学――マネーゲームの魔術』講談社

訳者あとがき

本書は宮崎広和さんの単著 *Arbitraging Japan: Dreams of capitalism at the end of finance* (University of California Press, 2013) をもとにした著作である。二〇一六年二月、京都で宮崎さんに木村がお会いした際、いくつかの話題とともに本書の日本語での出版の話が出た。本書の議論に強い関心をもっていた木村はメンバーを組織し、結果的に深田淳太郎（主に第1、2章を担当）、早川真悠（同、第4章）、高野さやか（同、5、6章）、そして木村（同、序章、第3、5、6章）の四人が、日本語での出版への準備として訳稿を準備した。

宮崎さんは国立オーストラリア大学で博士号を取得後、コーネル大学で長く教鞭をとった後、現在はノースウェスタン大学人類学部で Kay Davis Professor を務める、世界的に著名な文化人類学者である。キャリアの初期にはフィジーでフィールドワークを行い、スヴァヴォウの人々とともに研究を行った。それと並行しつつ、本書にも書かれている通り、一九九〇年代末頃からは市場や金融に関わる研究に着手し、日本の証券トレーダーとの対話と、かれらに関する省察をもとに、多くの刺激的な研究を発表してきた。また、宮崎さんは東京大学社会科学研究所で二〇〇五年に開始された「希望学」プロジェクトの主要なメンバーであり、そこでも重要な貢献をなしている。加えて二〇一〇年代以降、パートナーであるアナリサ・ライルズさん（現・ノースウェスタン大ロベルタ・バフェット・グローバル研究所エグゼクティブ・ディレクター兼法学教授）とともに、Meridian 180という、東アジアの人文・社会科学の研究者や実務家が討論を行うプラットフォームの組織・運営を主導している。現在は、原爆が投下された地である長崎を拠点に、人形を通じた日米間の交流について研究を進めている。

宮崎さんの最初の単著 *The Method of Hope: Anthropology, Philosophy, and Fijian Knowledge* (Stanford University Press, 2004、邦訳は『希望という方法』以文社、二〇〇七年）は、エルンスト・ブロッホの哲学を手掛かりに、フィジーの人々の、絶望の淵で自らの行為主体性を一時停止することによって、不確定なものとしての未来——希望——を招き入れるという「方法」を、エスノグラフィックに描き出したものである。同書は、対象となる人々の理解という点においてのみならず、その人々の方法を文化人類学の方法として「複製」するという方向性を示した点で、『文化を書く』〔クリフォード&マーカス 一九九六〕以降、他者表象の問題をずっと引きずっていた文化人類学において革新的であり、後続の研究者に多大なインスピレーションを与えた。

単著として二冊目となる本書は、一九九〇年代末から足かけ一〇年以上にわたって宮崎さんが日本で行ったフィールドワークに基づく、ニュアンスと示唆に富むエスノグラフィである。ある書評が指摘するように、対象地域やテーマは大きく違うが、前著と本書の議論と響き合うところがある[Greenhouse 2016]。読者のうち、この時期を同時代的に経験している人ならば、第4章でふれられる「ホリエモン」や「村上ファンド」、あるいは「自己実現」や「勝ち組／負け組」など、見覚えのある名前や言葉を見つけ、親しみとある種のなつかしさを覚えるに違いない。日本語での読者にとって本書はまず、この時代――大まかには、バブル崩壊後のいわゆる「失われた二〇年」の中、経済の構造的な改革が求められ、長期にわたる小泉政権のもと、新自由主義的な政策・制度が導入されていく時代――についての、ユニークな日本社会論として読むことができるだろう。

また本書は、随所にちりばめられたマーケットに関わる専門用語、ソロスからテットに至る言及など、人類学とビジネスや金融のジャンルの間で巧みにバランスを取りつつ、読者を、予想を裏切るような展開、オリジナルな思考に誘う。そこで描かれる金融の専門家たちは、様々なジャンルの本を読み、スピリチュアリズムやUFOに熱中し、金融とは一見無関係な夢を熱く語る存在であり、さらにその多くは「失敗」し、金融業界から離れていく。本書は、(元) トレーダーたちの生きざまに伴走しながら、金融に関わる人類学［アパドゥライ 二〇二〇など］や社会学・科学技術論に対しても新たな視点を提示し、またマリノフスキーやモースからはじまる経済人類学［ハン&ハート 二〇一七など］の蓄積の位置づけ直しを行う。文化人類学においては、ある社会集団における、持続的に反復される儀礼や日常実践を対象とし、それを文化的社会的なコンテクストのもとで考察する、ということが従来的なアプローチであった。そのため金融の世界に対しても、その内部の実践やロジックに目を向け、それがどのような文化的社会的コンテクストのもとにあるのかを議論することが多かった。それに対し本書では、時間の中で立場や発言が変化していく人々を通して、金融に関わる実践やロジックがむしろ、ある場（金融取引）を超えて拡張的に反復されていく身振りに目が向けられる。

その核心にあるのが、アービトラージ（裁定取引）だ。本書はトレーダーたちとともに、このアービトラージというものの持つ可能性を展開していく。アービトラージは、金融取引の手法ないし理念、彼らの（金融取引という場面を超えた）生き方、さらには、リスキーでギャンブル的な「投機」に代わる、金融をイメージする際のオルタナティブなモデル、そして人類学的な方法……というように、重層的な役割を果たす。「アービトラージする」ことは理論的な操作であり、また信じることである。その意味で、あらゆることはアービトラージだと言いうるし、逆にそもそもアービトラージなどない（あるかのようにふるまっているだけ）ともいえる。このように、ともすれば錯綜しがちな、重層的なアービトラージの議論を、本書は「ナボコフ的」［Greenhouse 2016］とも評される巧みな描き方で論じる。そこには、言説分析や統計的な一般性ではなく、ある特定の人々、その具体的な言動に着目し、かれらとともに考えることを通して社会を見る視角を得ようとする、現代社会を扱う文化人類学の手法のひとつのモデルを見いだすこともできるだろう。こうした、フィールドから見いだした「方法」のポテンシャルを拡張していく手つきは、読むものにきわめて示唆的である。

木村が特に惹かれたのもこの点、そして「終わり」への感受性であった。本書が公刊されたのは東日本大震災から二年後にあたる二〇一三年である。木村は被災地で調査をするなかで、いつか来てしまう（が、来てほしくない）ものとしての「終わり」について語る被災者に強い印象を受けた。本書で描かれるトレーダーも、いずれ来てしまいうるアービトラージの機会の「終わり」を想定しながら（ただしそれは良いことでもある）、「失敗」しては場所を転じて進んでいく。その姿は、奇しくもその数年後に華々しく活躍したSEALDsが活動を終えるにあたって言った「しかし終わったというのなら、また始めましょう。始めるのは私であり、あなたです。何度でも反復しましょう」とも通じるものであった。

その一方で、原著の刊行から一〇年近くが経つ中で、日本社会においては別の時間性のモードが強まっているようにも見える。東日本大震災直後、これほどの大きな打撃を受けたのであれば、日本社会も変わらざるを得ないだろうと思われた。だが、そうした期待は次第に弱まっていき、むしろ、終わると思ったものが終わらないという時間性、変えられなさや終えられなさという、諦めを含んだはかない明るみのなかで、私たちは生きてきたように思える。そして、この時間性は、発生から2年半が経つ現在も終息の見えないコロナ禍にも通じる。どんなアクションが、あるいはトランザクションが、「終わり」に近づく動きになるのだろうか？　しかしそもそも、もしこのパンデミックが、大きな意味での（つまり、人類にとっての）「終わり」に向かう気候変動のプロセスの帰結の一部であるのなら、私たちには何ができるのだろう？　私たちはむしろトレーダーたちよりもフィジーの人々の近くにいるのだろうか？

いま、私たちは、どのような存在に目を向け、その方法を自らのものとして「複製」するのか。本書の、一見アイロニカルに見えつつもけっして悲観的にはならない語り口に倣いながら、そうした問いについて考えてみることが、本書の贈与へのリアクションとして、読者に委ねられていることであるだろう。

訳者を代表して　木村周平

参考文献

アパドゥライ、アルジュン　二〇二〇『不確実性の人類学――デリバティブ金融時代の言語の失敗』中川理・中空萌訳、以文社。

クリフォード、ジェイムズ&ジョージ・マーカス編　一九九六『文化を書く』春日直樹ほか訳、紀伊国屋書店。

ハン、クリス&キース・ハート　二〇一七『経済人類学――人間の経済に向けて』深田淳太郎・上村淳志訳、水声社。

Greenhouse, C. J. 2016 Arbitraging anthropology: Miyazaki on the ethnography of finance. *Journal of the Royal Anthropological Institute (N.S.)* 22: 207-9.

著者／訳者について――

宮崎広和（みやざきひろかず）　一九六七年、東京都に生まれる。人類学者。一九九八年、オーストラリア国立大学にて人類学博士号を取得。現在、ノースウエスタン大学教授。主な著書に、*The Method of Hope: Anthropology, Philosophy, and Fijian Knowledge*（Stanford University Press, 2004／邦訳、以文社、二〇〇九年）、*The Economy of Hope*（Co-edited, University of Pennsylvania Press, 2017）などがある。

＊

木村周平（きむらしゅうへい）　東京大学大学院総合文化研究科博士課程中途退学。博士（学術）。現在、筑波大学准教授。専攻は、文化人類学、災害研究。主な著書に、『震災の公共人類学――揺れとともに生きるトルコの人びと』（世界思想社、二〇一三年）がある。

深田淳太郎（ふかだじゅんたろう）　一橋大学大学院社会学研究科博士課程単位取得退学。博士（社会学）。現在、三重大学准教授。専攻は、経済人類学。主な著書に、『会計学と人類学のトランスフォーマティブ研究』（共著、清水弘文堂書房、二〇二一年）がある。

早川真悠（はやかわまゆ）　大阪大学大学院人間科学研究科単位取得退学。博士（人間科学）。現在、国立民族学博物館学術資源研究開発センター外来研究員。専攻は、経済人類学。主な著書に、『ハイパー・インフレの人類学――ジンバブエ「危機」下の多元的貨幣経済』（人文書院、二〇一五年）がある。

高野さやか（たかのさやか）　東京大学大学院総合文化研究科博士課程修了。博士（学術）。現在、中央大学准教授。専攻は、法人類学。主な著書に、『ポスト・スハルト期インドネシアの法と社会――裁くことと裁かないことの民族誌』（三元社、二〇一五年）がある。

装幀——宗利淳一

金融人類学への誘い――トレーダーたちの日本と夢の終わり

二〇二三年一一月一五日第一版第一刷印刷　二〇二三年一一月二五日第一版第一刷発行

著者――宮崎広和

訳者――木村周平・深田淳太郎・早川真悠・高野さやか

発行者――鈴木宏

発行所――株式会社水声社

東京都文京区小石川二―七―五　郵便番号一一二―〇〇〇二
電話〇三―三八一八―六〇四〇　FAX〇三―三八一八―二四三七
［**編集部**］横浜市港北区新吉田東一―七七―一七　郵便番号二二三―〇〇五八
電話〇四五―七一七―五三五六　FAX〇四五―七一七―五三五七
郵便振替〇〇一八〇―四―六五四一〇〇
URL：http://www.suiseisha.net

印刷・製本――ディグ

ISBN978-4-8010-0673-7

叢書　人類学の転回

非-場所——スーパーモダニティの人類学に向けて　マルク・オジェ　二五〇〇円
メトロの民族学者　マルク・オジェ　二〇〇〇円
自然と文化を越えて　フィリップ・デスコラ　四五〇〇円
反政治機械——レソトにおける「開発」・脱政治化・官僚支配　ジェームズ・ファーガソン　五〇〇〇円
経済人類学——人間の経済に向けて　クリス・ハン＋キース・ハート　二五〇〇円
流感世界——パンデミックは神話か？　フレデリック・ケック　三〇〇〇円
法が作られているとき——近代行政裁判の人類学的考察　ブルーノ・ラトゥール　四五〇〇円
変形する身体　アルフォンソ・リンギス　二八〇〇円
暴力と輝き　アルフォンソ・リンギス　三二〇〇円
わたしの声——一人称単数について　アルフォンソ・リンギス　三二〇〇円
フレイマー・フレイムド　トリン・T・ミンハ　四〇〇〇円
多としての身体——医療実践における存在論　アネマリー・モル　三五〇〇円
ケアのロジック——選択は患者のためになるか　アネマリー・モル　三五〇〇円
作家、学者、哲学者は世界を旅する　ミシェル・セール　二五〇〇円
部分的つながり　マリリン・ストラザーン　三〇〇〇円
模倣と他者性——感覚における特有の歴史　マイケル・タウシグ　四〇〇〇円
美女と野獣　マイケル・タウシグ　三二〇〇円
ヴァルター・ベンヤミンの墓標——感覚における特有の歴史　マイケル・タウシグ　三八〇〇円
インディオの気まぐれな魂　エドゥアルド・ヴィヴェイロス・デ・カストロ　二五〇〇円

［価格税別］